Horizontale und vertikale Wettbewerbsbeschränkungen im Gesetz gegen Wettbewerbsbeschränkungen

Europäische Hochschulschriften

Publications Universitaires Européennes
European University Studies

Reihe II
Rechtswissenschaft

Série II Series II
Droit
Law

Bd./Vol. 4135

PETER LANG
Frankfurt am Main · Berlin · Bern · Bruxelles · New York · Oxford · Wien

Sven Billhardt

Horizontale und vertikale Wettbewerbsbeschränkungen im Gesetz gegen Wettbewerbsbeschränkungen

PETER LANG
Europäischer Verlag der Wissenschaften

Bibliografische Information Der Deutschen Bibliothek
Die Deutsche Bibliothek verzeichnet diese Publikation in der Deutschen Nationalbibliografie; detaillierte bibliografische Daten sind im Internet über <http://dnb.ddb.de> abrufbar.

Zugl.: Marburg, Univ., Diss., 2004

D 4
ISSN 0531-7312
ISBN 3-631-53621-6

www.peterlang.de

Vorwort

Durch die 6. Novelle wurde das GWB in weiten Teilen freiwillig an das europäische Gemeinschaftsrecht angeglichen. Die Formulierung des Kartellverbotes wurde einerseits aus dem Gemeinschaftsrecht übernommen, andererseits soll durch das ergänzende spezifisch nationale Kriterium der „miteinander im Wettbewerb stehenden Unternehmen" weiterhin zwischen dem Kartellverbot und den Vertikalvereinbarungen unterschieden werden.

Die Arbeit widmet sich der Frage, ob durch die Kombination aus Angleichung an das Gemeinschaftsrecht und Beibehaltung der Unterscheidung ein überzeugendes System der Erfassung wettbewerbsbeschränkender Absprachen gelungen ist. Sie wurde im Sommersemester 2004 vom Fachbereich Rechtswissenschaften der Philipps-Universität Marburg als Dissertation angenommen. Sie befindet sich auf dem Stand Juli 2003. Nach diesem Zeitpunkt erschienene Rechtsprechung und Literatur konnte nur insoweit berücksichtigt werden, als sie den eigentlichen Schwerpunkt der Arbeit betrifft.

Meinem Doktorvater, Herrn Professor Dr. Johannes Wertenbruch danke ich für seine besondere fachliche und persönliche Unterstützung, die es mir ermöglichte, dieses Werk abzuschließen. Herrn Professor Dr. Erich Schanze bin ich für die zügige Erstellung des Zweitgutachtens verbunden, die den Weg für einen Abschluss des Promotionsverfahrens im Sommersemester 2004 ebnete. Herrn Matthias Müller, Stephan Antoch sowie meiner Freundin Andrea danke ich für ihre Unterstützung und ihre wertvollen Anregungen.

Schließlich und vor allem danke ich meinen Eltern und meiner Schwester Beate, durch deren großzügige Unterstützung und Geduld der Grundstein für die Arbeit gelegt wurde, sowie meiner Großmutter Ria Cläßner, der diese Arbeit gewidmet ist.

Hamburg, im Juli 2004 — Sven Billhardt

Inhaltsverzeichnis

Einführung und Überblick

Durch die 6. Novelle vom 26. August 1998 wurde das Gesetz gegen Wettbewerbsbeschränkungen (GWB) in weiten Teilen freiwillig an das europäische Gemeinschaftsrecht angeglichen. Begleitet wurde die Harmonisierung von dem Gedanken, keine alt bewährten Regelungen über Bord zu werfen.

Nirgendwo zeigt sich diese Zielsetzung deutlicher, als im Zusammenspiel des Kartellverbotes mit den Vertikalvereinbarungen. Die Formulierung des Kartellverbotes des § 1 GWB wurde einerseits weitgehend an das Gemeinschaftsrecht angeglichen, andererseits soll durch das spezifisch nationale Kriterium der „miteinander im Wettbewerb stehenden Unternehmen“ weiterhin zwischen dem Kartellverbot des ersten Abschnitts und den Vertikalvereinbarungen des zweiten Abschnitts unterschieden werden[1]. Der Gesetzgeber begründete dies vollmundig damit, dass diese Unterscheidung dem System des europäischen Wettbewerbsrechts deutlich überlegen ist[2]. Diese Erkenntnis ist nicht selbstverständlich. Schließlich bedurfte es, obwohl die Fundamente bereits früh gelegt wurden, einer dreißigjährigen Entwicklung in der Rechtsprechung, um sie in der Entscheidung „Spielkarten“[3] hervorzuheben.

Diese Arbeit widmet sich der Frage, ob durch die Kombination aus Angleichung an das Gemeinschaftsrecht und Beibehaltung der Unterscheidung ein überzeugendes System der Erfassung wettbewerbsbeschränkender Absprachen gelungen ist. Inzwischen hat die Bundesregierung einen Gesetzentwurf für eine weitere Kartellrechtsreform in den Bundesrat eingebracht. Diese zielen darauf ab das GWB weiter an das Gemeinschaftsrecht anzugleichen, ohne jedoch die bisher bestehende Unterscheidung vollständig aufzuheben.

Im Rahmen dieser Untersuchung werden zunächst die Auslegungsgrundsätze des freiwillig an das Gemeinschaftsrecht angeglichenen nationalen Rechts erarbeitet (1. Kapitel). Diese werden auf die zentralen Bestandteile des Kartellverbotes und der Vertikalvereinbarungen der §§ 14, 16 GWB angewandt (2. Kapitel), bevor die Unterscheidung in horizontale und vertikale Wettbewerbsbeschränkungen des GWB (3. Kapitel) und des Gemeinschaftskartellrechts (4. Kapitel) herausgearbeitet wird. Schließlich wird eine Neukonzeption vorgeschlagen (5. Kapitel) und ein wertender Ausblick auf die geplante 7. Novelle des GWB gegeben (6. Kapitel).

---

1 Begründung der Bundesregierung, BT-Drs. 13/9720 S. 31.
2 Begründung der Bundesregierung, BT-Drs. 13/9720 S. 30.
3 WuW/E BGH 2285 (2287) „Spielkarten“.

1. Kapitel: Auslegungsgrundsätze des GWB

A. Bisherige Auslegungsgrundsätze des GWB

Das GWB wird mangels einer ausdrücklichen Auslegungsregel, wie sie beispielsweise das österreichische, das italienische oder das britische Kartellrecht kennt, anhand der generell zur Gesetzesauslegung entwickelten Methoden beurteilt[4].

Die Auslegung wird dadurch erschwert, dass das GWB zum einen Teil Zivilrecht, zum anderen Teil öffentliches Recht, einschließlich Bußgeldrecht, umfasst. Eine Aufspaltung der Auslegung, je nach Ansiedlung des kartellrechtlichen Problems in den jeweiligen Rechtskreis, wird abgelehnt[5]. Maßgebend für die Auslegung sei der in den Vorschriften zum Ausdruck kommende objektivierte Wille des Gesetzgebers in der Form, in der er sich aus dem Wortlaut und dem Sinnzusammenhang ergebe[6]. Für eine Auslegung des GWB sei dabei dessen Bedeutung für die Erhaltung der ordnenden Kraft der Privatautonomie unter den Bedingungen des freien Wettbewerbs besonders zu berücksichtigen. Die Verbotsnormen, wie etwa § 1 GWB, müssten unter Berücksichtigung der auf die Freiheit des Wettbewerbs gerichteten Zielsetzung des Gesetzes ausgelegt werden[7].

Die Auslegung wird damit ausschließlich aus der Sicht des nationalen Rechts beurteilt. Eine Pflicht zur einheitlichen Auslegung der im nationalen und europäischen Recht identisch verwandten Begrifflichkeit wird demgegenüber selten erwähnt[8]. Gemeinschaftsrechtliche Aspekte werden weitgehend außer Betracht gelassen. Allein zur Unterstützung eines Auslegungsergebnisses wird vereinzelt auf Parallelen der Auslegung des Gemeinschaftsrechts verwiesen[9].

B. Pflicht zur identischen Auslegung aus dem Gemeinschaftsrecht

I. Grundlage des Interpretationsansatzes

Es verwundert mit welcher Leichtigkeit sich über die Angleichung des Wortlauts des GWB an das Gemeinschaftsrecht hinweggesetzt wird. Immerhin könnte aus der freiwilligen Angleichung des Wortlauts an das Gemeinschafts-

---

4 Immenga in Immenga/Mestmäcker, 3. Auflage, Einleitung Rz. 61, vgl zu den unterschiedlichen Auslegungsregelungen anderer Mitgliedsstaaten Schanze S. 36ff.

5 Bunte in Langen/Bunte, 9. Auflage, Einführung zum GWB Rz. 55.

6 Bunte in Langen/Bunte, 9. Auflage, Einführung zum GWB Rz. 56 unter Verweis auf BVerfGE 11, 126 (130).

7 Immenga in Immenga/Mestmäcker, 3. Auflage, Einleitung Rz. 64.

8 Anders Schwarz, EWS 2001, 565 (565ff.); Schanze S. 60.

9 Vgl. nur Huber in Frankfurter Kommentar, Kurzdarstellung § 1 n.F. Rz. 17.

recht eine Pflicht zur identischen Auslegung resultieren. Weiter könnte die Möglichkeit oder gar die Pflicht zur Vorlage von Auslegungsfragen zum EuGH gemäß Art. 234 EG bestehen.

Vereinzelt wird aus Entscheidungen des EuGH eine gemeinschaftsrechtliche Pflicht zur identischen Auslegung abgeleitet. Besonders pointiert formuliert dies Wulf-Henning Roth: „Der hinter dieser Rechtsprechung stehende Gedanke ist ein einfacher: freiwillige Rechtsangleichung ist möglich, doch müssen die Mitgliedstaaten bei der Anwendung des freiwillig angeglichenen Rechts dafür Sorge tragen, daß dadurch nicht die Zielsetzungen der Rechtsauslegung selbst in Frage gestellt werden: Finden Begriffe des Gemeinschaftsrechts im Rahmen freiwilliger Rechtsanpassung Verwendung, besteht bei einer in diesem Zusammenhang vorgenommenen abweichenden Deutung nämlich die Gefahr, daß diese Deutung auf Sachverhalte abfärbt, die im Anwendungsbereich einer Richtlinie liegen. Der hier möglichen Verwirrung und damit verbundenen Beeinträchtigung des Gemeinschaftsrechts wird vorgebeugt, wenn bei freiwilliger Rechtsanpassung die Begriffe des Gemeinschaftsrechts nur in ihrer gemeinschaftsrechtlichen Bedeutung Verwendung finden dürfen [...].“[10]. Wolle der Gesetzgeber abweichende Rechtsfolgen erreichen, so müsse er sich einer anderen Begrifflichkeit bedienen[11].

Ein gemeinschaftsrechtlicher Interpretationsansatz in der dargestellten Form hätte weitreichende Folgen für das nationale Recht. Der nationale Gesetzgeber wäre damit nicht in der Lage, gemeinschaftsrechtliche Formulierungen zu übernehmen, ohne diesen auch denselben Inhalt beizulegen. Es würde ein Begriffsmonopol des Gemeinschaftsrechts entstehen, für welches dem EuGH die Interpretationshoheit zustünde. Der Rechtsanwender müsste sich vom nationalen Kontext lösen und ausschließlich die identische Begrifflichkeit des Gemeinschaftsrechts in ihrem gemeinschaftsrechtlichen Kontext betrachten.

II. Gemeinschaftsrechtliche Pflicht in der Rechtsprechung des EuGH

Der EuGH hat sich in zahlreichen Entscheidungen für die Auslegung des Gemeinschaftsrechts für zuständig erklärt, obwohl den konkreten Entscheidungen lediglich Bestimmungen des nationalen Rechts zu Grunde lagen. Diese verwiesen entweder auf das Gemeinschaftsrecht oder waren identisch formuliert. Es ist jedoch zwischen der Zulässigkeit des Vorlageverfahrens gemäß Art. 234 EG und einer Pflicht zur identischen Auslegung zu differenzieren. Beide Bereiche sind nur eingeschränkt miteinander verflochten. Eine Pflicht zur identischen Auslegung aus dem Gemeinschaftsrecht würde zwingend ausscheiden, wenn

10 Roth, FS 50 Jahre BGH, Band II, S. 847 (884).

11 Roth, FS 50 Jahre BGH, Band II, S. 847 (883ff.); ders., Europäisierung des BGB, S. 25 (36).

der EuGH Vorlagefragen, die im freiwillig angeglichenen Recht begründet sind, nicht annehmen würde.

1. Entscheidung C.I.L.F.I.T.

In der Entscheidung C.I.L.F.I.T. -die im Rahmen der bisherigen Diskussion keine Berücksichtigung findet- führt der EuGH aus: „Im übrigen ist hervorzuheben, daß Rechtsbegriffe des Gemeinschaftsrechts und in den verschiedenen nationalen Rechten nicht unbedingt den gleichen Inhalt haben müssen. Schließlich ist jede Vorschrift des Gemeinschaftsrechts in ihrem Zusammenhang zu sehen und im Lichte des gesamten Gemeinschaftsrechts, seiner Ziele und seines Entwicklungsstands zur Zeit der Anwendung der betreffenden Vorschrift auszulegen“[12].

Der EuGH erkennt eine Relativität der Rechtsbegriffe an[13]. Damit steht jedoch nicht fest, ob nicht aus der Gemeinschaftstreue des Art. 10 EG im speziellen Fall einer nachträglichen freiwilligen Angleichung an das Gemeinschaftsrecht eine Pflicht zur identischen Auslegung folgt[14].

2. Entscheidung Leur-Bloem

Der Entscheidung Leur-Bloem[15] lag ein klassischer Fall einer überschießenden Richtlinienumsetzung zu Grunde. Eine solche liegt vor, wenn eine Richtlinie durch den nationalen Gesetzgeber freiwillig über ihre Vorgaben hinaus auf weitere Sachverhalte erweitert wird[16].

---

[12] EuGH v. 6.10.1982 Rs. 283/81 - C.I.L.F.I.T., Slg. 1982, 3415 (3430 Rz. 19).

[13] Vgl. zur Relatitivität der Rechtsbegriffe Engisch S. 78, 161f.

[14] Ebenso sprechen das EuGH-Gutachten 1/91 v. 14.12.1991, Slg. 1991, I-6084 (6100 Rz. 5ff.), sowie die Entscheidung EuGH v. 2.11.1992 Rs. C 73/89 - Fournier, Slg. 1992, I-5621 (5658f. Rz. 22f.) nicht gegen eine gemeinschaftsrechtliche Pflicht zur identischen Auslegung, da die Gefahr der unterschiedlichen Auslegung nicht aus Vorschriften der Mitgliedstaaten der EG resultiert, sondern aus Vorschriften von Staaten außerhalb der EG, bzw. aus zivilrechtlichen Vereinbarungen. An die Gemeinschaftstreue des Art. 10 EG sind aber ausschließlich die Mitgliedstaaten der EG gebunden, vgl. Hatje in Schwarze, EGV, Art. 10 EG Rz. 5.

[15] EuGH v. 17.7.1997 Rs. C-28/95 - Leur/Bloem, Slg. 1997, I-4161.

[16] Schulze S. 9 (17) spricht von der Auslegung „erweitert angeglichenen Rechts“. Beispiele finden sich im Umwandlungsgesetz, im Bilanzrecht und im Steuerrecht. Das Umwandlungsgesetz erstreckt den Maßstab der Richtlinien die Aktiengesellschaften betreffen (Verschmelzungsrichtlinie vom 9.10.1978, ABl.EG 1978 L 295 S. 36; Spaltungsrichtlinie vom 17.12.1982, ABl.EG 1982 L 378 S. 47), auf die Verschmelzung und Spaltung von Unternehmen anderer Rechtsform (§§ 3, 124 UmwG). Das Bilanzrecht erweitert die Bilanzrichtlinien (vgl. Bilanzrichtlinie v. 25.7.1978, ABl.EG 1978 L 222 S. 11; Konzernrechnungslegungsrichtlinie v. 13.6.1983, ABl.EG 1983 L 193 S. 1), die nur für Kapitalgesellschaften und bestimmte Personengesellschaften gelten (vgl. Richtlinie v. 8.11.1990 ABl.EG 1990 L 317 S. 60), auf alle Kaufleute (§§ 238-263 HGB). Im Steuerrecht werden

Der EuGH führt aus: „[wenn] sich nationale Rechtsvorschriften zur Regelung rein innerstaatlicher Sachverhalte nach den im Gemeinschaftsrecht getroffenen Regelungen [richten], um insbesondere zu verhindern, daß es zu Benachteiligungen der eigenen Staatsangehörigen oder -wie im vorliegenden Fall- zu Wettbewerbsverzerrungen kommt, so besteht ein klares Interesse der Gemeinschaft daran, daß die aus dem Gemeinschaftsrecht übernommenen Bestimmungen oder Begriffe unabhängig davon, unter welchen Voraussetzungen sie angewandt werden sollen, einheitlich ausgelegt werden, um künftige Auslegungsunterschiede zu verhindern.“[17].

Diese Aussage deutet stark auf eine gemeinschaftsrechtliche Pflicht zur einheitlichen Auslegung hin[18]. Es ist jedoch zu berücksichtigen, dass ein gemeinschaftsrechtliches Interesse, mag es noch so stark sein, noch keine gemeinschaftsrechtliche Pflicht darstellt.

Gegen eine gemeinschaftsrechtliche Pflicht sprechen auch die weiteren Passagen: „In diesen Urteilen hatten die nationalen oder vertraglichen Bestimmungen, die die Gemeinschaftsvorschriften übernehmen, *deren Anwendung augenscheinlich nicht eingeschränkt*“[19]. Und weiter: „In einem solchen Fall ist es jedoch im Rahmen der in Art. 234 vorgesehenen Verteilung der Rechtsprechungsaufgaben zwischen den nationalen Gerichten und dem Gerichtshof *allein* Sache des nationalen Gerichts, die genaue Tragweite dieser Verweisung auf das Gemeinschaftsrecht zu beurteilen, die Zuständigkeit des Gerichtshofes beschränkt sich auf die Prüfung der gemeinschaftsrechtlichen Bestimmungen (Urteile Dzodzi und Federconsorzi, Rn 41 und 42 bzw. 10). Für die Berücksichtigung der Grenzen, die der nationale Gesetzgeber der Anwendung des Gemeinschaftsrechts auf rein innerstaatliche Sachverhalte setzen wollte, *gilt nämlich das nationale Recht*, so daß dafür *ausschließlich* die Gerichte des Mitgliedsstaates zuständig sind.“[20].

Diese Ausführungen sprechen dafür, dass der EuGH eine Pflicht zur identischen Auslegung allein dem nationalen Recht entnimmt. Ansonsten dürfte für die Bestimmung der Grenzen der gemeinschaftsrechtskonformen Auslegung nicht das

---

die durch die Bilanzrichtlinien geprägten handelsrechtlichen Grundsätze ordnungsgemäßer Buchführung gemäß § 5 I 1 EStG auch für das Steuerrecht für maßgeblich erklärt. Weitere Beispiele bei Habersack/Mayer, JZ 1999, 913 (915).

17 EuGH v. 17.7.1997 Rs. C-28/95 - Leur/Bloem, Slg. 1997, I-4161 (4202 Rz. 32); EuGH v. 17.7.1997 Rs. C-130/95 - Giloy, Slg. 1997, I-4291 (4304 Rz. 28); EuGH v. 11.1.2001 Rs.C-1/99 - Kofisa Italia Srl, Slg. 2001, I-207 (242 Rz. 32).

18 So auch Roth, FS 50 Jahre BGH, Band II, S. 847 (884).

19 EuGH v. 17.7.1997 Rs. C-28/95 - Leur/Bloem, Slg. 1997, I-4161 (4200 Rz. 27); EuGH v. 17.7.1997 Rs. C-130/95 - Giloy, Slg. 1997, I-4291 (4303 Rz. 23).

20 EuGH v. 17.7.1997 Rs. C-28/95 - Leur/Bloem, Slg. 1997, I-4161 (4202 Rz. 33).

nationale Recht gelten. Zusätzlich wäre der nationale Gesetzgeber bei einer Verwendung identischer Formulierungen des Gemeinschaftsrechts nicht befugt, den Anwendungsbereich der gemeinschaftsrechtlichen Vorschriften abzuändern.

3. Entscheidung ICI

Die Entscheidung ICI betraf -sehr vereinfacht geschildert- die Auslegung einer britischen Norm, die eine Steuervergünstigung lediglich Gesellschaften gewährte, die im Vereinten Königreich ansässig waren. Die Besonderheit des Falles lag darin, dass die in Frage stehende Gesellschaft weder im Vereinten Königreich noch in einem Mitgliedsstaat der Gemeinschaft ansässig war. Trotzdem ersuchte das House of Lords den EuGH um Beantwortung der Frage, ob die Norm aufgrund der Niederlassungsfreiheit des Art. 43 EG gemäß Art. 10 EG so weit wie möglich gemeinschaftsrechtskonform auszulegen ist, auch wenn die Gesellschaft keine vom Gemeinschaftsrecht verliehenen Rechte ausübe.

Der EuGH antwortete, dass das nationale Gericht im Falle eines Sachverhaltes, „der nicht in den Anwendungsbereich des Gemeinschaftsrechts fällt, [...] nach dem Gemeinschaftsrecht weder verpflichtet ist *(Art. 43 EG und auch Art.10 EG)*, seine Rechtsvorschriften gemeinschaftsrechtskonform auszulegen noch sie unangewendet zu lassen. Falls ein und dieselbe Vorschrift in einer in den Anwendungsbereich des Gemeinschaftsrechts fallenden Situation unangewendet bleiben müßte, in einer nicht in diesen Anwendungsbereich fallenden Situation jedoch weiterhin angewandt werden könnte, wäre das zuständige Organ des betreffenden Staates verpflichtet, diese Rechtsunsicherheit zu beseitigen, soweit sie die sich aus Gemeinschaftsvorschriften ergebenden Rechte beeinträchtigen könnte“[21].

Die Beeinträchtigung des Gemeinschaftsrechts lag in der britischen Norm, die den Anschein erzeugte, eine Steuervergünstigung gelte nur für im Vereinten Königreich ansässige Unternehmen. Alle nationalen staatlichen Organe sind für die Beseitigung dieses Anscheins zuständig. Dazu zählen damit nicht nur der Gesetzgeber, sondern auch die Verwaltung und die Gerichte. Das britische Gericht hätte dies aber weder durch gleichmäßige Nichtanwendbarkeit noch durch gemeinschaftsrechtskonforme Auslegung der Norm erreichen können. Die Norm formulierte nämlich unmissverständlich, dass die Vergünstigung nur für im Vereinten Königreich ansässige Unternehmen gelte.

Demgegenüber kann im Falle einer freiwilligen Angleichung einer nationalen Norm an das Gemeinschaftsrecht das nationale Gericht die Gefahr der Rechts-

---

[21] EuGH v. 16.7.1998 Rs. C-264/96 - ICI, Slg. 1998, I-4695 (4725 Rz. 34).

unsicherheit, die aus einer unterschiedlichen Auslegung resultiert, durch eine einheitliche Auslegung der Norm verhindern. Die Urteilsbegründung des EuGH scheint damit für diesen Fall fruchtbar gemacht werden zu können. Dies würde allerdings voraussetzen, dass in der unterschiedlichen Auslegung einer freiwillig angeglichenen nationalen Norm eine Beeinträchtigung des Gemeinschaftsrechts liegt. Diese Frage beantwortete der EuGH jedoch nicht.

4. Entscheidung Oskar Bronner

Der Entscheidung Oskar Bronner[22] lag eine Frage zur Auslegung des Art. 82 EG zu Grunde. Das vorlegende OLG Wien sah in einem Verhalten eines Marktteilnehmers, das einen Verstoß gegen Art. 82 EG darstellt, denknotwendig auch einen Verstoß gegen § 35 Kartellgesetz. Dieser wurde durch den österreichischen Gesetzgeber freiwillig an das Gemeinschaftsrecht angeglichen[23].

Die Kommission und der Antragsgegner waren der Ansicht, dass die Vorlagefrage mangels Zuständigkeit des EuGH unzulässig sei[24]. Der EuGH begründete diese aber über die Zuständigkeitsverteilung zwischen nationalen Gerichten und Gerichtshof[25]. Das nationale Gericht habe zu untersuchen, ob ein Konflikt zwischen nationalem und Gemeinschaftsrecht möglich sei[26]. Diese Formulierung impliziert, dass der EuGH eine unterschiedliche Auslegung zwischen nationalem Recht und Gemeinschaftsrecht für möglich hält. Ein Konflikt könnte nämlich gar nicht erst entstehen, wenn ein gemeinschaftsrechtlicher Zwang zur identischen Auslegung des identisch formulierten § 35 Kartellgesetz bestünde.

5. Zusammenfassung der Rechtsprechung des EuGH

Es zeigt sich, dass der EuGH in den jüngeren Entscheidungen nicht ausdrücklich zu einer gemeinschaftsrechtlichen Pflicht zur identischen Auslegung aus Art. 10 EG Stellung bezogen hat. Mehrere Entscheidungen, insbesondere Leur-Bloem und Oskar Bronner, sprechen aber deutlich gegen eine solche Pflicht.

III. Paralleldiskussion der überschießenden Richtlinienumsetzung

Eine Paralleldiskussion zur Frage einer identischen Auslegung freiwillig angeglichenen Rechts findet für eine überschießende Richtlinienumsetzung statt. Teilweise wird ausdrücklich auf die Parallelität der Problematik hingewiesen

---

[22] EuGH v. 26.11.1998 Rs. C-7/97 – Oskar Bronner, Slg. 1998, I-7791.

[23] Dabei wurde aber nicht das gesamte System des Art. 82 EG übernommen. § 35 KartG sanktioniert nicht durch ein unmittelbar wirkendes Verbot, sondern verlangt eine Verfügung des Kartellgerichts. Zudem wird mit § 34 KartG ein marktbeherrschendes Unternehmen vom Gemeinschaftsrecht abweichend definiert; vgl. Koppensteiner § 12 Rz. 4.

[24] EuGH v. 26.11.1998 Rs. C-7/97 – Oskar Bronner, Slg. 1998, I-7791 (7823 Rz. 13) unter Bezugnahme auf die Entscheidung EuGH 13.2.1969 Rs. 14/68 -Walt Wilhem, Slg. 1969,1.

[25] EuGH v. 26.11.1998 Rs. C-7/97 – Oskar Bronner, Slg. 1998, I-7791 (7824 Rz. 16).

[26] EuGH v. 26.11.1998 Rs. C-7/97 – Oskar Bronner, Slg. 1998, I-7791 (7825 Rz. 20).

und diese einheitlich beurteilt[27]. Unzweifelhaft besteht eine gemeinschaftsrechtliche Pflicht zur richtlinienkonformen Auslegung einer Norm für Sachverhalte, die in den Anwendungsbereich der Richtlinie fallen. Eine Pflicht zur richtlinienkonformen Auslegung für den überschießenden Teil erscheint dagegen zweifelhaft[28].

Teilweise wird dies befürwortet[29]. Überwiegend wird in Rechtsprechung[30] und Literatur[31] eine gemeinschaftsrechtliche Pflicht zur identischen Auslegung jedoch abgelehnt. Die Voraussetzungen, unter denen transformiertes und autonomes Recht in den betreffenden Mitgliedsstaat gleichförmig richtlinienkonform auszulegen sei, ergäben sich aus dem materiellen nationalen Recht[32]. Das OLG Stuttgart formuliert für die Anwendbarkeit der Verschmelzungsrichtlinie auf andere Rechtsformen als Aktiengesellschaften besonders deutlich: „Außerdem ist im vorliegenden Fall die Richtigkeit der Anwendung des Gemeinschaftsrechts (also die Nichtanwendung der Art. 31 und Art. 28 der 3. Verschmelzungsrichtlinie) derart offenkundig, daß für einen vernünftigen Zweifel an der fehlenden Entscheidungserheblichkeit kein Raum besteht“[33].

---

27 Roth, FS 50 Jahre BGH, Band II, S. 847 (883); Schulze S. 9 (17f.).

28 So schon Goerdeler, FS Steindorff, S. 1211 (1224).

29 Habersack, Europäisches Gesellschaftsrecht, 1. Auflage, Rz. 211; Lutter, UmwG, 2. Auflage, Einl. Rz. 30; überraschenderweise entwickelt sich die Bewertung der Rechtsprechung des EuGH durch Habersack und Lutter unterschiedlich. Während Lutter zunächst eine gespaltene Auslegung für zweifelsfrei möglich hält (Lutter, UmwG, 1. Auflage, Einl. Rz. 30), seine Aufassung jedoch unter Hinweis auf die Rechtsprechung des EuGH korrigiert (Lutter, UmwG, 2. Auflage, Einl. Rz. 30), nimmt Habersack, Europäisches Gesellschaftsrecht, 1. Auflage, Rz. 211 zunächst eine gemeinschaftsrechtliche Pflicht zur richtlinienkonformen Auslegung an, lehnt diese aber nach eingehender Untersuchung der EuGH-Rechtsprechung ab (Habersack/Mayer, JZ 1999, 913 (919)).

30 OLG Stuttgart, AG 1997, 136 (137); OLG Naumburg, GmbHR 1997, 1152 (1155); BFHE 191, 339 (346); ohne Stellungnahme zum Ursprung der Pflicht zur richtlinienkonformen Auslegung dagegen BayOblG, ZIP 1998, 2002 (2005).

31 Meyer-Arndt, BB 1993, 1623 (1624f); Ahmann, FS L. Schmidt, S. 269 (276); Schön, DStJG 19 (1996) S. 177 (199); Hennrichs, ZGR 1997, 66 (77, 82); ders., StuW 1999, 138 (149); Beisse, DStZ 1998, 310 (316); Habersack/Mayer, JZ 1999, 913 (920); Habersack, Europäisches Gesellschaftsrecht, 2. Auflage, Rz. 39a, 211; H. Schmidt in Lutter, UmwG, 2. Auflage, § 39 Rz. 13, 17; Hommelhoff, FS 50 Jahre BGH, Band II, S. 889 (915); Schnorbus, WM 2000, 2321 (2327f.); ders., RabelsZ 2001, 654 (685f., 704), Schwarz, Europäisches Gesellschaftsrecht, Rz. 265.

32 Schnorbus, WM 2000, 2321 (2327f.); ders., RabelsZ 2001, 654 (685f.); vgl. auch Ahmann, FS L. Schmidt, S. 269 (276); Hennrichs, ZGR 1997, 66 (77); Schulze S. 9 (18); Hommelhoff, FS 50 Jahre BGH, Band II, S. 889 (915).

33 OLG Stuttgart, AG 1997, 136 (137).

IV. Parallelproblematik der frühzeitigen Umsetzung einer Richtlinie

Eine weitere Parallelproblematik, die bisher nicht in die Diskussion einbezogen wird, findet sich in der Auslegung einer nationalen Norm, die aufgrund einer Richtlinie frühzeitig umgesetzt wurde. Es ist fraglich, ob bereits vor Ablauf der Umsetzungsfrist eine gemeinschaftsrechtliche Pflicht zur identischen Auslegung besteht.

Der Rechtsprechung des EuGH –insbesondere der Entscheidung Kolpinghuis Nijmegen[34]- ist nicht zu entnehmen, ob das Gemeinschaftsrecht die Gerichte schon vor Ablauf der Umsetzungsfrist zur richtlinienkonformen Auslegung verpflichtet[35].

Vereinzelt wird aber von Generalanwälten und in der Literatur eine solche Pflicht befürwortet. Generalanwalt Jacobs differenziert danach, ob der nationale Gesetzgeber bereits Umsetzungsmaßnahmen getroffen hat. Es bestehe sowohl eine gemeinschaftsrechtliche Pflicht gemäß Art. 10 EG als auch eine Pflicht aus dem nationalen Recht zur richtlinienkonformen Auslegung, soweit ein Mitgliedsstaat beschlossen hat, die gemeinschaftsrechtlichen Bestimmungen durchzuführen[36].

Überwiegend wird jedoch in der Literatur im Falle eines Umsetzungsaktes durch den nationalen Gesetzgeber vor Ablauf der Umsetzungsfrist eine Pflicht zur richtlinienkonformen Auslegung allein aus dem nationalen Recht hergelei-

---

34 EuGH v. 8.10.1987 Rs. 80/86 - Kolpinghuis Nijmegen, Slg. 1986, 3969 (3986 Rz. 13).

35 So auch die GA Jacobs, Schlussanträge in EuGH v. 10.11.1992 Rs. C-156/91- Hansa Fleisch Ernst Mundt, Slg. 1992, I-5567 (5587 Rz. 26); Roth, ZIP 1992, 1054 (1057); Langenfeld, DÖV 1992, 955 (964); Weiß, DVBl 1998, 568 (570 Fn. 20); a.A.: GA Darmon, Schlussanträge v. 29.5.1991 in EuGH v. 11.7.1991 verbundene Rs. C-87-89/90 - Verholen, Slg. 1991, I-3757 (3771 Rz. 15); Lenz DVBl 1990, 903 (908); Scherzberg, Jura 1993, 225 (232); v. Bogdandy in Grabitz/Hilf, 7. Lfg. 1994, Art. 5 Rz. 55; Ohly, GRUR 1998, 828 (829 Fn. 9); Sack, WRP 1998, 241 (243). Letztere verkennen jedoch, dass die Begründung des EuGH vor dem Hintergrund zu sehen ist, dass eine Verpflichtung zur richtlinienkonformen Auslegung aus allgemeinen Rechtsgrundsätzen des Gemeinschaftsrechts abgelehnt wurde, so dass es schon aus diesem Grund für die Lösung *„dieses Problems“* keinen Unterschied gemacht hat, ob die Umsetzungsfrist abgelaufen ist oder nicht.

36 GA Jacobs, Schlussanträge v. 25.6.1992 in EuGH v. 10.11.1992 Rs. C-156/91- Hansa Fleisch Ernst Mundt, Slg. 1992, I-5567 (5585 Rz. 23); wohl auch Sack, WRP 1998, 241 (243); ähnlich Roth, ZIP 1992, 1054 (1057), der kurz vor Ablauf der Frist im Hinblick auf die Zeitspanne zwischen Erlass und Veröffentlichung des Urteils eine aus Art. 10 EG resultierende gemeinschaftsrechtliche Pflicht zur richtlinienkonformen Auslegung der nationalen Obergerichte annimmt. Die Gerichte hätten alles in ihrer Macht stehende zu tun, um für eine Beachtung der Richtlinie mit Ablauf der Frist zu sorgen; Bedenken auch bei Everling, ZGR 1992, 376 (384).

tet[37]. Ansonsten würde der in der Entscheidung Ratti[38] aufgestellte Grundsatz eingeschränkt, dass die Mitgliedstaaten, solange die Umsetzungsfrist nicht abgelaufen ist, die Materie frei regeln dürfen.

Im Ergebnis wird dieser Gedanke durch die Entscheidung Inter-Environnement Wallonie bestätigt. Der EuGH formulierte darin lediglich ein sogenanntes Frustrationsverbot. Danach seien die Mitgliedstaaten nicht verpflichtet, Maßnahmen vor Ablauf der Umsetzungsfrist zu erlassen. Jedoch ergebe sich aus Art. 10 EG i.V.m. Art. 249 III EG und aus der Richtlinie selbst, dass sie während dieser Frist keine Vorschriften erlassen dürfen, die geeignet sind, das in dieser Richtlinie vorgeschriebene Ziel ernstlich in Frage zu stellen[39].

Dieses Frustrationsverbot kann auch als Anweisung für die nationalen Gerichte formuliert werden[40]. Eine Pflicht zur richtlinienkonformen Auslegung würde daraus jedoch nicht folgen. Zur Vermeidung eines Verstoßes gegen das Frustrationsverbot würde es genügen, dass Gerichte mit Ablauf der Umsetzungsfrist ihre Rechtsprechung anpassen. In Urteilen, die vor Fristablauf ergehen, könnte auf die zukünftige Rechtsprechungsänderung hingewiesen werden.

V. Stellungnahme

Der freiwilligen Angleichung des nationalen Rechts an das Gemeinschaftsrecht, der überschießenden Richtlinienumsetzung und der Umsetzung einer Richtlinie vor Ablauf der Umsetzungsfrist ist gemeinsam, dass keine (aktuelle) ausdrückliche gemeinschaftsrechtliche Pflicht zur Einführung der entsprechenden nationalen Regelung besteht.

Der EuGH erkennt in der Entscheidung C.I.L.F.I.T. grundsätzlich die Relativität der Rechtsbegriffe an. Eine von diesem Grundsatz abweichende Pflicht zur identischen Auslegung des nationalen und des Gemeinschaftsrechts verlangt eine tragfähige Grundlage. Diese findet sich jedoch nicht in Art. 10 EG.

Auf der einen Seite weist der Gedanke einer gemeinschaftsrechtlichen Pflicht zur identischen Auslegung in der Tat einen gewissen Reiz auf. Damit wäre dem

---

37 Jarass, EuR 1991, 211 (217, 221); Lutter, JZ 1992, 593 (604); Roth, ZIP 1992, 1054 (1056); Langenfeld, DÖV 1992, 955 (964); Haneklaus, DVBl 1993, 129 (130 Fn. 14); Brechmann S. 283f.; Gellermann S. 110; v. Bogdandy in Grabitz/Hilf, 7. Lfg. 1994, Art. 5 Rz. 55; Sack, VersR 1994, 1383 (1384); Ehricke, RabelsZ 59 (1995), 598 (622); ders., EuZW 1999, 553 (554, 559); Rüffler, ÖJZ 1997, 121 (125); Weiß, DVBl 1998, 568 (575); Leible/Sosnitza, NJW 1998, 2507 (2508).

38 EuGH v. 5.4.1979 Rs. 148/78 - Ratti, Slg. 1979, 1629 (1645 Rz. 45).

39 EuGH v. 18.12.1997 Rs. C-129/96 - Inter-Environnement Wallonie, Slg. 1997, I-7411 (7449 Rz. 44).

40 So auch Sack, WRP 1998, 241 (243).

nationalen Gesetzgeber ein herausragendes Mittel zur freiwilligen Integration des Rechts in die Hand gegeben. Der Erfolg einer freiwilligen Integration zeigt sich exemplarisch im Entstehen eines einheitlichen Handelsrechts in Teilen des deutschen Bundes. Einzelne Länder einigten sich auf den Gesetzestext des Allgemeinen Deutschen Handelsgesetzbuchs und schufen zu dessen einheitlicher Auslegung das Bundesoberhandelsgericht[41]. Eine gemeinschaftsrechtliche Pflicht würde eine bewährte Tradition der Rechtsangleichung somit nicht nur fortsetzen, sondern sogar institutionalisieren.

Auf der anderen Seite kann das nationale Recht dieses Ergebnis grundsätzlich auch aus sich selbst heraus erreichen. Eine einheitliche Auslegung könnte einerseits durch ausdrückliche Interpretationsregeln, wie etwa Art. 1 IV des italienischen Kartellgesetzes oder Section 60 des Competition Act 1998 Großbritanniens[42], gewährleistet werden. Andererseits könnte auf allgemeine Auslegungsgrundsätze, insbesondere auf den Willen des Gesetzgebers zur Vereinheitlichung, vertraut werden.

Gegen eine gemeinschaftsrechtliche Pflicht zur identischen Auslegung spricht, dass sich das Gemeinschaftsrecht meist zentraler Rechtsbegriffe, wie etwa des Arbeitnehmers (Art. 39 EG) oder des Unternehmers (Art. 81, 82 EG), bedient. Diese Begriffe werden im nationalen Recht meist über den vom Gemeinschaftsrecht geregelten Rechtsbereich hinaus in anderen Rechtsgebieten verwandt. Der nationale Gesetzgeber wäre ohne Anerkennung einer Relativität der Rechtsbegriffe in der Verwendung seiner Begrifflichkeit stark eingeschränkt. Die Pflicht aus der Gemeinschaftstreue muss damit auf die Regelung des gleichen Rechtsgebietes beschränkt bleiben.

Zusätzlich gilt eine aus der Gemeinschaftstreue des Art. 10 EG abgeleitete gemeinschaftsrechtliche Pflicht zur einheitlichen Auslegung freiwillig angeglichenen Rechts nur, wenn das nationale Recht an das Gemeinschaftsrecht angepasst wird. Eine Pflicht zur identischen Auslegung scheidet von Beginn an aus, wenn das Gemeinschaftsrecht an das nationale Recht angeglichen wird. Eine Gefahr der Verwirrung und die darin liegende Beeinträchtigung des Gemeinschaftsrechts durch unterschiedliche Auslegung angeglichenen Rechts kann damit über Art. 10 EG nur teilweise vermieden werden. Insgesamt führen die Ausnahmen dazu, dass der gesamte Gedanke der Rechtsunsicherheit durch Verwirrung verblasst und an Überzeugungskraft verliert. Er bildet jedenfalls keine tragfähige Grundlage für die erheblichen Eingriffe in die Rechtsetzungsautonomie der Mitgliedstaaten.

---

41 Näher dazu Rehme S. 237ff., 250.
42 Vgl. näher Goodmann, E.C.L.R. 1999, 73.

Schließlich zeigt sich unter Einbeziehung der Parallelproblematiken der frühzeitigen und der überschießenden Richtlinienumsetzung, dass die Rechtsprechung des EuGH in sich geschlossen ist. Obwohl ein gemeinschaftsrechtliches Interesse an einer einheitlichen Auslegung besteht, legt der EuGH besonderen Wert darauf, dass der nationale Gesetzgeber in der Regelung seiner Materie frei bleibt. Im Ergebnis besteht damit keine gemeinschaftsrechtliche Pflicht zur identischen Auslegung. Eine solche kann lediglich aus der Auslegung des nationalen Rechts folgen.

C. Pflicht zur identischen Auslegung aus dem nationalen Recht

I. Einführung

Mangels einer ausdrücklichen gesetzlichen Regelung muss sich eine Pflicht zur identischen Auslegung aus den klassischen Auslegungskriterien ergeben.

Eine solche Auslegung kann sich als schwierig und im Hinblick auf eine mögliche Vorlagepflicht nationaler Gerichte gemäß Art. 234 EG als rechtspolitisch beladen erweisen[43]. Dies zeigt die zunehmend schärfer und vielschichtiger werdende Kontroverse um die Pflicht zu einer einheitlichen, richtlinienkonformen Interpretation der handelsrechtlichen Grundsätze ordnungsgemäßer Buchführung der §§ 238-263 HGB[44] und deren Maßgeblichkeit für das Einkom-

---

[43] Für eine Vorlagepflicht im Ertragssteuerrecht an den EuGH: FG Köln, EFG 1997, 1166 (1167); Meilicke, BB 1992, 969 (971); ders., BB 1999, 890 (893); ders., BB 2001, 40 (41); Schulze-Osterloh, ZGR 1995, 170 (177); Neu, BB 1995, 399 (405); Groh, DStR 1996, 1206 (1209); Schüppen, DB 1996, 1481 (1484 Fn. 31); de Weerth, RiW 1996, 763 (765); Kropff, ZGR 1997, 115 (128); Schön, FS Flick, S. 573 (580f.); Arndt/Wiesbrock, DStR 1999, 350 (353); Wassermeyer, FS Lutter, S. 1633 (1645f.); ders., DB 2001, 1053 (1056f.); im Grundsatz wohl auch BFHE 172, 462 (466f.); BFHE 176, 359 (366); BFHE 177, 454 (456); obwohl im Einzelfall jeweils eine Vorlagepflicht aus nicht überzeugenden Gründen verneint wird, offen gelassen jüngst in BFH Großer Senat, BB 2000, 2247 (2252); gegen eine Vorlagepflicht im Ertragssteuerrecht: BFHE 189, 215 (220ff.); Ahmann, FS L. Schmidt, S. 269 (285f.); Moxter, BB 1995, 1463 (1463, 1466); Weber-Grellet, StuW 1995, 336 (349); ders., DB 1996, 2089 (2092); ders. in L. Schmidt § 5 Rz. 4; Schulze-Osterloh, DStZ 1997, 281 (286); ders., ZGR 2000, 594 (601); Beisse, StVj 1989, 295 (305); ders., DStZ 1998, 310 (315f.); Euler, StuW 1998, 15 (22); Lauth, DStR 2000, 1365 (1370); für Personengesellschaften ablehnend BFHE 191, 339 (346).

[44] Gegen eine richtlinienkonforme Auslegung der §§ 238-263 HGB: BFHE 189, 215 (220ff.); für eine gespaltene, nur teilweise richtlinienkonforme Auslegung der §§ 238-263 HGB: Schulze-Osterloh, DStZ 1997, 281 (284f.); Beisse, DStZ 1998, 310 (315f); Hennrichs, StuW 1999, 138 (149f.); für eine einheitliche richtlinienkonforme Auslegung der §§ 238-263 HGB Beisse, StVj 1989, 295 (297, 305); BB 1990, 2007 (2011); Meilicke, BB 1992, 969 (970); ders., BB 1999, 890 (893); ders., BB 2001, 40 (41); Weber-Grellet, StuW 1995, 336 (350); ders., DB 1996, 2089 (2090); Schulze-Osterloh, ZGR 1995, 170 (177); Groh, DStR 1996, 1206 (1209); ders., DStR 1998, 813 (818); Schön, FS Flick, S. 573 (581); Kropff ZGR 1997, 115 (128); Arndt/Wiesbrock, DStR 1999, 350 (353 Fn. 46); Wassermeyer, FS Lutter, S. 1633 (1643).

menssteuerrecht gemäß § 5 I EStG[45]. Mittlerweile wird von einer Machtfrage[46] oder einem Glaubenskrieg gesprochen[47].

Die Monopolkommission hat im Vorfeld der 6. Novelle des GWB betont, dass die Zielsetzung einer Harmonisierung des GWB mit dem Gemeinschaftsrecht nicht alleine durch eine Anpassung des Gesetzeswortlauts zu erreichen sei[48]. Dem europäischen und dem nationalen Wettbewerbsrecht lägen unterschiedliche Wettbewerbskonzeptionen zu Grunde. Das GWB ziele einzig auf den Schutz der Wettbewerbsfreiheit ab. Raum für die Verfolgung industriepolitischer oder sonstiger nichtwettbewerblicher Ziele bleibe nur im Rahmen der Ministererlaubnisse. Im europäischen Recht stelle zwar die Errichtung eines Systems, das den Wettbewerb vor Verfälschungen schützt, ein zentrales, in Art. 3 I Lit. g) EG verankertes Ziel dar, jedoch sei die Durchsetzung wettbewerblicher Prinzipien kein Wert an sich. Die Wettbewerbspolitik diene auch als Instrument, um grundlegende Ziele der Gemeinschaft zu erreichen. Sie habe stets auch ihre Auswirkungen in andere Politikbereiche der Kommission, wie z.B. die Industrie-, Außenhandels- und Sozialpolitik, mit in Betracht zu ziehen[49]. Aufgrund dieses grundsätzlich unterschiedlichen Rahmens der Wettbewerbspolitik lasse sich eine vollständige Übereinstimmung nicht erreichen[50]. Die nationale Wettbewerbskonzeption sei in einer 40-jährigen Rechtstradition verankert und entziehe sich damit einer Änderung durch Verordnung[51].

---

45 Für eine uneingeschränkte Geltung des Maßgeblichkeitsgrundsatzes für die §§ 238ff. HGB Schulze-Osterloh, ZGR 1995, 170 (177); Schön, FS Flick, S. 573 (580); de Weerth, RIW 1996, 763 (765); Schüppen, DB 1996, 1481 (1484 Fn. 31); Kropff, ZGR 1997, 115 (128); Oser, BB 1997, 2367 (2368); Wassermeyer, FS Lutter, S. 1633 (1643); für eine eingeschränkte Geltung nur für die §§ 238-263 HGB, die einheitlich nichtrichtlinienkonform auszulegen sind BFHE 189, 215 (220ff.); für eine eingeschränkte Geltung nur für die gespalten nichtrichtlinienkonform ausgelegten §§ 238-263 HGB Schulze-Osterloh, DStZ 1997, 281 (286); Beisse, DStZ 1998, 310 (315f.); Hennrichs, StuW 1999, 138 (149f.); Euler, StuW 1998, 15 (22); nicht überzeugend offen gelassen durch BFHE 191, 339 (346); Maßgeblichkeitsgrundsatz grundsätzlich ablehnend Ahmann, FS L. Schmidt, S. 269 (285f.); Weber-Grellet, StuW 1995, 336 (349); ders., DB 1996, 2089 (2092); ders. in L. Schmidt § 5 Rz. 28.

46 Meilicke, BB 2001, 40 (41), ders., DB 2000, 2035 (2037); Lauth, DStR 2000, 1365 (1370) spricht von einer „grotesken Vorstellung".

47 Wassermeyer, FS Lutter, S. 1633 (1648).

48 Monopolkommission, XI. Hauptgutachten, Rz. 906ff.; vgl. auch Möschel, EuZW 1995, 817 (818); Mestmäcker in Immenga/Mestmäcker, EG-Kartellrecht I, Einl. Rz. 19.

49 Monopolkommission, XI. Hauptgutachten, Rz. 906ff.

50 Monopolkommission, XI. Hauptgutachten, Rz. 931; Monopolkommission, XII. Hauptgutachten, Rz. 91; Köhler, WRP 1996, 835 (841f.).

51 Monopolkommission, XI. Hauptgutachten, Rz. 915.

Fraglich ist, ob diese Kritik der Monopolkommission im Ergebnis überzeugt. Eine Pflicht zur identischen Auslegung kann sich nur aus einer Interpretation der entsprechenden Gesetzesvorschrift ergeben[52]. Maßgebend für die Auslegung einer Gesetzesvorschrift ist der in dieser zum Ausdruck kommende objektivierte Wille des Gesetzgebers. Dem Ziel, den objektivierten Gesetzeswillen zu erfassen, dienen die nebeneinander zulässigen, sich gegenseitig ergänzenden Methoden der Auslegung des Wortlauts der Norm, ihres Zusammenhangs, ihres Zwecks, sowie der Gesetzesmaterialien und der Entstehungsgeschichte[53].

II. Identische Formulierung des Wortlauts als Ausgangspunkt

Das nach dem Wortlaut sprachlich Mögliche steckt die Grenzen ab, innerhalb derer ein vom Gesetz verwandter Begriff überhaupt ausgelegt werden kann[54]. Aus dem Wortlaut der Norm können sich für eine Pflicht zur identischen Auslegung zwei Grenzen ergeben.

Soweit nationales Recht, insbesondere nationales Verfassungsrecht, der Reichweite des Wortlauts des nationalen Rechts engere Grenzen setzt als das Gemeinschaftsrecht, ist damit eine Grenze der identischen Auslegung gefunden.

---

[52] Dies wird aufgrund unterschiedlicher Gewichtung der Auslegungskriterien im Fall einer „überschießend“ umgesetzten Richtlinie differenziert beurteilt. Einerseits wird durch Beisse, StVj 1989, 295 (297, 305); ders., BB 1990, 2007 (2011); ders., FS Döllerer S. 25 (31); Schulze-Osterloh, ZGR 1995, 170 (177); Groh, DStR 1996, 1206 (1208) eine gespaltene Auslegung als unmöglich angesehen; andererseits wird von Hennrichs, ZGR 1997, 66 (78); ders., StuW 1999, 138 (150f.); Schulze-Osterloh, DStZ 1997, 281 (284); Beisse, DStZ 1998, 310 (315); Schnorbus, WM 2000, 2321 (2325); Hommelhoff, FS 50 Jahre BGH, Band II, S. 889 (915f.); Heinrichs in Palandt, Einl. Rz. 54 betont, dass eine gespaltene Auslegung zweifelsfrei möglich sei.

[53] Ständige Rspr. seit BVerfGE 1, 299 (312); BGHZ 46, 74 (76) „Schallplatten“; Larenz, Methodenlehre, 4. Kapitel 2. S. 320ff.; Larenz/Canaris, Methodenlehre, 4. Kapitel 2. S. 141ff., Larenz/Wolf § 4 Rz. 36; Bydlinski 3. Buch 2. Teil II S. 436ff.; Zippelius § 8 S. 42ff.; unter den angegebenen Auslegungskriterien besteht innerhalb des möglichen Wortsinns zwar kein starres Rangverhältnis, ihre Anwendung im Einzelfall ist aber nicht beliebig, sondern hängt von ihrem jeweiligen sachlichen Gewicht ab und ist vom Auslegenden jeweils zu begründen, vgl. BGHZ 46, 74 (79) „Schallplatten“; Larenz, Methodenlehre, 4. Kapitel 2 f) S. 345; Larenz/Wolf § 4 Rz. 45; a.A. Heinrichs in Palandt, Enleitung Rz. 56; Säcker in MünchKo Einleitung Rz. 128, die ein Primat der teleologischen Auslegung befürworten. Nach Schulze S. 9 (18) spreche im Fall der freiwilligen Anpassung an das Gemeinschaftsrecht die subjektiv-historische und die objektiv-teleologische Methode für eine identische Auslegung; vgl. auch Hommelhoff, FS 50 Jahre BGH, Band II, S. 889 (915); Roth, FS 50 Jahre BGH, Band II, S. 847 (883); Schnorbus, WM 2000, 2321 (2324).

[54] BGHZ 46, 74 (76) „Schallplatten“; BGHSt 17, 21 (23); Larenz, Methodenlehre, 4. Kapitel 2. a) S. 320; Säcker in MünchKo, Einl. Rz. 116.

Die zweite Grenze liegt darin, dass Vorschriften des Gemeinschaftsrechts in mehreren verbindlichen Sprachen abgefasst werden. Die Auslegung einer gemeinschaftsrechtlichen Vorschrift erfordert somit einen Vergleich ihrer sprachlichen Fassungen[55]. Die Grenzen des Wortlauts der nationalen Norm dürfen dadurch jedoch nicht überschritten werden.

III. Wille des Gesetzgebers zur Harmonisierung

Soweit der mögliche Wortsinn der Norm verschiedene Auslegungsmöglichkeiten zulässt, kommt es auf die erkennbaren Zwecke der Regelung und damit auch auf die Entstehungsgeschichte des Gesetzes an[56].

Die Bundesregierung kündigte das Vorhaben einer Reform des Wettbewerbsrechts erstmals in ihrem Bericht zur Zukunftssicherung des Standortes Deutschland an[57]. Sie zielte auf eine Angleichung des GWB an das Kartellrecht des EG-Vertrages ab. Im Rahmen ihrer Stellungnahme zum Tätigkeitsbericht des Bundeskartellamts 1993/1994 verfolgte sie diese Zielsetzung weiter. Es sollte zu einer möglichst weitgehenden Übereinstimmung zwischen nationalem und europäischen Wettbewerbsrecht, ausgerichtet am Referenzmodell EG-Recht kommen: „In einem einheitlichen Wirtschaftsraum sind bei gleichgelagerten Sachverhalten unterschiedliche wettbewerbsrechtliche Wertungen des nationalen und des europäischen Gesetzgebers nicht mehr vertretbar."[58]. In der Stellungnahme der Bundesregierung zum Tätigkeitsbericht des Bundeskartellamts 1995/1996 trat neben die Zielsetzung der Harmonisierung die der Stärkung des Wettbewerbsprinzips. Es sollte das nationale Recht beibehalten werden, wenn es dem europäischen Recht deutlich überlegen ist[59].

---

55 EuGH v. 6.10.1982 Rs. 283/81 - C.I.L.F.I.T., Slg. 1982, 3415 (3430 Rz. 18).

56 BGHZ 46, 74 (79) „Schallplatten"; vgl. insbesondere auch Heinrichs in Palandt, Einleitung Rz. 55f; Säcker in MünchKo, Einleitung Rz. 128, die sogar von einem Primat der teleologischen Auslegung ausgehen.

57 BT-Drs. 12/5620 S. 13.

58 Stellungnahme der Bundesrgierung zu BKartA, Tätigkeitsbericht 1993/1994, BT-Drs. 13/1660 S. 1f.; kritisch zu diesem Ziel Möschel, AG 1998, 561 (562).

59 BT-Drs. 13/7900 S. 1; ähnlich entwickelte sich die Entschließung des Bundesrates zu einer Novellierung des GWB. Der durch die Landesregierung von Baden-Württemberg formulierte Antrag zielte primär darauf, die Bundesregierung aufzufordern, nationales und europäisches Wettbewerbsrecht inhaltlich besser in Übereinstimmung zu bringen (BRat-Drs. 400/95). Im Rahmen der Beratungen des Wirtschaftsausschusses wurde die Entschließung jedoch dahingehend geändert, dass eine sinnvolle Harmonisierung nicht durch eine unbesehene Übernahme des europäischen Rechts erfolgen könne. Nationale Regelungen, die sich als sinnvoll erwiesen hätten, sollten nicht aufgegeben werden. Die Bundesregierung solle vielmehr im Interesse einer wirkungsvollen Wettbewerbspolitik gleichzeitig auch auf eine Weiterentwicklung des europäischen Wettbewerbsrechts hinwirken (BRat -Drs. 400/1/95 und 400/95 (Beschluss)).

Die Formulierungen der Regierungsbegründung[60] und die Ausführungen des für die Reform federführenden Bundeswirtschaftsministeriums lassen darauf schließen, dass die Bundesregierung versuchte, dass nationale Recht mit dem europäischen Wettbewerbsrecht möglichst weitgehend in Übereinstimmung zu bringen. Das deutsche Kartellrecht solle nicht abgeschafft werden, aber für Abweichungen vom europäischen Kartellrecht müssten triftige Gründe vorgebracht werden. Zudem könne eine Inländerdiskriminierung zu Lasten des Mittelstandes nicht Ziel der Reform des Kartellgesetzes sein[61]. Schließlich wird betont, dass trotz des Verlustes einer 35-jährigen Rechtstradition keine Gefahr des Falls ins Bodenlose drohe. Denn auch für das europäische Wettbewerbsrecht bestehe eine umfangreiche Anwendungspraxis[62]. Im Ergebnis spricht der Wille des Gesetzgebers damit für eine grundsätzlich identische Auslegung.

IV. Systematische Spannungsfelder der Neufassung

Durch die Neufassung ist das GWB jedoch nur partiell an das europäische Recht angeglichen worden. Aus der Gesamtkonzeption des GWB können sich daher Wertungswidersprüche ergeben, die einer identischen Auslegung zwingend entgegenstehen. Diese beruhen entgegen der Ansicht der Monopolkommission jedoch nicht in der unterschiedlichen Wettbewerbskonzeption des Gemeinschaftsrechts, sondern allein darin, dass diese nicht in toto in das GWB übernommen wurde. Eventuelle systematische Einwände sind für jede Formulierung gesondert zu untersuchen.

V. Ergebnis

Als vorläufiges Ergebnis ist festzuhalten, dass bei identischer Formulierung des GWB eine Pflicht zur identischen Auslegung besteht, soweit nicht die Grenzen des Wortlauts und systematisch zwingende Einwände entgegenstehen[63]

D. Vorlagemöglichkeit und Vorlagepflicht zum EuGH

Fraglich ist, ob eine Pflicht zur identischen Auslegung gleichzeitig eine Vorlagemöglichkeit und Vorlagepflicht gemäß Art. 234 EG zum EuGH begründet. Generalanwalt Tesauro bezog zum freiwillig an das Gemeinschaftsrecht angeglichenen italienischen Kartellgesetz bemerkenswert eindeutig Stellung:

„Ich glaube nicht, daß das italienische Gericht den Gemeinschaftsrichter im Hinblick auf die Anwendung der entsprechenden nationalen Rechtsvorschrift um eine Auslegung des Art. 81 des Vertrages ersuchen könnte; noch sicherer bin ich mir, daß es jedenfalls keine Antwort des Gerichtshofes erhalten

60 Vgl. insbesondere Begründung der Bundesregierung, BT-Drs. 13/9720 S. 31.
61 Stiftung Marktwirtschaft S. 35 (38f.).
62 Stiftung Marktwirtschaft S. 35 (39).
63 Im Ergebnis auch Schanze S. 60.

würde."[64]. Die Tragfähigkeit dieser Aussage wird mit Hilfe der Rechtsprechung des EuGH untersucht.

I. Vorlagemöglichkeit und -pflicht in der Rechtsprechung des EuGH

Im Mittelpunkt der Entscheidung Thomasdünger stand die Auslegung des privaten Beförderungstarifs der Deutschen Bundesbahn. Dieser lehnte sich an den gemeinsamen Zolltarif an, für dessen Auslegung der EuGH zuständig ist. Der EuGH hielt sich nach Vorlage des Bundesfinanzhofs auch für die Auslegung des Beförderungstarifs zuständig und begründete dies kurzerhand mit der Aufgabenverteilung zwischen dem Gerichtshof und den nationalen Gerichten. Es sei, außer in Fällen, in denen das Gemeinschaftsrecht offenkundig nicht auf den zugrundeliegenden Sachverhalt anwendbar ist, Sache des nationalen Gerichts zu prüfen, ob die gestellte Anfrage zur Entscheidung des anhängigen Rechtsstreits überhaupt erforderlich ist[65].

In den Entscheidungen Dzodzi und Gmurzynska-Bscher[66] bestätigte der EuGH seine Rechtsprechung und untermauerte sie mit zwei Argumenten. Zum einen bestehe für die Gemeinschaftsrechtsordnung ein offensichtliches Interesse daran, dass jede Bestimmung des Gemeinschaftsrechts unabhängig davon, unter welchen Voraussetzungen sie angewandt werde, eine einheitliche Auslegung erhalte. Zum anderen lasse weder der Wortlaut des Art. 234 EG noch dessen Zweck darauf schließen, dass die Verfasser des Vertrages Vorlagen von der Zuständigkeit des Gerichtshofs ausschließen wollten, in denen das nationale Recht auf den Inhalt einer gemeinschaftsrechtlichen Bestimmung verweist[67]. Mit den Urteilen Tomatis, Federconsorzi und Fournier[68] wurde diese Rechtsprechung fortgesetzt und gefestigt.

In der Entscheidung Kleinwort-Benson[69] zeigte der EuGH Grenzen einer Vorlagemöglichkeit auf. Im Mittelpunkt des Verfahrens stand die Auslegung der Vorschriften des Civil Jurisdiction and Judgements Acts 1982, der seinerseits nahezu wortgleich die Bestimmungen des Brüsseler Übereinkommens übernahm. Dieser legte ausdrücklich fest, dass zur Entscheidung entsprechender

---

64 GA Tesauro, Schlussanträge v. 31.1.1995 in EuGH v. 28.3.1995 Rs. C-346/93 - Kleinwort-Benson, Slg. 1995, I-615 (617, 631 Rz. 26).

65 EuGH v. 26.9.1985 Rs. 166/84 -Thomasdünger, Slg. 1985, 3001 (3009 Rz. 11).

66 EuGH v. 18.10.1990 verb. Rs. C-297/88 und C-197/89 - Dzodzi, Slg. 1990, I-3763; EuGH v. 8.11.1990 Rs. C-231/89 - Gmurzynska-Bscher, Slg. 1990, I-4003.

67 EuGH v. 18.10.1990 verb. Rs. C-297/88 und C-197/89 -Dzodzi, Slg. 1990, I-3763 (3793 Rz. 35f.).

68 EuGH v. 24.1.1991 Rs. - C 384/89 -Tomatis und Fulchiron, Slg. 1991, I-127 (128 Rz. 1); EuGH v. 25.6.1992 Rs. C-88/91 - Federconsorzi, Slg. 1992, I-4035 (4064 Rz. 7); EuGH v. 2.11.1992 Rs. C 73/89 -Fournier, Slg. 1992, I-5621 (5659 Rz. 23).

69 EuGH v. 28.3.1995 Rs. C-346/93 - Kleinwort-Benson, Slg. 1995, I-615.

Fragen die vom Gerichtshof aufgestellten Grundsätze und Entscheidungen zu berücksichtigen sind. Der EuGH lehnte seine Zuständigkeit ab. Das nationale Gesetz enthalte keine unmittelbare und unbedingte Verweisung auf das Gemeinschaftsrecht. Es beschränke sich darauf, dass Übereinkommen als Muster zu nehmen[70]. Die nationalen Gerichte seien nicht gesetzlich verpflichtet, die Auslegung des Gerichtshofs absolut und unbedingt anzuwenden. Entscheidungen des EuGH müsse dagegen bindende Wirkung zukommen[71].

In den darauf folgenden Entscheidungen Leur-Bloem[72] und Giloy[73] knüpft der EuGH sowohl an die Dzodzi-Rechtsprechung[74] als auch an die Entscheidung Kleinwort-Benson an. Diese Rechtsprechung erweist sich mittlerweile als derart gefestigt, dass in der Entscheidung DE+ES Bauunternehmung GmbH die Frage der Zuständigkeit nicht mehr aufgeworfen wird[75].

II. Vorlagemöglichkeit und -pflicht in der Literatur

Teilweise wird die Dzodzi-Rechtsprechung des EuGH akzeptiert[76] oder ausdrücklich begrüßt[77]. Eine Vorlagemöglichkeit und -pflicht nationaler Gerichte gemäß Art. 234 II, III EG wird -wenn auch zweifelnd- befürwortet[78].

Andererseits werden vor allem die Generalanwälte beim EuGH nicht müde, einer Zuständigkeit des EuGH entgegenzutreten[79].

---

70 EuGH v. 28.3.1995 Rs. C-346/93 - Kleinwort-Benson, Slg. 1995, I-615 (639 Rz. 15).

71 EuGH v. 28.3.1995 Rs. C-346/93 - Kleinwort-Benson, Slg. 1995, I-615 (639ff. Rz. 18ff.).

72 EuGH v. 17.7.1997 Rs. C-28/95 - Leur/Bloem, Slg. 1997, I-4161 (4201f. Rz. 27, 32).

73 EuGH v. 17.7.1997 Rs. C-130/95 - Giloy, Slg. 1997, I-4291; bestätigt in EuGH v. 16.6.1998 Rs. C-53/96 - Hermes, Slg. 1998, I-3603 (3648 Rz. 31f.); EuGH v. 26.11.1998 Rs. C-7/97 - Oskar Bronner, Slg. 1998, I-7791 (7824 Rz. 16); EuGH v. 3.12.1998 Rs. C-247/97 - Schoonbroodt, Slg. 1998, I-8095 (8121 Rz. 14); EuGH v. 13.3.2001 Rs. C-379/89 - PreussenElektra, Slg. 2001, I-2099 (2176 Rz. 38ff.); EuGH v. 11.10.2001 Rs. C-267/99 - Adam, Slg. 2001, I-7493 (7490 Rz. 21ff.); EuGH v. 11.1.2001 Rs. C 1/99 - Kofisa Italia Srl, Slg. 2001, I-207 (239ff. Rz. 20ff.).

74 So vom EuGH bezeichnet in EuGH v. 17.7.1997 Rs. C-28/95 - Leur/Bloem, Slg. 1997, I-4161 (4200 Rz. 27).

75 EuGH v. 14.9.1999 Rs. C-275/97-DE+ES Bauunternehmung GmbH, DB 2000, 2035; vgl. auch Schwarz, Europäisches Gesellschaftsrecht, Rz. 264; Schwarze in Schwarze, EGV, Art. 234 Rz. 15.

76 Schwarz, DStR 1994, 1694 (1697).

77 Wassermeyer, FS Lutter, S. 1633 (1638); Roth, FS 50 Jahre BGH, Band II, S. 847 (885); vgl. auch Schulze-Osterloh, ZGR 1995, 170 (177); Bishop, ELR 1995, 495 (501); Habersack, Europäisches Gesellschaftsrecht, 1. Auflage, Rz. 211; Lutter, UmwG, 2. Auflage, Einl. Rz. 30; Schanze S. 260.

78 Roth, FS 50 Jahre BGH, Band II, S. 847 (885).

79 GA Darmon, Schlussanträge v. 3.7.1990 in EuGH v. 18.10.1990 verb. Rs. C-297/88 und C-197/89 -Dzodzi, Slg. 1990, I-3763 (3778, 3780); ders., Schlussanträge vom 3.7.1990 in

Bereits im Verfahren Thomasdünger sprach sich Generalanwalt Mancini gegen eine Zuständigkeit des EuGH aus. Ansonsten würde der Gerichtshof nur scheinbar Gemeinschaftsrecht auslegen, in Wahrheit aber innerstaatliches Recht beurteilen. Diese Aufgabe sei ihm aber durch Art. 234 EG ausdrücklich versagt[80].

Generalanwalt Darmon formulierte den vielzitierten und einprägsamen Satz, dass es kein Gemeinschaftsrecht außerhalb des Anwendungsbereichs des Gemeinschaftsrechts gäbe[81]. Art. 234 EG diene dem Ziel, dass das vom Vertrag geschaffene Recht wirklich gemeinsames Recht bleibe und in allen Mitgliedstaaten die gleiche Wirkung habe. Die Einheit der Gemeinschaftsordnung werde dagegen von Sachverhalten, die nicht in den Anwendungsbereich fallen, nicht betroffen. Die einseitig nationale Verwendung der Begrifflichkeit könne den Anwendungsbereich des Gemeinschaftsrechts und demgemäß die Zuständigkeit des Gerichtshofs nicht erweitern.

Dem schloss sich Generalanwalt Tesauro in seinen Schlussanträgen zur Entscheidung Kleinwort-Benson an und ergänzte, dass das gemeinschaftliche Rechtssystem auf dem Grundsatz der Zuständigkeit kraft Zuweisung beruhe. Als Begründung könne der Gerichtshof daher nicht ausführen, dass weder der Wortlaut noch der Zweck des Art. 234 EG entgegenstünden. Er müsse vielmehr begründen, dass diese Fragen dem EuGH zur Entscheidung zugewiesen sind[82].

In der Literatur wird die Kritik der Generalanwälte aufgegriffen und vertieft[83]. Habersack/Mayer weisen darauf hin, dass den Entscheidungen außerhalb des Anwendungsbereichs des Gemeinschaftsrechts keine Bindungswirkung zu-

---

EuGH v. 8.11.1990 Rs. C -231/89 - Gmurzynska-Bscher, Slg. 1990, I-4003 (4009f.); GA Tesauro, Schlussanträge vom 31.1.1995 in EuGH v. 28.3.1995 Rs. C - 346/93 - Kleinwort-Benson, Slg. 1995, I-615 (617, 626ff.); GA Jacobs, Schlussanträge v. 17.9.1996 in EuGH v. 17.7.1997 Rs. C-28/95 - Leur/Bloem, Slg. 1997, I-4161 (4179ff. Rz. 47ff.); GA Ruiz-Jarabo Colomer, Schlussanträge v. 26.9.2000 in EuGH v. Rs. C 1/99 -Kofisa Italia, Slg. 2001, I-207 (215 Rz. 17ff.).

80 GA Mancini, Schlussanträge v. 15.5.1985 in EuGH v. 26.9.1985 Rs-166/84 -Thomasdünger, Slg. 1985, 3001 (3003 Rz. 2).

81 GA Darmon, Schlussanträge v. 3.7.1990 in EuGH v. 18.10.1990 verb Rs. C - 297/88 und C - 197/89 - Dzodzi, Slg. 1990, I-3763 (3780 Rz. 11); Schlussanträge v. 3.7.1990 in EuGH v. 18.11.1990 Rs. C - 231/89 - Gmurzynska-Bscher, Slg. 1990, I-4003 (4010 Rz. 8).

82 GA Tesauro, Schlussanträge v. 31.1.1995 in EuGH v. 28.3.1995 Rs. C - 346/93 Kleinwort-Benson, Slg. 1995, I-615 (617, 630 Rz. 25).

83 Goerdeler, FS Steindorff, S. 1211 (1224f.); Meyer-Arndt, BB 1993, 1623 (1624f.); Dreher, WuW 1995, 881 (893); Betlem, CMLR 1996, 137 (147); Holl, IPRax 1996, 174 (176); Hennrichs, ZGR 1997, 66 (84); Habersack/Mayer, JZ 1999, 913 (920); Hommelhoff, FS 50 Jahre BGH, Band II, S. 889 (920f.); Marsch-Barner in Kallmeyer § 8 Rz. 37; Schulze-Osterloh, ZGR 2001, 497 (510).

komme, so dass die Urteile den Charakter eines Rechtsgutachtens hätten. Die Zuständigkeit des Gerichtshofs zur Erstellung von Gutachten sei jedoch ausschließlich in Art. 300 VI EG vorgesehen[84].

III. Stellungnahme zur Vorlagemöglichkeit und Vorlagepflicht

Die Kritik an der Rechtsprechung des EuGH überzeugt im Ergebnis nicht. Die Aussage des Generalanwalts Darmon, es gäbe kein Gemeinschaftsrecht außerhalb des Anwendungsbereichs des Gemeinschaftsrechts, die als „ebenso offensichtlich und unangreifbar, [...] wie aufschlussreich und prägnant" zitiert wird[85] ist weder offensichtlich noch unangreifbar.

Zunächst erweist sich die Aussage als missverständlich. Im Kern geht es nicht um die Rechtsqualität („gibt") des Gemeinschaftsrechts, sondern nur um dessen Auslegung im Rahmen des Verfahrens des Art. 234 EG[86].

Dieses Verfahren ist, wie der Gerichtshof in ständiger Rechtsprechung betont, ein Verfahren der Zusammenarbeit zwischen den nationalen Gerichten und dem Gerichtshof[87].

Es erfordert aber nicht nur gemäß Art. 234 I a) EG, dass das nationale Gericht eine Frage zur Auslegung des Gemeinschaftsrechts stellt, sondern auch gemäß Art. 234 II EG, dass es die Auslegung des EuGH für den Erlass des Urteils für erforderlich hält. Daher muss der Rechtsstreit vor dem nationalen Gericht mit der Auslegung des Gemeinschaftsrechts über das Kriterium der Erforderlichkeit verknüpft sein[88].

Zweifellos besteht eine solche Verknüpfung, wenn das Gemeinschaftsrecht unmittelbar auf den zugrundeliegenden Sachverhalt anwendbar ist. Ausreichend ist es auch, wenn das Gemeinschaftsrecht zwar nicht unmittelbar, jedoch mittelbar -wie im Fall der richtlinienkonformen Auslegung nach Ablauf der Umsetzungsfrist[89]- anwendbar ist. Daran knüpft die entscheidende Frage an: Genügt

---

84 Habersack/Mayer, JZ 1999, 913 (920); vgl. auch Holl, IPRax 1996, 174 (176).

85 GA Tesauro, Schlussanträge v. 31.1.1995 in EuGH v. 28.3.1995 Rs. C - 346/93 Kleinwort-Benson, Slg. 1995, I-615 (617, 626 Rz. 19 mit Fn. 21); Hommelhoff, FS 50 Jahre BGH, Band II, S. 889 (920).

86 Präziser formuliert müsste es lauten: „Es gibt keine *Auslegung* des Gemeinschaftsrechts *gemäß Art. 234 EG* außerhalb des Anwendungsbereichs des Gemeinschaftsrechts".

87 EuGH v. 15.7.1964 Rs. 6/64 - Costa/E.N.E.L., Slg. 1964, 1251 (1268f); EuGH v. 16.12.1981 Rs. 244/80 - Foglia/Novello, Slg. 1981, 3045 (3062 Rz. 14); vgl. auch Schwarze in Schwarze, EGV, Art. 234 Rz. 3.

88 Vgl. Wassermeyer, FS Lutter, S. 1633 (1642).

89 Vgl. EuGH v. 10.4.1984 Rs 14/83 - von Colsen und Kamann, Slg. 1984, 1891 (1909 Rz. 26).

es, wenn das auszulegende Gemeinschaftsrecht ausschließlich durch das nationale Recht verknüpft wird? Der Wortlaut des Art. 234 EG lässt diese Fragestellung jedenfalls offen[90].

Gegen eine Vorlagemöglichkeit spricht nicht die Regelung des Art. 300 VI EG. Die Beantwortung der Vorlagefrage stellt kein unverbindliches Rechtsgutachten dar. Zwar besteht die Gefahr, dass ein unterinstanzliches Gericht entscheidet, die Auslegung des Gemeinschaftsrechts sei verbindlich, ein höherinstanzliches nationales Gericht dies jedoch anders beurteilt. Eine Entscheidung des EuGH kann damit tatsächlich als bloßes Rechtsgutachten -wenn auch mit präjudizieller Wirkung- enden[91]. Diese Gefahr ist jedoch dem Vorlageverfahren immanent. Die Beurteilung der Entscheidungserheblichkeit ist allein dem nationalen Gericht überlassen. Dies zeigt die Entscheidung „Tomberger" des BGH, in der die durch einen Vorlagebeschluss eingeholte Rechtsfrage[92] zur Auslegung der Bilanzrichtlinie letztlich nicht entscheidungserheblich war[93].

Für eine Vorlagemöglichkeit spricht, dass damit ein Institut zur freiwilligen Integration in der EG geschaffen wird. Es besteht ein vitales Interesse daran, dass ein einheitlicher Wortlaut auch einheitlich ausgelegt wird. Besonders plausibel ist dies, wenn eine Richtlinie frühzeitig umgesetzt wird. Es ist wünschenswert, dass die umgesetzte Vorschrift von Beginn an beständig ausgelegt wird. Vor allem im Anfangsstadium der Umsetzung ergeben sich Auslegungsschwierigkeiten, die sich im Falle einer erst mit Ablauf der Umsetzungsfrist einsetzenden Auslegungshilfe durch den EuGH erheblich verstärken würden. Insofern wird eine Vorlagemöglichkeit hier nicht bezweifelt[94]. Damit genügt jedoch eine rein nationale Verknüpfung. Es wird der Grundsatz durchbrochen, dass das Gemeinschaftsrecht nur innerhalb seines Anwendungsbereichs ausgelegt wird.

Im Ergebnis besteht damit eine Vorlagemöglichkeit an den EuGH gemäß Art. 234 EG, wenn das nationale Recht zwingend auf das Gemeinschaftsrecht verweist. Der EuGH hat damit zugleich auf überzeugende Weise ein Verfahren

---

90 Vgl. Wassermeyer, FS Lutter, S. 1633 (1642).

91 Anders FG Hamburg, EFG 1999, 1022 (1022f.) und Meilicke, BB 1999, 890 (893), die unter Berufung auf Entscheidungen des Bundesverfassungsgerichts BVerfGE 73, 339 (366ff.); 75, 223 (231ff.) betonen, dass soweit der EuGH für eine Entscheidung seine Zuständigkeit begründet habe, nationale Gerichte nicht ohne erneute Vorlage an den EuGH von der Rechtsprechung abweichen können. Dieser Ausgangspunkt kann jedoch nur gelten, soweit sich die Zuständigkeit des EuGH aus dem Gemeinschaftsrecht ergibt. Denn der EuGH ist gar nicht befugt über die Auslegung des nationalen Rechts zu entscheiden, so auch Wassermeyer, FS Lutter, S. 1633 (1638, 1644); Groh, DStR 1998, 813 (814).

92 BGH BB 1994, 1673 (1675) „Tomberger".

93 BGHZ 137, 378 (384, 387) „Tomberger".

94 Vgl. Gliederungspunkt 1. Kapitel B. IV.

zur freiwilligen Vereinheitlichung des Rechts der Mitgliedstaaten institutionalisiert.

Die besseren Argumente sprechen weiter dafür, dass mit einer Vorlagemöglichkeit an den EuGH auch im Zweifel eine Vorlagepflicht verbunden ist. Letztlich muss sich eine Vorlagepflicht aus der Auslegung der freiwillig an das Gemeinschaftsrecht angeglichenen Norm ergeben. Sie kann daher variieren. Zielt der Gesetzgeber auf eine Angleichung des Rechts, so spricht dies dafür, dass zur Anwendung und Auslegung des Rechtes auch die gleichen Verfahrensgrundsätze gelten.

E. Ergebnis und Ausblick

Im Ergebnis sind Formulierungen des GWB, die freiwillig an das Gemeinschaftsrecht angeglichen wurden, grundsätzlich mit diesem identisch auszulegen. Es besteht dann unter den Voraussetzungen des Art. 234 EG eine aus dem nationalen Recht resultierende Vorlagemöglichkeit und Vorlagepflicht zum EuGH. Etwas anderes gilt lediglich, wenn zwingende Gründe des nationalen Rechts einer identischen Auslegung entgegenstehen. Im Folgenden werden die zentralen Bestandteile der wettbewerbsbeschränkenden Absprachen des Kartellverbotes und der Vertikalvereinbarungen der §§ 14, 16 GWB auf diesen Aspekt hin untersucht.

2. Kapitel: Konzeption einer Wettbewerbsbeschränkung des GWB

A. Einführung

Die ersten beiden Abschnitte des GWB regeln koordiniert wettbewerbsbeschränkendes Verhalten von Marktteilnehmern. Zentrale Bestandteile der Regelungen sind die Formulierungen der Verhaltenskoordinationen und der Beschränkung des Wettbewerbs. Es ist fraglich, ob diese freiwillig an das Gemeinschaftsrecht angeglichenen Formulierungen auch identisch auszulegen sind.

B. Gemeinschaftsrechtskonforme Interpretation der Abspracheformen

I. Absprachen des Kartellverbotes

Durch die 6. Novelle des GWB wurden die Absprachen des Gemeinschaftsrechts in das Kartellverbot des § 1 GWB übernommen. Die Formulierung „Vertrag" wurde in „Vereinbarung" geändert und die „aufeinander abgestimmten Verhaltensweisen" des § 25 I GWB a.F. in das Kartellverbot übernommen. Die Formulierungen sind daher grundsätzlich mit dem Gemeinschaftsrecht identisch auszulegen, falls nicht zwingende Gründe des nationalen Rechts entgegenstehen.

In der Gemeinschaftspraxis wird der Begriff einer Vereinbarung wesentlich weiter als ein zivilrechtlicher Vertrag verstanden[95]. Die Vereinbarung setzt lediglich eine Einigung/Verständigung über ein bestimmtes oder bestimmbares Verhalten voraus. Eine Bindung, sei es rechtlicher, wirtschaftlicher oder moralischer Art, ist dagegen nicht erforderlich. Ein Grundgedanke des europäischen Rechts ist, dass jeder Unternehmer seine Entscheidungen unabhängig und selbständig trifft (Selbständigkeitspostulat). In Einzelfällen wird sogar einseitiges Verhalten als Vereinbarung erfasst, wenn dieses vertragliche Beziehungen der Parteien weiter konkretisiert und sich in den Rahmen eines dauerhaften Vertragsverhältnisses einordnet[96].

---

[95] EuG v. 26.10.2000 Rs. T-41/96 – Adalat, Slg. 2000, II-3383 (3409 Rz. 68).

[96] EuGH v. 24.10.1995 Rs. C-70/93 –BMW/ALD, Slg. 1995, I-3459 (3467f. Rz. 16ff.); EuG v. 14.5.1998 Rs. T-334/94 - Sarrió SA, Slg. 1998, II-1439 (1492 Rz. 169); EuG v. 6.7.2000 Rs. T-62/98 VW, Slg. 2000, II-2707 (2804f. Rz. 236ff.); EuG v. 26.10.2000 Rs. T-41/96 – Adalat, Slg. 2000, II-3383 (3408 Rz. 66ff.); Kommission, Entscheidung v. 10.1.1996 - Adalat, ABl.EG 1996 L 201 S. 1 (45ff., 51); Entscheidung v. 28.1.1998 - VW, ABl.EG 1998 L 124 S. 60 (77ff.); Emmerich, Kartellrecht, § 37 4 b); Bellamy/Child Rz. 2-017f; Bunte, Kartellrecht, § 4 II 2 a) S. 58f; Schröter in Schröter/Jakob/Mederer, Art. 81 I Rz. 79; kritisch zur Konzeption der Gemeinschaftspraxis Jakobsen/Broberg, E.C.L.R. 2002, 127 (139ff.).

Der zivilrechtliche Ansatz des § 1 GWB a.F. wurde in der Praxis[97] entgegen anfänglichem Widerstand[98] schon früh zugunsten eines verhaltensbezogenen Ansatzes aufgegeben, der dem europäischen Recht weitgehend entspricht. Daher bringt die Änderung der Gesetzesfassung in diesem Aspekt keine gravierende inhaltliche Neuerung, sondern nur die bisherige Auslegung zu Tage.

Die Einbeziehung einseitigen Verhaltens durch das Gemeinschaftsrecht in die Abspracheformen führt auch nicht zu systematisch zwingenden Widersprüchen. Einseitiges Verhalten wird zwar im dritten Abschnitt des ersten Teils des GWB „Marktbeherrschung, wettbewerbsbeschränkendes Verhalten" geregelt. Die Regelungen über einseitiges wettbewerbsbeschränkendes Verhalten nicht marktbeherrschender Unternehmen in Form des Druck-, Lockmittel- und Empfehlungsverbotes der §§ 21 II, 22 I GWB stellen jedoch Umgehungstatbestände dar[99]. Sinn und Zweck dieser ist die Beseitigung von Lücken im System des Wettbewerbsschutzes. Sie führen jedenfalls nicht dazu, umgehungsgefährdete Tatbestände eng auszulegen[100]. Soweit einseitiges Verhalten sowohl unter die wettbewerbsbeschränkenden Absprachen des ersten und zweiten Abschnitts als auch unter das einseitige wettbewerbsbeschränkende Verhalten des dritten Ab-

---

97 OLG Celle WuW/E OLG 772 (775) „Naturstein"; KG WuW/E OLG 1015 (1018) „Teerfarben"; offen gelassen, aber auch Grenzen aufzeigend WuW/E BGH 1147 (1153) „Teerfarben"; KG WuW/E OLG 1449 (1450) „bitumenhaltige Bautenschutzmittel II"; KG WuW/E OLG 1738 (1739f.) „Feltbase"; OLG Stuttgart WuW/E OLG 2986 (2987) „Heidelberger Fahrschulen"; zustimmend Lukes, Kartellvertrag, S. 253ff., 296; Müller-Henneberg in GK, 4. Auflage, § 1 Rz. 24, 27; Huber/Baums in Frankfurter Kommentar, § 1 Rz. 110.

98 Kritisch zur Erweiterung Sandrock, Grundbegriffe, S. 260f.; Ulmer, WuW 1962, 3 (15); Reinhart S. 41f., es handle sich um eine Erweiterung über den Wortlaut und die Systematik des § 1 GWB a.F. hinaus, die eine unzulässige Analogie im Bereich des Straf- und Ordnungswidrigkeitsrecht darstelle. Vereinzelt wurden nach der Einführung des § 25 I GWB a.F. gentlemen´s agreements aus dem Vertragsbegriff ausgenommen, Roth in Frankfurter Kommentar, § 25 Rz. 12; Belke, ZHR 139 (1975) S. 51 (53f. Fn. 3); Beuthin, FS Hartmann, S. 51 (59, 61, 74). Überwiegend wurde jedoch die Reichweite des Vertragsbegriffs beibehalten Huber/Baums in Frankfurter Kommentar, § 1 Rz. 111; Immenga in Immenga/Mestmäcker, 2. Auflage, § 1 Rz. 117; Kerls S. 36; Bechtold, 3. Auflage, § 1 Rz. 7.

99 WuW/E BGH 690 (693) „Brotkrieg II"; WuW/E BGH 1246 (1247) „Feuerwehrschutzanzüge"; WuW/E BGH 1474 (1478) „Architektenkammer"; WuW/E BGH 1736 (1738) „markt-intern"; WuW/E BGH 2377 (2377f.) „Abwasserbauvorhaben Oberes Aartal"; KG WuW/E OLG 5053 (5058) „Einflußnahme auf die Preisgestaltung"; Schultz in Langen/Bunte, 9. Aufage, § 21 Rz. 49; Roth in Frankfurter Kommentar, GWB 1999, § 21 Rz. 151; Markert in Immenga/Mestmäcker, 3. Auflage, § 21 Rz. 52; für das Empfehlungsverbot folgt dies aus der Formulierung des Gesetzes, vgl. aber auch WuW/E BGH 251 (252) „4711"; WuW/E BGH 2923 (2924) „Mustermietvertrag".

100 Anders Emmerich in Immenga/Mestmäcker, 3. Auflage, § 14 Rz. 13.

schnitts des GWB fällt, ist dies aus Gründen der Effektivität des Wettbewerbsrechtes nicht zu beanstanden[101].

Im Ergebnis fügt sich eine mit dem Gemeinschaftsrecht identische Auslegung der Abspracheformen des Kartellverbotes zwanglos in die Systematik des GWB ein.

II. Begriff der „Vereinbarungen" der Vertikalvereinbarungen

In den Vertikalvereinbarungen der §§ 14, 16 GWB wurde ebenfalls die Formulierung des Vertrages durch Vereinbarungen ersetzt. Demgegenüber wurden die aufeinander abgestimmten Verhaltensweisen des § 25 I GWB a.F. nicht in die Vertikalvereinbarungen übernommen.

Nach der Neufassung wird eine Vereinbarung nur vereinzelt konsequent im Sinne des Selbständigkeitspostulats des Gemeinschaftsrechts interpretiert[102]. Teilweise wird der Vereinbarungsbegriff in den Vertikalvereinbarungen und im Kartellverbot identisch ausgelegt, darin jedoch keine sachliche Änderung der Neufassung erblickt[103]. Überwiegend wird weiterhin eine Vereinbarung als

---

[101] Im Ergebnis auch Zimmer in Immenga/Mestmäcker, 3. Auflage, § 1 Rz. 92; Emmerich, Kartellrecht, § 3 4.; undeutlich ders. in Immenga/Mestmäcker, 3. Auflage, § 14 Rz. 13; Bunte, Kartellrecht, § 4 II 2 a) S. 58f.; anders Schwarz, EWS 2001, 565 (567).

[102] Roth in Frankfurter Kommentar, Wegweiser zu § 25 a.F. Rz. 1; ders., FS 50 Jahre BGH, Band II, S. 847 (883); Kollmorgen in Langen/Bunte, 9. Auflage, § 81 Rz. 54; Wolter in Frankfurter Kommentar, GWB 1999, § 16 Rz. 17; eine Auslegung des Begriffs der „Vereinbarung" im Sinne des Gemeinschaftsrechts führt jedoch nicht zwingend zum „Selbständigkeitspostulat". Das Erfordernis einer rechtlichen oder wirtschaftlichen *vertraglichen* Bindungen wird zusätzlich aus dem Erfordernis der „Freiheitsbeschränkung" der §§ 14, 16 GWB gelesen (Wolter in Frankfurter Kommentar, Wegweiser zu § 15 a.F., § 18 a.F.; undeutlich Wolter in Frankfurter Kommentar, GWB 1999, § 16 Rz. 31, 52; Emmerich in Immenga/Mestmäcker, 3. Auflage, § 14 Rz. 13ff.; ders., Kartellrecht, § 13 3. a); Bunte, Kartellrecht, § 6 II. 1. c) S. 147; Bechtold, 3. Auflage § 14 Rz. 1, 6, § 16 Rz. 6; Rittner, Wettbewerbs- und Kartellrecht, § 9 Rz. 10; Jänich, LM § 15 GWB Nr. 20 Blatt 10; Klosterfelde/Metzlaff in Langen/Bunte, 9. Auflage, § 14 Rz. 40, § 16 Rz. 15, 31; tendenziell auch BGH WuW/E DE-R 264 (265f.) „Preisbindung durch Franchisegeber"; BGH WuW/E DE-R 692 (694) „Kabel-Hausverteileranlagen"). Meist wird nicht ausreichend zwischen dem Erfordernis einer „Vereinbarung" und dem der „Freiheitsbeschränkung" differenziert (vgl. insbesondere Klosterfelde/Metzlaff in Langen/Bunte, 9. Auflage, § 14 Rz. 40, § 16 Rz. 13, 15; Emmerich in Immenga/Mestmäcker, 3. Auflage, § 14 Rz. 13; Bechtold, 3. Auflage, § 14 Rz. 6, § 16 Rz. 6).

[103] Klosterfelde/Metzlaff in Langen/Bunte, 9. Auflage, § 14 Rz. 26, § 16 Rz. 13; Wolter in Frankfurter Kommentar, GWB 1999, § 16 Rz. 17; ders. in Frankfurter Kommentar, Kurzdarstellung § 14 n.F. und § 16 n.F.; Emmerich in Immenga/Mestmäcker, 3. Auflage, § 14 Rz. 13, § 16 Rz. 31.

zivilrechtlicher Vertrag gelesen[104]. Die Auslegung des Vereinbarungsbegriffs weicht damit deutlich vom Gemeinschaftsrecht ab.

Bedenken gegen eine mit dem Gemeinschaftsrecht identische Auslegung ergeben sich daraus, dass in der Neufassung die Regelung des Verbots aufeinander abgestimmter Verhaltensweisen des § 25 I GWB a.F. nur in das Kartellverbot übernommen wurde[105].

Zunächst resultiert aus diesem zaghaften Schritt der Angleichung eine Auslegungsschwierigkeit. In der Gemeinschaftspraxis wird meist auf eine Abgrenzung der Begriffe Vereinbarung und aufeinander abgestimmte Verhaltensweisen verzichtet[106]. Jedoch müssen auch in der Gemeinschaftspraxis Abgrenzungskriterien entwickelt werden. Schließlich setzen aufeinander abgestimmte Verhaltensweisen im Gegensatz zur Vereinbarung ein Marktverhalten der Unternehmen voraus[107]. Soweit eine bloße Absprache eines Verhaltens - nachgewiesen beispielsweise durch Sitzungsprotokolle- vorliegt, muss differenziert werden. Die Auslegungsschwierigkeiten sprechen damit nicht entscheidend gegen eine mit dem Gemeinschaftsrecht identische Auslegung.

Weit schwerer wiegt jedoch, dass das im Gemeinschaftsrecht entwickelte Selbständigkeitspostulat gerade in den aufeinander abgestimmten Verhaltensweisen seinen besonderen Ausdruck findet. Der Gesetzgeber vollzieht damit keinen

---

104 Monopolkommission, XI. Hauptgutachten, Rz. 968; Rittner, Wettbewerbs- und Kartellrecht, § 9 Rz. 1f., 8; ders., WuW 2000, 696 (699); Bechtold, BB 1997, 1853 (1854); ders., NJW 1998, 2769 (2771); ders., 3. Auflage § 14 Rz. 1f., 6; § 16 Rz. 6; Bunte, DB 1998, 1748 (1751); Ebel § 1 Rz. 5, vor § 14, § 16 Rz. 6; Wolter in Frankfurter Kommentar, Kurzdarstellung § 14 n.F., § 16 n.F.; Haager, DStR 1999, 1153 (1155); Klosterfelde/Metzlaff in Langen/Bunte, 9. Auflage, § 14 Rz. 40, § 16 Rz. 15; Büdenbender, ET 2000, 359 (364); Emmerich, Kartellrecht, § 13 3. a), § 15 2. b); vgl. auch BGH WuW/E DE-R 1119 (1123) „Verbundnetz II“: „Vertikalvereinbarung –also um einen Vertrag, der den Leistungsaustausch zum Gegenstand hat“.

105 Vor der Neufassung durfte zwar eine Ausschließlichkeitsbindungen des § 18 GWB a.F., nicht jedoch eine Preis- und Konditionenbindung gemäß § 15 I GWB a.F. durch abgestimmte Verhaltensweisen erfolgen, vgl. OLG Düsseldorf WuW/E OLG 725 (727) „Marktfreie Milcherzeugnisse“; BKartA, Tätigkeitsbericht 1966, BTDrs. 5/1950 S. 41; Klosterfelde/Metzlaff in Langen/Bunte, 8. Auflage, § 18 Rz. 33; Emmerich in Immenga/Mestmäcker, 3. Auflage, § 16 Rz. 37; auf die sich aus der isolierten Anwendung auf § 15 GWB a.F. ergebenden Schutzlücken weisen Königs S. 301 (313); Steindorff, BB 1979 Beilage Nr. 3, S. 1 (11); Emmerich in Immenga/Mestmäcker, 2. Auflage, § 18 Rz. 65 hin.

106 Vgl. Kommission, Entscheidung v. 21.1.1998 – Legierungszuschlag, ABl.EG 1998 L 100 S. 55 (62 Rz. 46); Entscheidung v. 27.7.1994 – PVC, ABl.EG 1994 L 239 S. 14 (24ff. Rz. 29ff.); Bunte in Langen/Bunte, 9. Auflage, Art. 81 Rz. 15.

107 EuGH v. 8.7.1999 Rs. C-199/92 P - Hüls, Slg. 1999, I –4287 (4386 Rz. 161).

klaren, eindeutigen Schritt zum Selbständigkeitspostulat, sondern scheint für die Vertikalvereinbarungen weiterhin in der Kategorie des zivilrechtlichen Vertrages verhaftet zu bleiben.

Der Grund für diesen halbherzigen Schritt wird erst auf den zweiten Blick deutlich. Es wird nicht präzise zwischen der konkreten wettbewerbsbeschränkenden Regelung und dem Vertragswerk, in welches diese eingebettet ist, differenziert. Der BGH hat diese Unterscheidung bereits in der Entscheidung „Schweißbolzen" deutlich herausgearbeitet:

„Der zweite Abschnitt des ersten Teils trägt zwar die Überschrift „Sonstige Verträge", befasst sich aber sachlich, wie es der Überschrift des ersten Teils entspricht, nur mit bestimmten „Wettbewerbsbeschränkungen". Allerdings befasst er sich mit diesen Wettbewerbsbeschränkungen nur, sofern sie in bestimmten „Verträgen" enthalten sind (Vgl. dazu auch BGH GRUR 1966, 277, 278 bei II 2 „Bierbezug"). Jedoch ist das Gebiet der in Betracht kommenden „Verträge" in § 15 und § 18 mit der Bezeichnung „Verträge" soweit abgesteckt, dass auch hier das Schwergewicht der sachlichen Regelung nicht in der Bestimmung der zu erfassenden Verträge, sondern in der Bestimmung der zu erfassenden Wettbewerbsbeschränkungen liegt."[108].

Dementsprechend wird die Formulierung der „Vereinbarungen über Waren oder gewerbliche Leistungen" ausnahmslos auf das Vertragswerk bezogen, das gemäß § 14 GWB verboten ist, beziehungsweise gemäß § 16 GWB für unwirksam erklärt werden kann, „soweit" es die in den jeweiligen Tatbeständen näher beschriebenen wettbewerbsbeschränkenden Regelungen enthält[109]. Der Begriff der

---

[108] WuW/E BGH 823 (833) „Schweißbolzen".

[109] BGH WuW/E DE-R 692 (694) „Kabel-Hausverteileranlagen"; Rittner, Wettbewerbs- und Kartellrecht, § 9 Rz. 7; Wellenhofer-Klein, WuW 1999, 557 (563 Fn. 55); Klosterfelde/Metzlaff in Langen/Bunte, 9. Auflage, § 14 Rz. 24; Wolter in Frankfurter Kommentar, GWB 1999, § 16 Rz. 17; Bechtold, 3. Auflage, § 14 Rz. 2; vor der Neufassung: WuW/E BGH 712 (714) „Bierbezug"; vgl. auch WuW/E BGH 900 (902f.) „Getränkebezug"; WuW/E BGH 1521 (1522f.) „Gaststättenverpachtung"; WuW/E BGH 1661 (1663f.) „Berliner Musikschule"; WuW/E BGH 1745 (1747) „Mallendarer Bürgerstube"; BGH NJW 1981, 916 (917); Schwarz GK, 1. Auflage, § 15 Anm. 1; Westrick/Loewenheim in Loewenheim/Belke, § 15 Rz. 3; Rahlmeyer in Martinek/Semler/Habermeier § 32 Rz. 21. Überwiegend wird die Rechtsfolge über die Formulierung „soweit" nicht auf das Vertragswerk bezogen, sondern auf die darin enthaltene konkrete wettbewerbsbeschränkende Regelung reduziert, vgl. Rittner, Wettbewerbs- und Kartellrecht, § 9 Rz. 11; ders., WuW 2000, 696 (703); Klosterfelde/Metzlaff in Langen/Bunte, 9. Auflage, § 14 Rz. 81, § 16 Rz. 164; Emmerich in Immenga/Mestmäcker, 3. Auflage, § 14 Rz. 66, § 16 Rz. 122; Lange in Lange, Kapitel 3, § 1 II. 3. Rz. 31; Bechtold, 3. Auflage, § 14 Rz. 15.

„Vereinbarung" regelt somit nach herrschender Meinung Verträge, die wettbewerbsbeschränkende Regelungen enthalten[110].

Diese Beschreibung der Vertikalvereinbarungen stellt jedoch ein Überbleibsel der für überwunden geglaubten Kartellformenlehre dar. Nicht nur im Kartellverbot, sondern auch in den Vertikalvereinbarungen werden keine Vertragstypen, die wettbewerbsbeschränkende Regelungen enthalten, sondern ausschließlich konkrete wettbewerbsbeschränkende Absprachen geregelt[111]. Die Rechtsfolge des Verbots des § 14 GWB bzw. der Verbietbarkeit des § 16 GWB ist ausschließlich auf die konkrete wettbewerbsbeschränkende Vereinbarung zu richten. Falls diese Bestandteil eines Vertragswerks ist, richtet sich dessen Nichtigkeit nach den allgemeinen Regeln des Zivilrechts, insbesondere nach § 139 BGB. Im Ergebnis ergibt sich damit aus der Systematik der Vertikalvereinbarungen keine Pflicht zur zivilrechtlichen Auslegung des Begriffs der Vereinbarung.

Für eine mit dem Gemeinschaftsrecht identische Auslegung des Begriffs Vereinbarung spricht dagegen der Wille des Gesetzgebers: „In Angleichung an § 1 und Artikel 85 Abs. I EG-Vertrag wird das Wort „Verträge" durch das Wort „Vereinbarungen" ersetzt"[112]. Daneben verwendet der Gesetzgeber für die Lizenzverträge der §§ 17, 18 GWB weiterhin den Begriff Vertrag. Er unterscheidet damit bewusst zwischen den beiden Begriffen. Weiter wurde innerhalb des § 14 GWB die Formulierung „nichtig" durch „verboten" ersetzt[113]. Im Er-

---

[110] Die jüngeren Entscheidungen WuW/E BGH 3115 (3117) „Druckgussteile"; WuW/E BGH 3121 (3124) „Bedside-Testkarten"; WuW/E BGH 3137 (3137) „Sole" deuten auf eine stillschweigende Änderung der Systematik, in welcher der Begriff des „Vertrages" nicht mehr auf einen Austauschvertrag bezogen wird, sondern einzig auf die konkrete wettbewerbsbeschränkende Regelung: *„Derartige Ausschließlichkeitsbindungen*, die in Austauschverträgen über Waren oder gewerbliche Leistungen vereinbart wurden oder den Gegenstand von Rahmenvereinbarungen in wirtschaftlichem Zusammenhang mit Austauschverträgen bilden (vgl. BGH, Urt. v. 25.11.1965 -KZR 11/64, WuW/E BGH 712, 714 „Bierbezug"), *sind als „sonstige Verträge"* im Sinne des 2. Abschnitts des Gesetzes gegen Wettbewerbsbeschränkungen nach § 18 I Nr. 2 GWB grundsätzlich wirksam und nur der Missbrauchsaufsicht der Kartellbehörden unterstellt."; ebenso Emmerich, Kartellrecht,§ 13 2. und 7.; Lohse S. 134 Fn. 246, 142 Fn. 275; in diese Richtung auch schon Straub GK, 4. Auflage, § 15 Rz. 93ff.

[111] Vgl. Gliederungspunkt 3. Kapitel A. III.

[112] Begründung der Bundesregierung, BT-Drs. 13/9720 S. 50.

[113] Demgegenüber findet sich in § 16 GWB („für unwirksam erklären") auch nach der Neufassung eine zivilrechtliche Formulierung. Nur etwas das (zivilrechtlich) wirksam ist kann für unwirksam erklärt werden. Es liegt jedoch nahe, dass der Gesetzgeber es lediglich versäumt hat, die Formulierung des § 16 GWB an das Kartellverbot und den § 14 GWB anzupassen. Es wäre zu spitzfindig, allein auf Grund der abweichenden Formulierung der Rechtsfolge den Begriff der Vereinbarung in § 16 GWB anders als in § 14 GWB auszu-

gebnis stimmen damit die Begriffe der Vereinbarung des GWB und des Gemeinschaftsrechts überein.

III. Ergebnis

Im Ergebnis sind die Absprachen des Kartellverbotes und der Vertikalvereinbarungen des GWB identisch mit dem Gemeinschaftsrecht auszulegen. Fraglich ist, ob dies auch für die Formulierung einer Wettbewerbsbeschränkung gilt.

C. Auslegung der „Wettbewerbsbeschränkung"

Die Kriterien der „Verhinderung, Einschränkung oder Verfälschung des Wettbewerbs" wurden unverändert aus dem Gemeinschaftsrecht in das Kartellverbot des GWB übernommen. Sie sind daher grundsätzlich mit dem Gemeinschaftsrecht identisch auszulegen, falls nicht zwingende Gründe des nationalen Rechts entgegenstehen. Es wird daher zunächst die Konzeption einer Wettbewerbsbeschränkung des Gemeinschaftsrechts dargestellt. Darauf aufbauend wird untersucht, ob sich diese zwanglos in das GWB einfügt.

I. Wettbewerbsbeschränkung des Gemeinschaftsrechts

Die Formulierung der Verhinderung, Einschränkung oder Verfälschung des Wettbewerbs des Art. 81 I EG ist Kernbestandteil des europäischen Wettbewerbsrechtes. Sie wird als das zentrale, aber auch am schwersten zu fassende Merkmal des Tatbestandes charakterisiert[114].

Die Formulierung des Art. 81 I EG weist darauf hin, dass es sich bei der Verhinderung, Einschränkung und Verfälschung um gleichgeordnete, selbständige Tatbestandsalternativen handelt[115]. Teilweise wird der *Verfälschung* des Wettbewerbs ein eigenständiger Anwendungsbereich zugewiesen[116]. Andererseits wird schon aufgrund mangelnder sprachlicher Exaktheit des Vertrages Diffe-

---

legen. Zusätzlich zeigt die Entwicklung der Auslegung des Vertragsbegriffs des Kartellverbotes und die Auslegung des Begriffs der Vereinbarung des Art. 81 I, II EG, dass sowohl die in § 1 GWB a.F. als auch die in Art. 81 II EG gewählte Formulierung der Unwirksamkeit bzw. Nichtigkeit nicht zwingend auf ein zivilvertragliches Verständnis schließen lassen.

114 Emmerich in Dauses, H. I. § 1 Rz. 90; ders., Kartellrecht, § 3 7.a), § 37 5.a); Stockenhuber in Grabitz/Hilf, 16. Lfg. 2000, Art. 81 Rz. 120.

115 Emmerich in Dauses, H. I. § 1 Rz. 104, ders. in Immenga/Mestmäcker, EG-Kartellrecht I, Art. 85 I Rz. A 167.

116 Mestmäcker/Schweitzer § 10 I S. 262; Emmerich in Immenga/Mestmäcker, EG-Kartellrecht I, Art. 85 I A. Rz. 167f.; Schröter in Groeben/Schwarze, Art. 81 I Rz. 99; Bellamy/Child Rz. 2-96; Ritter/Braun/Rawlinson Chapter II B. 3.; Schluep, FS Kummer, S. 487 (497, 499).

renzierungsversuchen die Überzeugungskraft abgesprochen[117]. Schließlich wird deren praktische Relevanz bestritten[118]. Es verwundert nicht, dass der EuGH ohne zu differenzieren von einer *Beschränkung*[119], *Beeinträchtigung*[120] oder *Störung*[121] des Wettbewerbs spricht. Im Folgenden wird, ohne die Kontroverse zu entscheiden, der Begriff der Wettbewerbsbeschränkung verwendet.

Die Beschreibung einer Wettbewerbsbeschränkung erfolgt fast ausnahmslos unter Verzicht auf eine Definition des Begriffs Wettbewerb[122].

Der Gerichtshof hat sich auch nicht auf eine bestimmte Konzeption einer Wettbewerbsbeschränkung festgelegt, sondern lässt sich weitgehend von pragmatischen Erwägungen leiten[123]. Der Begriff der Wettbewerbsbeschränkung wird anhand der Ziele konkretisiert, die der EG-Vertrag mit dem System des Schut-

---

[117] Roth/Ackermann in Frankfurter Kommentar, EG-Vertrag, Art. 81 I Grundfragen Rz. 150; Ackermann S. 55; vgl. auch Koch in Grabitz/Hilf, 1. Lfg. 1983, Art. 85 Rz. 76; Stockenhuber in Grabitz/Hilf, 16. Lfg. 2000, Art. 81 Rz. 123. Der EG-Vertrag verwendet die Wettbewerbsverfälschung nicht nur als Element des Art. 81 I EG, sondern zugleich in Art. 3 I Lit. g) EG als Oberbegriff für die Wettbewerbsregelungen.

[118] Stockenhuber in Grabitz/Hilf, 16. Lfg. 2000, Art. 81 Rz. 120; Bunte in Langen/Bunte, 9. Auflage, Art. 81 Generelle Prinzipien Rz. 59; Gleiss/Hirsch, Art. 85 Rz. 118; Müller-Graff in Hailbronner/Klein/Magiera/Müller-Graff, Art. 85 Rz. 77; Stockmann in Wiedemann, Handbuch des Kartellrechts, § 7 Rz. 17; Ritter/Braun/Rawlinson Chapter II B. 3.; Whish Chapter 3 3. (A).

[119] EuGH v. 25.10.1977 Rs. 26/76 - Metro/Kommission, Slg. 1977, 1875 (1906 Rz. 22, 1908 Rz. 27, 1913f. Rz. 37, 40); EuGH v. 13.2.1979 Rs. 85/76 - Hoffmann-La Roche, Slg. 1979, 461 (552 vor Rz. 122); EuGH v. 21.2.1984 Rs. 86/82 - Hasselblad, Slg. 1984, 833 (906 Rz. 46); EuGH v. 28.1.1986 Rs. 161/84 - Pronuptia, Slg. 1986, 353 (382 Rz. 16f.).

[120] EuGH v. 30.6.1966 Rs. 56/65 - LTM/MBU, Slg. 1966, 281 (303); EuGH v. 21.2.1973 Rs. 6/72 - Continental Can, Slg. 1973, 215 (245 Rz. 25); EuGH v. 26.11.1975 Rs. 73/74 -Papiers Peints, Slg. 1975, 1491 (1512 vor Rz. 6).

[121] EuGH v. 30.6.1966 Rs. 56/65 - LTM/MTU, Slg. 1966, 281 (303f.); EuGH v. 12.12.1967 Rs. 23/67 - Brasserie de Haecht, Slg. 1967, 543 (556); EuGH v. 18.2.1971 Rs. 40/70 -Sirena, Slg. 1971, 69 (83 Rz. 10); EuGH v. 25.11.1971 Rs. 22/71 – Béguelin, Slg. 1971, 949 (959 Rz. 7, 12); EuGH v. 10.7.1980 Rs. 99/79 - Lancôme, Slg. 1980, 2511 (2536 Rz. 24); EuGH v. 11.12.1980 Rs. 31/80 – L'Oréal, Slg. 1980, 3775 (3792 Rz. 19); EuGH v. 28.2.1991 Rs. C-234/89 - Delimitis, Slg. 1989, I-935 (984 Rz. 14).

[122] Eine Definition des Begriffs Wettbewerb erfolgt weder durch den EG-Vertrag, noch wird eine wettbewerbstheoretisch unangreifbare Definition für möglich gehalten, vgl. Everling, WuW 1990, 995 (996); Koch in Grabitz/Hilf, 1. Lfg. 1983, Art. 85 Rz. 33; Gleiss/Hirsch, Art. 85 Rz. 113; Emmerich in Immenga/Mestmäcker, EG-Kartellrecht I, Art. 85 I A. Rz. 137; Roth/Ackermann in Frankfurter Kommentar, EG-Vertrag, Art. 81 I Grundfragen Rz. 149.

[123] Everling, EuR 1982, 301 (311); ders., WuW 1990, 995 (1008f.); Stockenhuber in Grabitz/Hilf, 16. Lfg. 2000, Art. 81 Rz. 117; a.A. lediglich Väth S. 162ff.

zes des Wettbewerbs vor Verfälschungen gemäß Art. 3 I Lit. g) EG verfolgt[124]. Er stellt eines der in Art. 3, 4 EG genannten Instrumente zur Verwirklichung der in Art. 2 EG formulierten Vertragsziele dar[125]. Es werden ihm dabei im Zusammenwirken mit den Grundfreiheiten des EG-Vertrages grob skizziert zwei Ziele zugewiesen:

Erstens die Förderung der Marktintegration und zweitens die allgemeine Funktion des Kartellrechts, eine gesamtwirtschaftlich vorteilhafte Entwicklung zu gewährleisten und die wettbewerbliche Freiheit der Marktteilnehmer zu schützen[126].

1. Beschränkung der Handlungsfreiheit der Unternehmen

Um eine wettbewerbliche Freiheit der Marktteilnehmer zu erreichen, werden in Gemeinschaftspraxis und Literatur unterschiedliche Ansätze des Schutzes der Auswahl- und Handlungsfreiheiten entwickelt.

a) Ansätze in der Literatur

Teilweise wird der Kern einer Wettbewerbsbeschränkung in der Einschränkung der Handlungsmöglichkeiten aller oder einzelner an der Absprache beteiligter Unternehmen gesehen[127]. Die qualitativen Anforderungen an eine Beschränkung werden unterschiedlich streng gelesen. Einerseits wird eine Verletzung des Selbständigkeitspostulats für ausreichend gehalten[128], andererseits eine fak-

---

[124] Schröter in Groeben/Schwarze, Art. 81 I Rz. 1, 4.

[125] Schröter in Groeben/Schwarze, Art. 81 I Rz. 4; Koch in Grabitz/Hilf, 4. Lfg. 1990, vor Art. 85 Rz. 2; 1. Lfg. 1983, Art. 85 Rz. 32.

[126] Kommission, 9. Wettbewerbsbericht 1979, S. 9f.; Ipsen S. 607f.; Gleiss/Hirsch, Art. 85 Rz. 115ff.; Müller-Graff in Hailbronner/Klein/Magiera/Müller-Graff, Art. 85 Rz. 64; Emmerich in Immenga/Mestmäcker, EG-Kartellrecht I, Art. 85 I Rz. A 146f.; Schröter in Groeben/Schwarze Art. 81 I Rz. 4, 86; ders. in Schröter/Jakob/Mederer, Art. 81 Einführung Rz. 20; Roth/Ackermann in Frankfurter Kommentar, EG-Vertrag Art. 81 I Grundfragen Rz. 152; Stockenhuber in Grabitz/Hilf, 16. Lfg. 2000, Art. 81 EGV Rz. 116; vgl. zum Funktionszusammenhang der verschiedenen Elementen des Gemeinsamen Marktes Mestmäcker, FS Böhm, S. 345 (353ff., 363ff.); ders. in Immenga/Mestmäcker, EG-Kartellrecht I, Einl. A. Rz. 23 ff.; Ipsen S. 550ff.

[127] Baumbach/Hefermehl, 8. Auflage, Art. 85 Rz. 14; undeutlich Deringer, Art. 85 Abs. 1 Rz. 25ff.; Gleiss/Hirsch, Art. 85 Rz. 136; Koch in Grabitz/Hilf, 1. Lfg. 1983, Art. 85 Rz. 45ff.; Immenga/Fuchs, NJW 1988, 3052 (3053); v. Gamm, Einf A. Rz. 29; Stockmann in Wiedemann, Handbuch des Kartellrechts, § 7 Rz. 18; Weyer ZEuP 1999, 424 (447); Baur/Weyer in Frankfurter Kommentar, EG-Vertrag, Art. 81 Zivilrechtsfolgen Rz. 83, 134; im Ausgangspunkt auch Emmerich in Immenga/Mestmäcker, EG-Kartellrecht I, Art. 85 I A. Rz. 144; ders. in Dauses, H. I. § 1 Rz. 93.

[128] Stockenhuber in Grabitz/Hilf, 16. Lfg. 2000, Art. 81 Rz. 116; Bunte in Langen/Bunte, 9. Auflage, Art. 81 Generelle Prinzipien Rz. 61; Mestmäcker/Schweitzer § 10 Rz. 17f S. 268.

tische oder rechtliche Bindung gefordert[129]. Auf dem Erfordernis der Einschränkung der Handlungsmöglichkeiten eines der an der Absprache beteiligten Unternehmen aufbauend, wird überwiegend zusätzlich gefordert, dass die Freiheitsbeschränkung geeignet ist, die Auswahl- und Handlungsfreiheit Dritter zu beeinträchtigen[130].

Abweichend schlägt Emmerich eine eigenständige Definition einer Wettbewerbsverfälschung vor. Die Kommission habe in Fallgestaltungen, in denen die Beteiligten die Wettbewerbsbedingungen künstlich zu ihren Gunsten, und damit zum Nachteil Dritter veränderten, Tendenzen erkennen lassen, dem Begriff der Wettbewerbsverfälschung neben dem der Wettbewerbsbeschränkung eine eigenständige Bedeutung beizumessen[131]. Eine Wettbewerbsverfälschung liege vor, wenn in Vertragsgestaltungen nicht mehr die Beschränkung der wirtschaftlichen Bewegungsfreiheit der Beteiligten, sondern die negativen Auswirkungen auf Dritte im Vordergrund stünden[132].

Schließlich wird in der Literatur zur Feststellung einer Wettbewerbsbeschränkung nicht an die Einschränkung der Handlungsmöglichkeiten der an der Absprache beteiligten Unternehmen, sondern an die Auswahl- und Handlungsfreiheit Dritter angeknüpft[133]. Eine rechtliche oder faktische Bindung eines der an der Absprache beteiligten Unternehmen scheidet damit als Erfordernis für eine Wettbewerbsbeschränkung zwangsläufig aus.

---

[129] Koch in Grabitz/Hilf, 1. Lfg. 1983, Art. 85 Rz. 65.

[130] Gleiss/Hirsch, Art. 85 Rz. 136; v. Gamm, Einf. A Rz. 29; Stockmann in Wiedemann, Handbuch des Kartellrechts, § 7 Rz. 18; Schröter in Groeben/Schwarze, Art. 81 I Rz. 87; die tatsächlichen Auswirkungen der Wettbewerbsbeschränkung auf die Marktverhältnisse werden demgegenüber überwiegend im Rahmen des Erfordernisses der Spürbarkeit der Wettbewerbsbeschränkung diskutiert, vgl. Gleiss/Hirsch, Art. 85 Rz. 257; Koch in Grabitz/Hilf, 1. Lfg. 1983, Art. 85 Rz. 97; allein auf die Spürbarkeit stellt ab: Emmerich in Dauses, H. I. § 1 Rz. 101; ders. in Immenga/Mestmäcker, EG-Kartellrecht I, Art. 85 I A. Rz. 157, ders., Kartellrecht, § 37 5. a).

[131] Emmerich in Immenga/Mestmäcker, EG-Kartellrecht I, Art. 85 I A. Rz. 162; ders. in Dauses, H. I. § 1 Rz. 104; ders., Kartellrecht, § 37 5. b).

[132] Emmerich in Immenga/Mestmäcker, EG-Kartellrecht I, Art. 85 I A. Rz. 165, 167f.; ders. in Dauses, H. I. § 1 Rz. 104; ders., Kartellrecht, § 37 5. b) unter Verweis auf Kommission, Entscheidung v. 22.12.1972 - Cimbel, ABl.EG 1972 L 303 S. 24 (33); Entscheidung v. 7.12.1984 - Milchförderungsfonds, ABl.EG 1985 L 35 S. 35 (40 Rz. 29); Entscheidung v. 10.7.1985 - EATE-Beitrag, ABl.EG 1985 L 219 S. 35 (41 Rz. 47).

[133] Roth/Ackermann in Frankfurter Kommentar, EG-Vertrag, Art. 81 I Grundfragen Rz. 157f.; Müller-Graff in Hailbronner/Klein/Magiera/Müller-Graff, Art. 85 Rz. 79f.; Mailänder in GK, 3. Auflage, Art. 85 Rz. 18; Joliet S. 132f.; Johannes, AWD-BB 1968, 409 (414); van der Esch, 1988 Fordham Corp. L. Inst. 18-21; für die Erfassung der Freiheitsbeschränkung der Beteiligten oder Dritter Schluep, FS Kummer, S. 487 (493).

b) Gemeinschaftspraxis

Die Entscheidungspraxis der Kommission lässt nicht eindeutig erkennen, ob der Kern einer Wettbewerbsbeschränkung in einer Beeinträchtigung der Handlungsmöglichkeiten der Beteiligten[134], oder in der Beeinträchtigung der Auswahl- und Handlungsfreiheiten Dritter[135] liegt. Jedenfalls wurde in zahlreichen Entscheidungen der Aspekt der Einschränkung der Auswahl- und Handlungsfreiheit Dritter in den Vordergrund gerückt[136]. Dies gilt insbesondere für die Beurteilung langfristiger Kaufverträge über festgelegte Gütermengen[137], der Übertragung von Schutzrechten[138], gemeinsamer Ein- oder Verkaufseinrichtungen ohne Abnahme-/Andienungspflicht[139] und der Bildung von Ausgleichsfonds[140].

Der EuGH hat schließlich anhand der Ziele des europäischen Kartellrechts im Zusammenspiel mit den Abspracheformen das Selbständigkeitspostulat entwickelt[141]. In einer Vielzahl von Entscheidungen wird darauf aufbauend in einer

---

[134] Vgl. Kommission, Entscheidung v. 22.7.1969 - Clima-Chapée/Buderus, ABl.EG 1969 L 195 S. 1 (3); Entscheidung v. 20.12.1971 - SOPELEM-Langen, ABl.EG 1972 L 13 S. 47 (48); Entscheidung v. 15.12.1975 - Bayer/Gist-Brocades, ABl.EG 1976 L 30 S. 13 (17f.); Entscheidung v. 21.12.1977 - SOPELEM/Vickers, ABl.EG 1978 L 70 S. 47 (50).

[135] Seit Kommission, Entscheidung v. 23.9.1964 - Consten/Grundig, ABl.EG 1964 S. 2545 (2548) ständige Kommissionspraxis für die Beurteilung von Alleinvertriebsvereinbarungen.

[136] So deutlich Kommission, Entscheidung v. 10.7.1985 – EATE-Beitrag, ABl.EG 1985 L 219 S. 35 (41 Rz. 47); vgl. Emmerich in Immenga/Mestmäcker, EG-Kartellrecht I, Art. 85 I A. Rz. 153ff.; Ackemann S. 158ff.; Roth/Ackermann in Frankfurter Kommentar, EG-Vertrag, Art. 81 I Grundfragen Rz. 226.

[137] Kommission, Entscheidung v. 7.12.1979 - Rohrzuckerlieferungen, ABl.EG 1980 L 39 S. 64 (70 Rz. 20f.); zur Beruteilung langfristiger Energielieferungsverträge, vgl. Markert, EuZW 2000, 427 (427ff.).

[138] Kommission, Entscheidung v. 23.9.1964 - Consten/Grundig, ABl.EG 1964 S. 2545 (2547f.); Entscheidung v. 21.12.1976 - Theal-Watts, ABl.EG 1977 L 39 S. 19 (23).

[139] Kommission, Entscheidung v. 17.7.1968 - Socemas, ABl.EG 1968 L 201 S. 4 (6); Entscheidung v. 21.12.1973 - Kali und Salz, ABl.EG 1974 L 19 S. 22 (24); Entscheidung v. 28.11.1979 - Floral, ABl.EG 1980 L 39 S. 51 (55f.); Entscheidung v. 10.7.1985 - EATE-Beitrag, ABl.EG 1985 L 219 S. 35 (41 Rz. 47), bestätigt durch EuGH v. 20.5.1987 Rs. 272/85 -ANTIB, Slg. 1987, 2201 (2224f. Rz. 19ff.).

[140] Entscheidung v. 22.12.1972 -Cimbel, ABl.EG 1972 L 303 S. 24 (33); Kommission, Entscheidung v. 21.12.1973 – Transocean II, ABl.EG 1974 L 19 S. 18 (19); Entscheidung v. 12.12.1978 - Bleiweiß, ABl.EG 1979 L 21 S. 16 (21f.); Entscheidung v. 5.9.1979 –BP-Kemi/DDSF, ABl.EG 1979 L 286 S. 32 (45); Entscheidung v. 7.12.1984 Milchförderungsfonds, Abl. EG 1985 L 35 S. 35 (40 Rz. 29).

[141] EuGH v. 14.7.1981 Rs. 172/80 - Züchner, Slg. 1981, 2021 (2031 Rz. 13f.).

Beschränkung der Handlungsfreiheit der bzw. eines der Beteiligten[142], in einer reinen Einschränkung der Auswahl- und Handlungsfreiheit Dritter[143] oder in einer Kombination beider eine Wettbewerbsbeschränkung erblickt[144].

c) Berücksichtigung des rechtlichen und wirtschaftlichen Kontextes

Im Rahmen der verschiedenen Konzeptionen wird unterschiedlich beurteilt, ob das Vorliegen einer Beschränkung der Handlungsfreiheit eines Unternehmens nicht nur notwendige, sondern auch hinreichende Voraussetzung für eine Wettbewerbsbeschränkung ist[145].

Befürworter von Ansätzen, die zur Feststellung einer Wettbewerbsbeschränkung eine Beschränkung der Handlungsfreiheit zumindest eines der an der Absprache beteiligten Unternehmen fordern, tendieren dazu, darin gleichzeitig eine Wettbewerbsbeschränkung zu erblicken[146]. Damit muss besonders begründet werden, etwa über ein Regel-Ausnahme-System oder über eine teleologische Reduktion des Tatbestandes[147], dass eine Absprache ausnahmsweise keine Wettbewerbsbeschränkung darstellt.

Dagegen tendieren Vertreter von Ansätzen, die zur Feststellung einer Wettbewerbsbeschränkung ausschließlich auf eine Einschränkung der Handlungsfrei-

---

142 EuGH v. 21.2.1984 Rs. 86/82 -Hasselblad, Slg. 1984, 833 (906 Rz. 46); EuGH v. 27.4.1994 Rs. C-393/92 - Almelo, Slg. 1994, I-1477 (1518 Rz. 36); EuGH v. 28.4.1998 Rs. C-306/96 - Javico, Slg. 1998, I-1983 (2002 Rz. 13).

143 EuGH v. 14.5.1975 Rs. 19 u. 20/74 - Kali und Salz/Kali-Chemie, Slg. 1975, 499 (521 Rz. 14).

144 EuGH v. 24.10.1995 Rs. C-70/93 - BMW/ALD, Slg. 1995, I-3439 (3468f. Rz. 19); EuGH v. 24.10.1995 Rs. C-266/93 - Volkswagen und VAG Leasing, Slg. 1995, I-3477 (3517 Rz. 23f.); vgl. insbesondere EuG v. 2.7.1992 Rs. T-61/89 – Dansk Pelsdyravlerforening, Slg. 1992, II-1931 (1961 Rz. 74); EuG v. 12.12.1996 Rs. T-88/92 - Leclerc, Slg. 1996, II-1961 (2009 Rz. 111); EuG v. 15.9.1998 verb. Rs. T-374, 375, 384, 388/94 - European Night Services, Slg. 1998, II-3146 (3198 Rz. 139ff., 3202 Rz. 149ff.).

145 Praktische Unterschiede treten jedoch meist nicht auf, da aufgrund des Erfordernisses einer Absprache häufig auch eine Verhaltensbindung der an der Absprache beteiligten Unternehmen vorliegt und diese meist zugleich zu einer Beschränkung der Auswahl- und Handlungsfreiheit Dritter führt, vgl. Stockenhuber in Grabitz/Hilf, 16. Lfg. 2000, Art. 81 EGV Rz. 116.

146 Koch in Grabitz/Hilf, 1. Lfg. 1983, Art. 85 Rz. 65, 83.

147 Stockenhuber in Grabitz/Hilf, 16. Lfg. 2000, Art. 81 Rz. 148 spricht von einer teleolgischen Einschränkung; Koch in Grabitz/Hilf, 1. Lfg. 1983, Art. 85 Rz. 103ff. sieht eine qualitative Würdigung positiver Wirkungen einer Vereinbarung als rule of reason an; Emmerich in Immenga/Mestmäcker, EG-Kartellrecht I, Art. 85 I A. Rz. 198, 259 sieht in Art. 81 III EG „ein in jeder Hinsicht ausreichendes Instrumentarium zur Berücksichtigung der etwaigen positiven Auswirkungen wettbewerbsbeschränkender Abreden“; Rook S. 165.

heit Dritter abstellen, dazu, eine Wettbewerbsbeschränkung anhand einer individualisierten Bewertung der Umstände des Einzelfalls festzustellen[148].

In der Rechtsprechung des EuGH führt nicht jede Einschränkung der Auswahl- und Handlungsfreiheit eines Marktteilnehmers notwendigerweise zu einer Wettbewerbsbeschränkung. Dies würde eine einseitige Orientierung dieses Begriffs am Ziel des Schutzes der Freiheit der Marktteilnehmer bedeuten. Stattdessen fließen sämtliche Zielsetzungen der Wettbewerbsregeln mit in die Bewertung ein[149].

Einerseits wird schlicht von Vereinbarungen gesprochen, die ihrem Wesen nach Wettbewerbsbeschränkungen sind[150], die schlechthin einen Verstoß gegen die Wettbewerbsregeln darstellen[151] oder schlicht auf die Regelbeispiele des Art. 81 I EG verwiesen[152]. Andererseits werden in einer differenzierenden Prüfung unter umfassender Begründung bestimmte Einschränkungen der Handlungsfreiheit der Unternehmen aus dem Anwendungsbereich des Art. 81 I EG ausgenommen[153]. Inhaltlich hat die differenzierende Prüfung bei bestimmten wettbewerbsbeschränkenden Absprachen in Unternehmensveräußerungsverträgen[154], Genossenschaften[155], Arbeitsgemeinschaften[156], Alleinvertriebsvereinbarun-

---

148 Roth/Ackermann in Frankfurter Kommentar, EG-Vertrag, Art. 81 I Grundfragen Rz. 233; Schröter in Groeben/Schwarze, Art. 81 I Rz. 87.

149 Vgl. auch LG Frankfurt am Main WuW DE-R 959 (962) „Umformwerke".

150 EuGH v. 1.2.1978 Rs. 19/77 - Miller International, Slg. 1978, 131 (148 Rz. 7).

151 EuG v. 6.4.1995 Rs. T-148/89 - Tréfilunion, Slg. 1995, II-1063 (1108 Rz. 109); EuG 10.3.1992 Rs. T -14/89 - Montedipe, Slg. 1992, II-1155 (1246 Rz. 265).

152 EuGH v. 3.7.1985 Rs. 243/83 -Binon, Slg. 1985, 2015 (2046 Rz. 45); EuGH v. 17.1.1984 Rs. 43/82 - VBVB/VBBB, Slg. 1984, 19 (66 Rz. 46).

153 EuGH v. 25.10.1977 Rs. 26/76 - Metro/SABA, Slg. 1977, 1875 (1905f. Rz. 20ff.); EuGH v. 10.7.1980 Rs. 99/79 - Lancôme, Slg. 1980, 2511 (2536 Rz. 24); EuGH v. 11.12.1980 Rs. 31/80 - L'Oréal, Slg. 1980, 3775 (3792 Rz.19); EuGH v. 28.1.1986 Rs. 161/84 -Pronuptia, Slg. 1986, 353 (381 Rz. 15ff.); EuGH v. 7.12.2000 Rs. C-214/99 - Neste Markkinoinit Oy/Yötuuli Ky, WuW/E EU-R 381 (381 Rz. 25).

154 EuGH v. 11.7.1985 Rs. 42/84 - Remia/Kommission, Slg. 1985, 2545 (2571 Rz. 20).

155 EuGH v. 15.12.1994 Rs. C-250/92 - DLG, Slg. I-1994, 5641 (5687ff. Rz. 31ff.), wobei auf das wettbewerbspolitisch äußerst umstrittene Argument der Gegenmachtbildung abgestellt wurde; EuGH v. 12.12.1995 Rs. C-399/93 - Oude Luttikhuis, Slg. 1995, I-4515 (4525 Rz. 14); EuG fv. 2.7.1992 Rs. T-61/89 – Dansk Pelsdyravlerforening, Slg. 1992, II-1931 (1961 Rz. 74).

156 Kommission, Entscheidung v. 17.7.1968 - Machines Outils, ABl.EG 1968 L 201 S. 1 (2f.); Entscheidung v. 16.12.1971 - SAFCO, ABl.EG 1972 L 13 S. 44 (45f.); Entscheidung v. 13.7.1990 - Elopak/Metal Box, ABl.EG 1990 L 209 S. 15 (18f.); Entscheidung v. 27.7.1990 – Konsortium ECR 900, ABl.EG 1990 L 228 S. 31 (33f.); Entscheidung v. 3.3.1999 –TPS, ABl.EG 1999 L 90 S. 6 (17 Rz. 99); Bekanntmachung über die Beurteilung kooperativer Gemeinschaftsunternehmen, ABl.EG 1993 C 43 S. 2 (9 Rz. 42).

gen[157], selektiven Vertriebssystemen[158] und Franchisevereinbarungen[159] zur Nichtanwendbarkeit des Art. 81 I EG geführt[160].

Diese Entscheidungspraxis hat zu einer noch nicht abgeschlossenen Kontroverse um die Existenz einer Rule of Reason[161] nach amerikanischem Vorbild geführt[162].

Der EuGH hat sich in der Entscheidung Montecatini von einer Rule of Reason jedenfalls für den Fall distanziert, dass marktbeherrschende Hersteller die Preisziele, die Einschränkung der Produktion oder die Aufteilung des Marktes koordinieren[163]. Die Diskussion ist vom EuG in der Entscheidung TPS zusammenge-

---

157 EuGH v. 30.6.1966 Rs. 56/65 - MBU/LTU, Slg. 1966, 281 (304); EuGH v. 6.5.1971 Rs. 1/71 -Cadillon/Höss, Slg. 1971, 351 (356 Rz. 7/10); EuGH v. 10.7.1980 Rs. 30/78 -Distillers, Slg. 1980, 2229 (2265 Rz. 28); EuGH v. 8.6.1982 Rs. 258/78 - Nungesser, Slg. 1982, 2015 (2068f. Rz. 53ff.); EuGH v. 28.4.1998 Rs. C-306/96 - Javico, Slg. 1998, I-1983 (2004f. Rz. 22); EuG v. 8.6.1995 Rs. T-9/93 – Langnese-Iglo, Slg. 1995, II-1533 (1571 Rz. 94ff., 100).

158 EuGH v. 25.10.1977 Rs. 26/76 - Metro/Kommission, Slg. 1977, 1875 (1905f. Rz. 20f.); EuGH v. 10.7.1980 Rs. 99/79 - Lancôme, Slg. 1980, 2511 (2536 Rz. 20); EuGH v. 1.12.1980 Rs. 31/80 - L'Oréal, Slg. 1980, 3775 (3790f. Rz. 15); EuGH v. 25.10.1983 Rs. 107/82 - AEG-Telefunken, Slg. 1983, 3151 (3195 Rz. 35f.); EuGH v. 3.7.1985 Rs. 243/83 - Binon, Slg. 1985, 2015 (2043 Rz. 31); EuG v. 27.2.1992 Rs. T-19/91 - Vichy, Slg. 1992, II-415 (441f. Rz. 65); EuG v. 12.12.1996 Rs. T-88/92 - Leclerc, Slg. 1996, II-1961 (2007 Rz. 106).

159 EuGH v. 28.1.1986 Rs. 161/84 – Pronuptia, Slg. 1986, 353 (381ff. Rz. 15ff.).

160 Teilweise werden dabei die Einschränkungen der Handlungsfreiheit nicht als Wettbewerbsbeschränkungen eingestuft: EuGH v. 25.10.1977 Rs. 26/76 - Metro/SABA, Slg. 1977, 1875 (1906 Rz. 22); EuGH v. 25.11.1971 Rs. 22/71 – Béguelin, Slg. 1971, 949 (959 Rz. 7/9); EuGH v. 12.5.1989 Rs. 320/87 - Ottung/Klee & Weilbach, Slg. 1989, 1194 (1199 Rz. 13), andererseits schlicht Art. 81 I EG für nicht anwendbar erklärt: EuGH v. 11.7.1985 Rs. 42/84 - Remia/Kommission, Slg. 1985, 2545 (2571 Rz. 20); EuGH v. 25.10.1977 Rs. 26/76 - Metro/Kommission, Slg. 1977, 1875 (1906 Rz. 21); EuGH v. 11.12.1980 Rs. 31/80 - L'Oréal, Slg. 1980, 3775 (3792 Rz.19); EuGH v. 7.12.2000 Rs. C-214/99 - Neste Markkinoinit Oy/Yötuuli Ky, WuW/E EU-R 381 (383 Rz. 38); EuG v. 12.12.1996 Rs. T-88/92 - Leclerc, Slg. 1996, II-1961 (2009 Rz. 113); EuG v. 27.2.1992 Rs. T-19/92 -Vichy, Slg. 1992, II-415 (438 Rz. 58).

161 Zu den verschiedenen Ausprägungen einer Rule of Reason vgl. Borchardt/Fikentscher S. 33ff.; Fikentscher, Wirtschaftsrecht II, § 22 III 5 g).

162 Dazu Kommission in EuG v. 15.9.1998 verb. Rs. T-374, 375, 384, 388/94 - European Night Services, Slg. 1998, II-3146 (3195 Rz. 130, 134); Ackermann S. 1 ff; Mestmäcker/Schweitzer § 7 Rz. 56ff. S. 216ff.

163 EuGH v. 8.7.1999 Rs. C-235/92 P - Montecatini, Slg. 1999, I-4539 (4618 Rz. 133), EuG v. 10.3.1992 Rs. T -14/89 - Montedipe, Slg. 1992, II-1155 (1246 Rz. 265); EuG v. 6.4.1995 Rs. T-148/89 - Tréfilunion, Slg. 1995, II-1063 (1108 Rz. 109); EuG v. 15.9.1998 verb. Rs. T-374, 375, 384, 388/94 - European Night Services, Slg. 1998, II-3146 (3197 Rz. 136).

fasst worden: „Diese Urteile können jedoch nicht dahin ausgelegt werden, dass sie das Bestehen einer Rule of Reason im Wettbewerbsrecht der Gemeinschaft anerkennen. Sie sind vielmehr Teil einer breiteren Strömung in der Rspr., die nicht völlig abstrakt und unterschiedslos davon ausgeht, dass jede die Handlungsfreiheit eines oder mehrerer Beteiligter beschränkende Vereinbarung zwangsläufig von dem Verbot des Art. 85 EG-V erfasst wird. Vielmehr sind bei der Prüfung ob diese Bestimmung auf eine Vereinbarung anwendbar ist der konkrete Rahmen zu berücksichtigen, in dem diese Wirkungen entfaltet, insbes. der wirtschaftliche und rechtliche Kontext, in dem die betroffenen Unternehmen tätig sind, die Art der Waren und/oder Dienstleistungen, auf die sich die Vereinbarung bezieht, sowie die tatsächlichen Bedingungen der Funktion und der Struktur des relevanten Marktes. Diese Auslegung vermeidet es nämlich unter Berücksichtigung der Systematik des Art. 85 EG-V und insbes. der praktischen Wirksamkeit von dessen Art. [Abs.] 3, daß das Verbot in Abs. 1 dieser Bestimmung völlig abstrakt und unterschiedslos auf sämtliche Vereinbarungen erstreckt wird, die eine Beschränkung der Handlungsfreiheit eines oder mehrerer Beteiligter bewirken. Jedoch bedeutet dies keine Abwägung der wettbewerbsfördernden und der wettbewerbswidrigen Wirkungen einer Vereinbarung zum Zweck der Entscheidung, ob das Verbot in Art. 85 I EG-V anwendbar ist“[164].

Im Ergebnis führt daher in der Gemeinschaftspraxis nicht jede Beschränkung der Handlungsfreiheit eines Unternehmens zu einer Wettbewerbsbeschränkung. Vielmehr ist zusätzlich der rechtliche und wirtschaftliche Kontext der Absprache einzubeziehen. Fraglich ist, welche Erwägungen zur Beurteilung einer Wettbewerbsbeschränkung in den rechtlichen und wirtschaftlichen Kontext der Absprache einzubeziehen sind.

2. Berücksichtigung außerwettbewerblicher Zielsetzungen

Die Auslegung des Art. 81 I EG könnte neben der Gewährleistung wettbewerblicher Freiheit der Marktteilnehmer durch weitere Zielsetzungen des EG-Vertrages beeinflusst werden.

a) Ziel der Marktintegration

In der Gemeinschaftspraxis wurde früh der Integrationsaspekt aufgegriffen[165]. Die Verschmelzung der nationalen Märkte zu einem einzigen Wirtschaftsgebiet

---

164 EuG v. 18.9.2001 Rs. T-112/99 - TPS, WuW/E EuR 469 (472f.).

165 Kommission, Entscheidung v. 23.9.1964 - Consten/Grundig, ABl.EG 1964 S. 2545 (2548f.); Kommission, 16. Wettbewerbsbericht 1986, Einl. S. 13f.; 19. Wettbewerbsbericht 1989, Einl. S. 11; 20. Wettbewerbsbericht 1990, Einl. S. 11; 21. Wettbewerbsbericht 1991, Rz. 43f.; 22. Wettbewerbsbericht 1992, Rz. 2; 23. Wettbewerbsbericht 1993, Rz. 154; 24. Wettbewerbsbericht 1994, Rz. 8ff.; 25. Wettbewerbsbericht 1995, Rz. 2; 26. Wettbewerbsbericht 1996, Rz. 51; 27. Wettbewerbsbericht 1997, Rz. 52; 28. Wettbe-

bilde die primäre Aufgabe der Gemeinschaft, in deren Dienst auch der Wettbewerb und die ihn schützenden Wettbewerbsregeln gestellt seien[166]. Vor allem in der wohlwollenden Beurteilung von Vertriebsvereinbarungen, die zur Durchdringung des Gemeinsamen Marktes beitragen, zeigt sich der Gedanke der Marktintegration[167]. Fraglich ist, ob darüber hinaus weitere Aspekte in die Auslegung einzubeziehen sind.

b) Einbeziehung weiterer Politiken der Gemeinschaft

aa) Überblick über die Zielkonflikte des EG-Vertrages

Durch die Einheitlichen Europäischen Akte, den Vertrag von Maastricht und den Vertrag von Amsterdam wurden die Aufgaben des Art. 2 EG und die Tätigkeiten des Art. 3, 4 EG erheblich erweitert[168]. Zusätzlich wurden einzelne Politi-

---

werbsbericht 1998, Rz. 63, 68; 29. Wettbewerbsbericht 1999, Rz. 43, 53; 30. Wettbewerbsbericht 2000, Rz. 92; Mitteilung der Kommission v. 26.11.1998 über die Anwendung der EG-Wettbewerbsregeln auf vertikale Beschränkungen, ABl.EG 1998 C 365 S. 3 (5); Leitlinien für vertikale Beschränkungen v. 13.10.2000, ABl.EG 2000 C 291 S. 1 (3 Rz. 7); Peeperkorn E.C.L.R. 2002, 38 (38); bestätigt durch EuGH v. 13.7.1966 Rs. 56 u. 58/64 - Grundig/Consten, Slg. 1966, 321 (388); vgl. auch EuGH v. 21.2.1973 Rs. 6/72 -Continental Can, Slg. 1973, 215 (245 Rz. 25); EuGH v. 2.3.1983 Rs. 7/82 - GVL, Slg. 1983, 483 (505 Rz. 38); EuGH v. 7.6.1983 Rs. 100-103/80 - Pioneer, Slg. 1983, 1825 (1906 Rz. 107); EuGH v. 28.3.1984 Rs. 29 u. 30/83 - CRAM und Rheinzink, Slg. 1984, 1679 (1704 Rz. 28); EuGH v. 10.12.1985 Rs. 31/85 - ETA, Slg. 1985, 3933 (3943f. Rz. 10, 14); vgl. auch Gleiss/Hirsch, Einl. A. Rz. 19; Emmerich in Immenga/Mestmäcker, EG-Kartellrecht I, Art. 85 I A. Rz. 145.

166 Schröter in Groeben/Schwarze, Vorb. zu den Art. 81 bis 89 Rz. 10; Mestmäcker/Schweitzer § 10 Rz. 8 S. 265; Zuleeg in Groeben/Schwarze, Art. 2 Rz. 13; Roth/Ackermann in Frankfurter Kommentar, EG-Vertrag, Art. 81 I Grundfragen Rz. 153; Ukrow in Calliess/Ruffert, Art. 2 Rz. 26; Art. 3 Rz. 11; Grabitz in Grabitz/Hilf, 2. Lfg. 1986, Art. 2 Rz. 15; v. Bodandy in Grabitz/Hilf, 15. Lfg. 2000, Art. 2 Rz. 42; Ipsen S. 606; Emmerich in Dauses, H. I. § 1 Rz. 4; nur teilweise wird in der Marktintegration -insbesondere im englischsprachigen Schriftum- kein selbständig zu erreichendes Ziel gesehen, sondern mit Blick auf Art. 2 EG nur als Mittel zur Erreichung der Verbesserung ökonomischer Effizienz. Ökonomisch effizientes Verhalten könne nicht allein aufgrund des Binnenmarktprinzips verboten werden. Der Verwirklichung des Binnenmarktes kommt nach dieser Konzeption lediglich eine ergänzende, aber keine selbständige Bedeutung zu, vgl. Korah, Eur.L.Rev. 3 (1978) S. 62 (64ff.); dies., E.C.L.R. 1998, 506 (506 Fn. 1); Baden Fuller, I.C.L.Q. 28 (1979) S. 128 (132); ders., Eur.L.Rev. 6 (1981) S. 162 (179); Chard, Eur.L.Rev. 7 (1982) S. 83 (101); van Bael, Rev.suisse.dr.int.conurr. 10 (1980) S. 39 (40); Odudu, Eur.L.Rev. 26 (2001) S. 261 (262, 265); anders aber Whish/Sufrin, Yearbook of European Law, 7 (1987) S. 1 (16).

167 Vgl. Gliederungspunkt 2. Kapitel C. I. 1. c).

168 Beispielsweise wurde durch den Vertrag von Maastricht die Politiken der Stärkung der Wettbewerbsfähigkeit der Industrie Art. 3 I Lit. m) EG, sowie die Förderung der Forschung und technologischen Entwicklung Art. 3 I Lit. n) EG aufgenommen. Durch den Vertrag von Amsterdam wurde neben der Wirtschafts- und Währungsunion des Art. 4 EG

ken vertieft. Im Rahmen der Einheitlichen Europäischen Akte wurden erstmalig sogenannte Querschnittsklauseln in den EG-Vertrag eingefügt[169]. Unter einer Querschnittsklausel wird eine Norm verstanden, die eine Einbeziehung ihres Regelungsgehalts in andere Gemeinschaftspolitiken fordert[170].

Die Erweiterung der Aufgaben der Gemeinschaft des Art. 2 EG und die zunehmende Vertiefung der einzelnen Politiken durch Querschnittsklauseln könnte die Auslegung des Art. 81 I EG beeinflussen. Einerseits könnte das System des Wettbewerbsschutzes des Art. 3 I Lit. g) EG zur Erfüllung weiterer Zielsetzungen der Gemeinschaft instrumentalisiert werden, andererseits mit der Zielsetzung anderer Tätigkeiten der Gemeinschaft in einen aufzulösenden Konflikt geraten. Insofern kann von einer direkten und einer indirekten Instrumentalisierung der Wettbewerbsregeln gesprochen werden.

bb) Zielhierarchie des EG-Vertrages

Bisher wird nur ansatzweise diskutiert, in welcher Weise diese Zielkonflikte aufzulösen sind[171]. Zumeist wird lediglich auf die Gefahr dieses Einflusses hingewiesen[172] oder -insbesondere durch den Sozial- und Wirtschaftsausschuss[173]

---

die Beschäftigungspolitik des Art. 3 I Lit. i) EG auf die gleiche Stufe mit dem System des unverfälschten Wettbewerbs des Art. 3 I Lit. g) EG gestellt.

[169] Emmerich in Dauses, H. I. § 1 Rz. 6; Scheuing, EuR 1989, 152 (176); Monopolkommission, IX. Hauptgutachten, Rz. 25ff.

[170] Beispiele sind die Umweltpolitik Art. 6 EG, die Beschäftigungspolitik Art. 127 II EG, die Kulturpolitik Art. 151 IV EG, der Gesundheitsschutz Art. 152 I 1 EG; der Verbraucherschutz Art. 153 II EG, die Kohäsionspolitik Art. 159 I 2 EG, die Industriepolitik Art. 157 III 1 EG und die Entwicklungspolitik Art. 178 EG; den Begriff der Querschnittsklausel prägte Scheuing, EuR 1989, 152 (176).

[171] Es wird betont, dass eine Industriepolitik nicht zwingend zu Lasten eines unverfälschten Wettbewerbs gehe, vgl. Kommission, 13. Wettbewerbsbericht 1983, Einl. S. 11f.; 15. Wettbewerbsbericht 1985, Einl. S. 11, 15; 16. Wettbewerbsbericht 1986, Einl. S. 14; 17. Wettbewerbsbericht 1987, Einl. S. 13f.; 18. Wettbewerbsbericht 1988, Einl. S. 13; 21. Wettbewerbsbericht 1991, S. 46 Rz. 45ff.; 23. Wettbewerbsbericht 1993, Rz. 155ff.; Europäisches Parlament, 16. Wettbewerbsbericht 1986, S. 237 (237); Groger/Janicki, WuW 1992, 991 (993); Ehlermann, Industriepolitik S. 107 (112); I. Schmidt, WuW 1995, 971 (973); Dreher, WuW 1998, 656 (661); Schröter in Groeben/Schwarze, Vor. zu den Art. 81-89 Rz. 31; Bunte in Langen/Bunte, 9. Auflage, Einf. zum EG-Kartellrecht Rz. 6; Müller-Huschke in Schwarze, EGV, Art. 157 Rz. 26ff. Demgegenüber bietet Möschel, ORDO 43 (1992) 415 (418); ders., JZ 2000, 61 (62) eine Gesundbeter und eine Kassandrainterpretation der Industriepolitik an; zweifelnd auch Wartenberg S. 55 (60). Schließlich wird in der Verfolgung einer Industriepolitik nahezu eine Wettbewerbsverzerrung per definitionem erblickt Monopolkommission, IX. Hauptgutachten, Rz. 27; Immenga, EuZW 1994, 14 (16).

[172] Monopolkommission, IX. Hauptgutachten, Rz. 24ff.; Gleiss/Hirsch, Einl. A. Rz. 17; Wartenberg S. 55 (60); A. Schmidt, WuW 1999, 133 (137); Schaub/Dohms WuW 1999,

und das Europäische Parlament[174]- gefordert, dass die sonstigen Gemeinschaftspolitiken verstärkt in die Wettbewerbspolitik einzubeziehen sind.

Ausgangspunkt ist, dass die in den Eingangsartikeln des Vertrages aufgezählten unterschiedlichen Aufgaben der Gemeinschaft eine systematische Einheit bilden[175]. Zielkollisionen werden nur ausnahmsweise, etwa in Art. 36 EG im Verhältnis zur Landwirtschaftspolitik, ausdrücklich geregelt. Grundsätzlich haben die Gemeinschaftsorgane sämtliche Ziele zu berücksichtigen und Konflikte durch einen Ausgleich zu beheben[176]. Falls nicht sämtliche Ziele verwirklicht werden können, wird der zur Anwendung aufgerufenen Stelle teilweise ein breites Ermessen eingeräumt, welchem Ziel sie den Vorzug gibt[177].

Fraglich ist deshalb, welchen Stellenwert das System des Schutzes des Wettbewerbs vor Verfälschungen in einer Zielhierarchie einnimmt.

Teilweise wird der Errichtung eines gemeinsamen Marktes und der Wirtschafts- und Währungsunion eine besondere Bedeutung zugemessen[178]. In der Einführung und Vertiefung der neuen Politiken, sowie in ihrer Erhebung zu Grundsätzen des Gemeinschaftsrechts wird keine Umwertung der Vertragsziele erblickt[179]. Mit dem Maastricht-Vertrag habe die Europäische Gemeinschaft durch die Einführung der Art. 4 I, 98 S. 2, Art. 105 I 3 EG erstmals ein eindeutiges

---

1055 (1057); Möschel, JZ 2000, 61 (62); Mestmäcker EuZW 1999, 523 (528); Rittner, DB 1999, 1485 (1485); Geiger, EuZW 2000, 165 (168); Emmerich, WRP 2000, 858 (862).

[173] Wirtschafts- und Sozialausschuss, 14. Wettbewerbsbericht 1984, S. 248; 28. Wettbewerbsbericht 1998, S. 429 (Rz. 1.3, 3.1); 29. Wettbewerbsbericht 1999, S. 430 (Rz. 10).

[174] Europäisches Parlament, 15. Wettbewerbsbericht 1985, S. 247 (248); 16. Wettbewerbsbericht 1986, S. 237 (239); 20. Wettbewerbsbericht 1990, S. 291 (296 Rz. 34); 21. Wettbewerbsbericht 1991, S. 246 Rz. 8; 22. Wettbewerbsbericht 1992, S. 323 Rz. 17; 23. Wettbewerbsbericht 1993, S. 369 Rz. 13; 29. Wettbewerbsbericht 1999, S. 425 (426 Rz. B, C, 9.); vgl. auch Karel van Miert, WuW 1995, 553 (554).

[175] Schröter in Groeben/Schwarze, Vorb. zu den Art. 81 bis 89 Rz. 16; Zuleeg in Groeben/Schwarze, Art. 2 Rz. 12.

[176] Für den EGKS EuGH v. Rs. 10/56 - Meroni, Slg. 1958, 51 (81); für die Agrarpolitik EuGH v. 24.10.1973 Rs. 5/73 - Balkan-Import-Export, Slg. 1973, 1091 (1112 Rz. 24); EuGH v. 20.10.1977 Rs. 29/77 - Roquette, Slg. 1977, 1835 (1843 Rz. 29, 31); EuGH v. 17.10.1995 Rs. C-44/94 - Fishermen´s Organisations, Slg. 1995, I-3115 (3147 Rz. 37); v. Bogdandy in Grabitz/Hilf, 15. Lfg. 2000, Art. 2 Rz. 58; Ukrow in Calliess/Ruffert, Art. 2 Rz. 30.

[177] Ipsen S. 559; Zuleeg in Groeben/Schwarze, Art. 2 Rz. 12; v. Bogdandy in Grabitz/Hilf, 15. Lfg. 2000, Art. 2 Rz. 58; vgl. auch EuGH v. 13.6.1958 Rs. 10/56 - Meroni, Slg. 1958, 51 (81).

[178] Basedow, FS Everling, S. 49 (58f.); Dreher, WuW 1998, 656 (658).

[179] Basedow, FS Everling, S. 49 (68); Dreher, WuW 1998, 656 (657); grundsätzlich auch A. Schmidt, WuW 1999, 133 (136).

Bekenntnis zu einer Wirtschaftsverfassung nach dem Grundsatz einer offenen Marktwirtschaft mit freiem Wettbewerb abgelegt[180]. Dies bedeute, dass die Steuerung des Wirtschaftssystems durch Wettbewerb im Verhältnis zu wettbewerbsfremden Steuerungsmechanismen Vorrang habe. Ohne Wettbewerb könne ein Gemeinsamer Markt weder geschaffen noch aufrechterhalten werden[181].

Andererseits wird zwar die besondere Bedeutung des Gemeinsamen Marktes nicht in Frage gestellt[182], jedoch in der zunehmenden Zahl und Heterogenität der Ziele des EG-Vertrages eine Minderung der Bedeutung des Gemeinsamen Marktes und damit dem freien Wettbewerb erblickt. Bereits in der Entscheidung Giménez Zaera[183] habe der EuGH diese Bedeutung modifiziert[184].

cc) Auflösung der Zielkonflikte innerhalb des Art. 81 EG

Es werden jedoch nicht nur unterschiedliche Zielhierarchien entwickelt, sondern auch die Zielkonflikte in Art. 81 EG unterschiedlich aufgelöst.

Einerseits wird eine Berücksichtigung außerwettbewerblicher Zielsetzungen des Vertrages sowohl innerhalb des Tatbestandes des Art. 81 I EG als auch innerhalb des Freistellungstatbestandes des Art. 81 III EG abgelehnt. Das System des Schutzes des Wettbewerbs genieße Vorrang[185].

Andererseits werden aufgrund der hervorgehobenen Stellung des Gemeinsamen Marktes und der besonderen Struktur des Art. 81 EG keine außerwettbewerbliche Zielsetzungen im Tatbestand des Art. 81 I EG berücksichtigt[186]. Art. 81 EG

---

[180] Dreher, WuW 1998, 656 (657), vgl. auch Petersmann, EuZW 1993, 593 (594); Schröter in Groeben/Schwarze, Vorb. zu den Art. 81-89 Rz. 26ff.

[181] Dreher, WuW 1998, 656 (657f.).

[182] EuGH v. 5.5.1982 Rs. 15/81 - Gaston Schul, Slg. 1982, 1409 (1431 Rz. 33); in der Entscheidung EuGH v. 30.4.1986 verb. Rs. 209-213/84 - Ministère Public/Asjes, Slg. 1986, 1425 (1465f. Rz. 36ff.) wird dem Wettbewerb uneingeschränkt Vorrang vor der Verkehrspolitik eingeräumt; Zuleeg in Groeben/Schwarze, Art. 2 Rz. 13; zur Funktion des gemeinsamen Marktes als prinzipales Instrument der Förderung der meisten Ziele GA Mancini, Schlussanträge v. 11.6.1987 in EuGH v. 29.9.1987 Rs. 126/86 - Giménez Zaera, Slg. 1987, 3697 (3709); v. Bogdandy in Grabitz/Hilf, 15. Lfg. 2000, Art. 2 Rz. 37.

[183] EuGH v. 29.9.1987 Rs. 126/86 - Giménez Zaera, Slg. 1987, 3697 (3715f. Rz. 10).

[184] V. Bogdandy in Grabitz/Hilf, 15. Lfg. 2000, Art. 2 Rz. 37f.; vgl. auch Schwintowski, ZNER 2001, 82 (83); zum Zielkonflikt mit der Landwirtschaftspolitik EuGH v. 29.10.1980 Rs. 139/79 - Maizena/Rat, Slg. 1980, 3393 (3421 Rz. 23).

[185] Weißbuch der Kommission zur Modernisierung der Vorschriften des Art. 85 und 86 EG, ABl.EG 1999, Nr. C 132 S. 1 (17 Rz. 57, 20 Rz. 75); Dreher, WuW 1998, 656 (664); Ehlermann, CMLR 2000, 537 (549); für eine reine Wettbewerbspolitik als Beschäftigungspolitik van Miert, 27. Wettbewerbsbericht 1997, S. 9.

[186] Gasse 90f.; Ehle S. 125f.; Ziele des Umweltschutzes berücksichtigt ausnahmsweise Rook S. 165, 216.

unterscheide zwischen dem Verbotstatbestand des Art. 81 I EG und dem Freistellungstatbestand des Art. 81 III EG[187]. Diese Systematik dürfe nicht durch eine einschränkende Auslegung des Art. 81 I EG in Frage gestellt werden. Wenn in Art. 81 I EG ein wirtschafts- wie allgemeinpolitische Aspekte berücksichtigendes Restriktionspotential eingebaut würde, so verlöre durch die erforderliche Interessenabwägung Art. 81 I EG jegliche judizielle Greifbarkeit und Art. 81 III EG jeden Sinn[188].

Stattdessen wird eine harmonische Auslegung der Vertragsziele durch eine entsprechende Anwendung der Ausnahmeregelungen angestrebt[189]. Die Wettbewerbsregeln enthielten in den Art. 81 III, Art. 86 II, Art. 87 III EG und in der Fusionskontrollverordnung in Art. 2 I Lit. b)[190] Bestimmungen, die es aufgrund ihres weiten Beurteilungsspielraums[191] ermöglichen, unterschiedliche Interessen der Gemeinschaft und der Mitgliedstaaten miteinander in Einklang zu bringen[192].

---

[187] Vgl. EuGH v. 13.7.1966 Rs. 32/65 - Italien/Kommission, Slg. 1966, 457 (483); EuGH v. 9.7.1969 Rs. 10/69 - Portelange; Slg. 1969, 309 (316 Rz. 9/10); EuGH v. 20.7.1980 Rs. 99/79 - Lancôme, Slg. 1980, 2511 (2534 Rz. 15); EuGH v. 13.2.1969 Rs. 14/68 - Walt-Wilhelm, Slg. 1969, 1 (14 Rz. 5).

[188] Gasse S. 92; Pernice, EuZW 1992, 139 (141); Bock, EuZW 1994, 47 (49); ders., WuW 1996, 187 (196); Steinbeck, WuW 1998, 554 (561); vgl. auch Ackermann S. 64, 97.

[189] Mestmäcker/Schweitzer § 13 Rz. 75 S. 359; Schröter in Groeben/Schwarze, Vorb. zu den Art. 81-89 Rz. 30; Art. 81 III Rz. 304; Gleiss/Hirsch, Art. 85 III Rz. 1893ff.; Vollmer DB 1993, 25 (28); A. Schmidt, WuW 1999, 133 (135); Wesseling, E.C.L.R. 1999, 420 (423, 433); speziell für die Umweltpolitik Pernice, EuZW 1992, 139 (142); Bock, EuZW 1994, 47 (49); ders., WuW 1996, 187 (196); Ehle S. 137; Rook S. 213f., 217; Steinbeck, WuW 1998, 554 (561ff., 566).

[190] Gemäß Art. 2 I Lit. b) Fusionskontroll-VO hat die Kommission „die Entwicklung des technischen und wirtschaftlichen Fortschritts, sofern sie dem Verbraucher dient und den Wettbewerb nicht verhindert" zu berücksichtigen; zur Zulässigkeit der Berücksichtigung industriepolitischer Erwägungen vgl. Vollmer DB 1993, 25 (28); Immenga, EuZW 1994, 14 (18); I. Schmidt, WuW 1995, 971 (978); offen gelassen in Kommission, Entscheidung v. 2.10.1991 - Aérospatiale-Alenia/de Havilland, WuW-EV 1675 (1697 Rz. 65); zur Erlasskompetenz der Fusionskontroll-VO, soweit industriepolitische Erwägungen einbezogen werden, vgl. Mestmäcker EuR 1988, 349 (355ff.).

[191] Ständige Rspr. vgl. EuGH v. 13.7.1966 Rs. 56 u. 58/64 - Grundig/Consten, Slg. 1966, 321 (396); EuGH v. 25.10.1977 Rs. 26/76 - Metro/Kommission, Slg. 1977, 1875 (1916f. Rz. 45, 50), EuG v. 22.10.1997 Rs. T-213/95 u. T-18/96 - SCK und FNK, Slg. 1997, II-1739 (1810 Rz. 190); van der Esch, 1988 Fordham Corp. L. Inst. 18-8; Sauter in Immenga/Mestmäcker, EG-Kartellrecht I, Art. 85 III A. Rz. 7; Weyer ZHR 164 (2000) S. 611 (617ff.).

[192] Gasse S. 171f.; Baur, FS Großfeld, S. 73 (79); für die Industriepolitik Kallmeyer in Calliess/Ruffert, Art. 157 Rz. 19, kritisch Immenga, EuZW 1994, 14 (17); für die Umweltpolitik Kommission, 22. Wettbewerbsbericht 1992, Rz. 77; 23. Wettbewerbsbericht 1993, Rz. 162ff.; 25. Wettbewerbsbericht 1995, Rz. 85; 28. Wettbewerbsbericht 1998, Rz. 63,

Auch der EuGH berücksichtigt außerwettbewerbliche Aspekte zumindest innerhalb des Art. 81 III EG: „Auf diese Weise will der Vertrag in erster Linie Hindernisse für den freien Verkehr auf dem Gemeinsamen Markt beseitigen und die Einheit dieses Marktes bekräftigen und gewährleisten; daneben gestattet er jedoch den Gemeinschaftsbehörden auch gewisse positive, obgleich mittelbare Eingriffe zur Förderung einer harmonischen Entwicklung des Wirtschaftslebens innerhalb der Gemeinschaft im Sinne des Art. 2 EWGV"[193]. In der Entscheidung Continental-Can werden Grenzen für die Beseitigung von Zielkonflikten innerhalb der Wettbewerbsregeln aufgezeigt: „Wenn aber Artikel 3 Buchstabe f die Errichtung eines Systems vorsieht, das den Wettbewerb innerhalb des gemeinsamen Marktes vor Verfälschungen schützt, so fordert er erst recht, daß der Wettbewerb nicht ausgeschaltet wird. Dieses Erfordernis ist so wesentlich, daß bei seinem Fehlen zahlreiche Vertragsvorschriften gegenstandslos wären"[194].

dd) Stellungnahme

Die Systematik des EG-Vertrages und die Formulierung des Art. 81 III EG zeigen, dass außerwettbewerbliche Zielsetzungen innerhalb des Art. 81 EG zu berücksichtigen sind.

Die Freistellungsmöglichkeit des Art. 81 III EG stellt jedoch lediglich ein unvollständiges Instrument zur Verwirklichung anderer Politiken dar[195]. Außerwettbewerbliche Aspekte können damit nicht verbotsbegründend wirken. Beispielsweise könnte eine Forschungs- oder Entwicklungskooperation damit nicht als verbotene Wettbewerbsbeschränkung gemäß Art. 81 I EG einzustufen sein, weil sie sich negativ auf das Beschäftigungsniveau innerhalb der Gemeinschaft auswirkt.

Aus wettbewerbspolitischer Sicht macht es jedoch keinen Unterschied, ob eine Vereinbarung aus außerwettbewerblichen Gründen verboten oder freigestellt wird. In beiden Fällen wird vom Konzept einer offenen Marktwirtschaft mit freiem Wettbewerb gemäß Art. 4 I, 98 S. 2, Art. 105 I 3 EG abgewichen.

129ff.; 29. Wettbewerbsbericht 1999, Rz. 43, S. 428 Rz. 9; 30. Wettbewerbsbericht 2000, Rz. 95ff.; ausdrücklich begrüßt durch das Europäische Parlament, 29. Wettbewerbsbericht 1999, S. 428 Rz. 9; Gleiss/Hirsch, Art. 85 III Rz. 1895; Vogelaar, 1994 Fordham Corp. L. Inst. S. 529 (542ff.); Sacksofsky, WuW 1994, 320 (322); Riesenkampff, BB 1995, 833 (840); Ackermann S. 97.

193 EuGH v. 13.2.1969 Rs. 14/68 - Walt-Wilhelm, Slg. 1969, 1 (14 Rz. 5).

194 EuGH v. 21.2.1973 Rs. 6/72 - Continental Can, Slg. 1973, 215 (245 Rz. 24); EuGH v. 25.10.1977 Rs. 26/76 - Metro/Kommission, Slg. 1977, 1875 (1906 Rz. 21); EuGH v. 29.10.1977 Rs. 109-215, 218/78 - FEDETAB, Slg. 1980, 3125 (3276 Rz. 176).

195 Mestmäcker § 12 III. 3. S. 175f. wertet die Freistellung des Art. 81 III EG als Einschränkung der namentlich von Hoppmann vertretenen Non-Dilemma-These.

Die Systematik des Art. 81 EG spricht auch nicht zwingend gegen eine Berücksichtigung außerwettbewerblicher Zielsetzungen im Rahmen des Art. 81 I EG. Schließlich setzt der EuGH zur Verwirklichung des Binnenmarktes auch das Verbot des Art. 81 I EG ein, obwohl eine Beschränkung der Handlungsfreiheit aus wettbewerblicher Sicht positiv bewertbar ist[196].

Gegen eine Berücksichtigung spricht jedoch, dass ein Verbot gemäß Art. 81 I EG für die betroffenen Unternehmen einen Eingriff in ihre Privatautonomie darstellen würde. Dieser bedürfte einer Ermächtigungsgrundlage, die jedoch für andere Ziele als dem Schutz des Wettbewerbs vor Verfälschungen nicht in Art. 81 I EG liegt. Für einen solchen Eingriff ist Art. 81 I EG nicht bestimmt genug[197]. Es droht eine Umgehung der im EG-Vertrag normierten Voraussetzungen, unter denen andere Politiken betrieben werden dürfen. Anderweitige Zielsetzungen könnten ohne festgelegte Beurteilungsmaßstäbe verfolgt werden[198].

Demgegenüber stellt eine Freistellung einer Wettbewerbsbeschränkung keinen direkten Eingriff in die Privatautonomie der Unternehmen dar. Zusätzlich weist der Freistellungstatbestand des Art. 81 III EG geschriebene Grenzen auf.

Im Ergebnis ist eine Berücksichtigung außerwettbewerblicher Zielsetzungen im Bereich des Art. 81 I EG ausgeschlossen. Dagegen ist eine Berücksichtigung außerwettbewerblicher Zielsetzungen in den Grenzen des Art. 81 III EG möglich.

3. Spürbarkeit der Wettbewerbsbeschränkung

Nach dem Wortlaut des Art. 81 I EG sind alle wettbewerbsbeschränkenden Absprachen zwischen Unternehmen unabhängig von ihrem Ausmaß verboten[199].

Die Kommission hat indes den Anwendungsbereich des Art. 81 I EG sehr früh auf spürbare Wettbewerbsbeschränkungen eingegrenzt. Sie hat ihre Vorstellung

---

[196] Vgl. insofern die Diskussion um die Eigenständigkeit der Marktintegration als Element der Wettbewerbsbeschränkung Gliederungspunkt 2. Kapitel C. I. 2. a).

[197] So auch Pernice, EuZW 1992, 139 (141); vgl. auch Ackermann S. 106 für die Verwirklichung des Binnenmarktes.

[198] Vgl. Steindorff, FS Deringer, S. 175 (192); Meessen, FS Gaedertz, S. 417 (419), die sich kritisch zu einer aktiven Industriepolitik äußern und sich dabei auf den von Hayek, ORDO 26 (1975) S. 12ff. geprägten Begriff der „Anmaßung von Wissen" berufen.

[199] Vgl. zum zusätzlichen Erfordernis der Spürbarkeit der Beeinträchtigung des Handels zwischen den Mitgliedstaaten Bunte in Langen/Bunte, 9. Auflage, Art. 81 Generelle Prinzipien Rz. 124.

in der unverbindlichen Bagatellbekanntmachung konkretisiert[200]. Dabei spielen die Marktanteile der Unternehmen eine entscheidende Rolle[201].

Der EuGH wendet Art. 81 I EG ebenfalls nur auf spürbare Wettbewerbsbeschränkungen an. Er hat bisher jedoch weder auf die Bagatellbekanntmachung zurückgegriffen noch ihr widersprochen[202]. Entscheidend sei, wie sich die Marktverhältnisse ohne die fragliche Wettbewerbsbeschränkung entwickelt hätten. Besondere Bedeutung gewinne dabei die Marktstellung der beteiligten Unternehmen[203] und der rechtliche und wirtschaftliche Kontext der wettbewerbsbeschränkenden Absprache[204].

II. Wettbewerbsbeschränkung des GWB

Es ist fraglich, ob die dargestellte Konzeption einer Wettbewerbsbeschränkung des Gemeinschaftsrechts in das GWB zu übertragen ist. Dies wird für das Kartellverbot und die Vertikalvereinbarungen gesondert untersucht.

1. Wettbewerbsbeschränkung des Kartellverbotes

Die Formulierung einer Wettbewerbsbeschränkung des Kartellverbotes wurde an das Gemeinschaftsrecht angeglichen. Überwiegend werden die Begriffe „Verhinderung, Einschränkung und Verfälschung des Wettbewerbs" nicht streng voneinander getrennt. Stattdessen würden sie im umfassenden Begriff der Wettbewerbsbeschränkung aufgehen[205]. Dieser sei anhand der Zielsetzun-

---

200 Bagatellbekanntmachung v. 22.12.2001, ABl.EG 2001 C 368 S. 13.

201 Vgl. Gliederungspunkt 4. Kapitel A. III. 1.

202 Emmerich in Immenga/Mestmäcker, EG-Kartellrecht I, Art. 85 I A. Rz. 204.

203 EuGH v. 9.7.1969 Rs. 5/69 -Voelk/Vervaecke, Slg. 1969, 295 (302 Rz. 7); EuGH v. 1.2.1978 - Rs. 19/77 - Miller International, Slg. 1978, 131 (150f. Rz. 15); EuGH v. 10.7.1980 Rs. 30/78 -Distillers, Slg. 1980, 2229 (2265 Rz. 28); EuGH v. 25.10.1983 Rs. 107/82 -AEG-Telefunken, Slg. 1983, 3151 (3201 Rz. 58); EuGH v. 7.6.1983 Rs. 100-103/80 - Pioneer, Slg. 1983, 1825 (1900 Rz. 84); EuGH v. 21.2.1984 Rs. 86/82 -Hasselblad, Slg. 1984, 833 (903 Rz. 22); EuGH v. 28.4.1998 Rs. C-306/96 - Javico, Slg. 1998, I-1983 (2002 Rz. 12).

204 Vgl. insb. EuGH v. 7.6.1983 Rs. 100-103/80 - Pioneer, Slg. 1983, 1825 (1900 Rz. 84); zur Spürbarkeit des zwischenstaatlichen Handels und der Bündeltheorie, vgl. EuGH v. 12.12.1967 Rs. 23/67 - Brasserie de Haecht, Slg. 1967, 543 (555f.); EuGH v. 28.2.1991 Rs. C-234/89 - Delimitis, Slg. 1991, I-935 (987 Rz. 27); EuGH v. 7.12.2000 Rs. C-214/99 - Neste Markkinoinit Oy/Yötuuli Ky, WuW/E EU-R 381 (382 Rz. 26).

205 Huber in Frankfurter Kommentar, Kurzdarstellung § 1 n.F. Rz. 57; Hootz in GK, 5. Auflage, § 1 Rz. 99; Bunte in Langen/Bunte, 9. Auflage, § 1 Rz. 133; Zimmer in Immenga/Mestmäcker, 3. Auflage, § 1 Rz. 195; Bechtold, 3. Auflage, § 1 Rz. 30; anders Emmerich, Kartellrecht, § 3 7.a); Schwarz, EWS 2001, 565 (570). Der Begriff Wettbewerb wird ebenfalls nicht definiert, vgl. schriftlicher Bericht des Ausschusses für Wirtschaftspolitik, zu BT-Drs. 2/3644 S. 13, 15; Hoppmann S. 61 (95); Huber/Baums in Frankfurter Kommentar, § 1 Rz. 142; Bunte in Langen/Bunte, 9. Auflage, § 1 Rz. 125.

gen des GWB, eine gesamtwirtschaftlich vorteilhafte Entwicklung zu gewährleisten und die Freiheit der Marktteilnehmer zu schützen, auszulegen[206].

a) Beschränkung der Handlungsfreiheit der Unternehmen

Es werden für das Kartellverbot unterschiedliche Ansätze entwickelt, um die wettbewerbliche Freiheit der Marktteilnehmer zu schützen.

Bereits vor der Neufassung wurde dies ähnlich wie im Gemeinschaftsrecht kontrovers diskutiert. Teilweise wurde in einer Beeinträchtigung der Auswahl- und Handlungsfreiheit der Marktgegenseite eine ausreichende Wettbewerbsbeschränkung erblickt[207]. Überwiegend wurde jedoch eine Beschränkung der Handlungsfreiheit eines der beteiligten Unternehmen gefordert[208]. Dies wurde insbesondere aus der Tatbestandstruktur des § 1 GWB a.F. gefolgert. Diese setzte voraus, dass die Beeinflussung der Erzeugung oder der Marktverhältnisse für den Verkehr mit Waren oder gewerblichen Leistungen *durch Beschränkung des Wettbewerbs* erfolgen müsse. Daraus wurde geschlossen, dass eine Beschränkung des Wettbewerbs eine Verhaltensbindung eines Beteiligten voraussetze[209].

---

[206] WuW/E BGH 1337 (1342) „Aluminium-Halbzeug“; Huber/Baums in Frankfurter Kommentar, § 1 Rz. 129; Immenga in Immenga/Mestmäcker, 2. Auflage, § 1 Rz. 184; Bunte in Langen/Bunte, 9. Auflage, § 1 Rz. 127; Zimmer in Immenga/Mestmäcker, 3. Auflage, § 1 Rz. 194.

[207] KG WuW/E OLG 1487 (1493) „Gemeinsame Zementverkaufsstelle“; LG Düsseldorf WuW/E LG/AG 94 (96f.) „Wohnraumleuchten“; LG Düsseldorf WuW/E LG/AG 146 (149) „Filmtransport“; WuW/E BKartA 2191 (2202) „Selex-Tania“; WuW/E BKartA 2795 (2810) „CP-System“; offen gelassen durch KG WuW/E OLG 3737 (3746) „Selex-Tania“; KG WuW/E OLG 5677 (5692) „Carpartner“; für vertretbar gehalten durch KG WuW/E OLG 2961 (2963) „REWE“; Ewald WuW 1956, 253 (256f.); Günther, MA 1957, 35 (43f.); Gabriel, MA 1960, 247 (251f.); Pickel, DB 1968, 295 (299); Steindorff, BB 1970, 824 (826); ders., Handelsgenossenschaften, S. 58; Pescher S. 203ff., 213; Köhler, Wettbewerbsbeschränkung, S. 95ff., 97; Möschel § 5 3. Rz. 185; Satzky S. 68; Hoppmann, DB 1970, 93 (94).

[208] WuW/E BGH 1337 (1342) „Aluminium-Halbzeug“; WuW/E BGH 3115 (3118) „Druckgussteile“; BGH WuW/E DE-R 17 (22) „Europapokalheimspiele“; WuW/E OLG 3737 (3743) „Selex-Tania“; Hefermehl S. 10f.; Westrick/Loewenheim in Loewenheim/Belke, § 1 Rz. 58f.; Müller-Henneberg in GK, 4. Auflage, § 1 Rz. 58; v. Gamm, § 1 Rz. 42; Immenga in Immenga/Mestmäcker, 2. Auflage, Rz. 230; ders., ZHR 148 (1984) S. 268 (268ff.); Bechtold, 1. Auflage, § 1 Rz. 10; Huber/Baums in Frankfurter Kommentar, § 1 Rz. 129; offen gelassen in WuW/E BGH 1367 (1371) „Zementverkaufsstelle Niedersachsen“.

[209] Meyer-Cording, WuW 1962, 461 (470f.); Westrick/Loewenheim in Loewenheim/Belke, § 1 Rz. 58; Müller-Henneberg, WuW 1963, 877 (882); ders. in GK, 4. Auflage, § 1 Rz. 59; Sandrock, Grundbegriffe, S. 224f.; ders., BB 1973, 101 (103); Belke, ZHR 143 (1979) S. 74 (85 Fn. 35); Klawitter, BB 1985, 1093 (1097); Immenga in Immenga/Mestmäcker,

Auch nach der Neufassung wird fast ausnahmslos an dieser Auslegung festgehalten[210]. Der Gesetzgeber habe keine sachliche Änderung beabsichtigt[211]. Zusätzlich beschränke die Neufassung des § 1 GWB den Anwendungsbereich auf „miteinander im Wettbewerb stehende Unternehmen". Dies lege von vornherein die Annahme nahe, dass sich das Gesetz nur an Beschränkungen dieser Unternehmen wende[212]. Für dieses Verständnis sprächen ebenfalls die Ausnahmen vom Kartellverbot in den §§ 2-6 GWB und §§ 28-31 GWB und in Art. 81 I 2. Hs. Lit. a) bis e) EG. Erfasst würden danach vom Kartellverbot vor allem Preis-, Konditionen- und Gebietskartelle, Rationalisierungs- und Spezialisierungskartelle sowie Syndikate. Alle diese Kartelle seien durch die künstliche Beschränkung der wirtschaftlichen Handlungsfreiheit der an der Absprache beteiligten Unternehmen gekennzeichnet[213].

Fraglich ist, ob nach der Neufassung des Kartellverbotes zwingende systematische Gründe dagegen sprechen, dass für eine Wettbewerbsbeschränkung sowohl eine Beeinträchtigung der Auswahl- und Handlungsfreiheit der Beteiligten als auch Dritter genügt.

Dagegen lässt sich nicht die Formulierung der „miteinander im Wettbewerb stehenden Unternehmen" der Neufassung ins Feld führen. Im Gegenteil, diese Formulierung zielt darauf ab, die für das Kartellverbot nicht maßgeblichen Wettbewerbsbeschränkungen aus dem Anwendungsbereich auszufiltern, um damit die Abgrenzung zu den Vertikalvereinbarungen zu gewährleisten[214].

Auch der systematische Verweis auf die §§ 2-6 GWB, sowie auf Art. 81 I 2. Hs. Lit. a) bis e) EG vermag nicht zu begründen, dass eine Wettbewerbsbeschränkung ausschließlich die Beschränkung der Handlungsfreiheit der an der Absprache beteiligten Unternehmen erfasst. Erstens ist dargestellt worden, dass die

---

2. Auflage, § 1 Rz. 230; ders., ZHR 148 (1984) S. 268 (268); Huber/Baums in Frankfurter Kommentar, § 1 Rz. 129, 185.

210 LG Düsseldorf WuW/E DE-R 769 (770); Huber in Frankfurter Kommentar, Kurzdarstellung § 1 n.F. Rz. 54, 57; Ebel § 1 Rz. 6; Hootz in GK, 5. Auflage, § 1 Rz. 99; Bahr, WuW 2000, 954 (956); ders. S. 125; Bunte in Langen/Bunte, 9. Auflage, § 1 Rz. 127f.; 138; Zimmer in Immenga/Mestmäcker, 3. Auflage, § 1 Rz. 196f.; im Grundsatz auch Emmerich, Kartellrecht, § 3 7. a); Schwarz, EWS 2001, 565 (569) allerdings mit Ausnahme für den Begriff der Wettbewerbsverfälschung; a.A. lediglich BKartA WuW/E DE-V 209 (212) „Stellenmarkt für Deutschland II".

211 Bahr, WuW 2000, 954 (960).

212 Huber in Frankfurter Kommentar, Kurzdarstellung § 1 n.F. Rz. 57; Bahr, WuW 2000, 954 (960); ders. S. 124.

213 Emmerich, Kartellrecht, § 3 7.a); Bahr, WuW 2000, 954 (960); Schwarz, EWS 2001, 565 (569f.).

214 Vgl. Begründung der Bundesregierung, BT-Drs. 13/9720 S. 31.

Gemeinschaftspraxis trotz der Beispielstatbestände des Art. 81 I 2. Hs. Lit. a) bis e) EG auch Beschränkungen der Auswahl- und Handlungsfreiheit Dritter als Wettbewerbsbeschränkungen genügen lässt[215]. Zweitens wird durch den Verweis auf die §§ 2-6 GWB die Regelung des § 7 GWB der Neufassung außer Betracht gelassen. Diese wurde inhaltlich aus Art. 81 III EG übernommen. Sie stellt auch Wettbewerbsbeschränkungen frei, bei denen die Beschränkungen der Auswahl- und Handlungsfreiheit Dritter im Vordergrund stehen.

Vielmehr sprechen sogar die besseren Gründe dafür, dass eine Beschränkung der Auswahl- und Handlungsfreiheit Dritter für eine Wettbewerbsbeschränkung genügt.

Die tatbestandliche Unterscheidung in Wettbewerbsbeschränkung und Beeinflussung der Marktverhältnisse wurde durch die Neufassung beseitigt[216].

Zusätzlich wurden die Absprachefomen des Gemeinschaftsrechts in das Kartellverbot übernommen. Deren Auslegung wird durch das vom EuGH entwickelte Selbständigkeitspostulat geprägt[217]. Dieses setzt keine Beschränkung der Handlungsfreiheit der Beteiligten voraus, sondern lässt eine gegenseitige Fühlungnahme genügen. Ein Erfordernis einer Beschränkung der Handlungsfreiheit eines der an der Absprache Beteiligten würde demgegenüber den Anwendungsbereich des neugefassten Kartellverbotes einschränken. In vielen klassischen Kartellen, aber auch komplexeren Torsosyndikaten[218] und Einkaufsgesellschaften steht die Beschränkung der Auswahl- und Handlungsfreiheit Dritter im Vordergrund. Wenn ein Kartell seinen Teilnehmern optimale Monopolrenten garantiert, besteht für die beteiligten Unternehmen kein Bedürfnis ihre Handlungsfreiheit einzuschränken. Weiter setzt sich der Wettbewerb aus der wirtschaftlichen Handlungsfreiheit sämtlicher Marktteilnehmer zusammen[219]. Eine isolierte Anknüpfung an die Handlungsfreiheit der an der Absprache beteiligten Unternehmen würde den Wettbewerbsschutz signifikant und unnötig verkürzen. Der Schutzzweck spricht damit eindeutig für eine mit dem Gemeinschaftsrecht identische Auslegung.

---

215 Vgl. Gliederungspunkt 2. Kapitel C. I. 1. c).

216 Insofern kritisch zur Neufassung Baums, ZIP 1998, 233 (234).

217 Vgl. Gliederungspunkt 2. Kapitel B. I. und 2. Kapitel C. II. 2. d).

218 Bei der Beurteilung von Torsosyndikaten führte das Erfordernis einer vertraglichen Beschränkung der Handlungsfreiheit eines Beteiligten zur Diskussion um die Gegenstands-, Zweck-, und Folgetheorie. Es wurde kontrovers diskutiert, ob ein dem Torsosyndikat zu Grunde liegender Gesellschaftsvertrag als Anknüpfungspunkt für eine Beschränkung der Handlungsfreiheit genügt, vgl. Zimmer in Immenga/Mestmäcker, 3. Auflage, § 1 Rz. 246.

219 Zimmer in Immenga/Mestmäcker, 3. Auflage, § 1 Rz. 138.

Im Ergebnis sprechen nach der Neufassung keine zwingenden systematischen Gründe dagegen, dass für eine Wettbewerbsbeschränkung sowohl eine Beeinträchtigung der Auswahl- und Handlungsfreiheit der Beteiligten als auch Dritter genügt.

b) Rechtlicher und wirtschaftlicher Kontext der Absprache

Fraglich ist, ob auch der rechtliche und wirtschaftliche Kontext zur Beurteilung einer Wettbewerbsbeschränkung einzubeziehen ist.

Bisher wird in einer Beschränkung der Handlungsfreiheit eines der an der Absprache beteiligten Unternehmen gleichzeitig eine Wettbewerbsbeschränkung erblickt[220]. Eine dem Gemeinschaftsrecht entsprechende Bewertung des rechtlichen und wirtschaftlichen Kontextes der Absprache, sowie der tatsächlichen Bedingungen, der Funktion und der Struktur des relevanten Marktes wird über das Kriterium der Spürbarkeit der Wettbewerbsbeschränkung hinaus abgelehnt. Dies verbiete sich aus systematischen Gründen. Abweichungen von dem in § 1 GWB ausgedrückten Verbotsprinzip seien nur im Rahmen der gesetzlich zulässigen Ausnahmeregelung anzuerkennen. Die §§ 2-12 GWB verwiesen abschließend auf Kriterien und Verfahren für Ausnahmen[221].

aa) Systematik der §§ 1-8 GWB

Die Regel-Ausnahme Systematik der §§ 1-8 GWB begründet jedoch keine zwingenden systematischen Einwände gegen eine Übernahme einer wertenden Beurteilung einer Wettbewerbsbeschränkung.

Schließlich wurde das Kartellverbot trotz der Ausnahmeregelungen der §§ 2-8 GWB bisher durch die Rechtsprechung immer wertend beurteilt. Die systematische Ansiedlung dieses wertenden Kriteriums wird meist unter dem Begriff des Immanenzgedankens diskutiert und ist auch nach der Neufassung ungeklärt[222]. Praktische Beispiele finden sich in Wettbewerbsverboten in Gesellschaftsverträgen[223], Genossenschaften[224], Unternehmensveräußerungsverträgen[225], Vergleichen[226] und Arbeits- und Bietergemeinschaften[227].

---

[220] Zimmer in Immenga/Mestmäcker, 3. Auflage, § 1 Rz. 194f.; Hootz in GK, 5. Auflage, § 1 Rz. 99.

[221] Zimmer in Immenga/Mestmäcker, 3. Auflage, § 1 Rz. 194; Hootz in GK, 5. Auflage, § 1 Rz. 99.

[222] Vgl. Schmitz, WuW 2002, 6 (13, 15); Zimmer in Immenga/Mestmäcker, 3. Auflage, § 1 Rz. 268ff.; Schäfer, FS Ulmer, S. 991 (1004f.).

[223] Vgl. WuW/E BGH 519 (520) „Kino"; WuW/E BGH 1517 (1519) „Gabelstapler"; WuW/E BGH 2047 (2048f.) „Werbeagentur"; WuW/E BGH 2505 (2507) „neuform-Artikel"; BGH DB 1994, 34 (34) „Ausscheidender Gesellschafter"; OLG Stuttgart WuW/E DE-R 224 (225) „Gemeinschaftspraxis".

Auch die Einführung des zusätzlichen Freistellungstatbestandes des § 7 GWB in der Neufassung spricht nicht gegen eine wertende Beurteilung einer Wettbewerbsbeschränkung. Vielmehr greift der Freistellungstatbestand des § 7 GWB erst dann, wenn eine Wettbewerbsbeschränkung wertend festgestellt wurde[228]. Der Gesetzgeber wollte mit der Einführung des § 7 GWB lediglich einen ergänzenden Freistellungstatbestand in der Form einer Generalklausel schaffen[229]. Die Einführung des § 7 GWB erweitert damit lediglich die bisherigen Freistellungsmöglichkeiten.

bb) Systematik der §§ 1, 14, 16 GWB

Systematische Widersprüche zeigen sich jedoch unter Berücksichtigung einer tatbestandlichen Unterscheidung des GWB in Kartellabsprachen des ersten und Vertikalvereinbarungen des zweiten Abschnitts.

Vertikalvereinbarungen sollen unter das differenzierende Regelungssystem der Vertikalvereinbarungen des zweiten Abschnitts fallen. Eine umfassende Betrachtung des Regel-Ausnahme Systems der §§ 1-8 GWB sowie der differenzierenden Regelungen der §§ 14ff. GWB zeigt, dass das GWB wettbewerbsbeschränkende Absprachen in einem ausgefeilten, von Art. 81 EG abweichenden System wettbewerbsbeschränkender Absprachen, tatbestandlich erfasst.

Eine wertende Beurteilung einer Wettbewerbsbeschränkung könnte einen Fremdkörper in diesem System bilden. Im Gemeinschaftsrecht werden vor allem Wettbewerbsbeschränkungen in Vertriebsbindungen, wie z.B. Ausschließlichkeitsbindungen, selektive Vertriebssysteme und Franchisevereinbarungen

---

224 WuW/E BGH 2271 (2273) „Taxigenossenschaft"; WuW/E BGH 2341 (2342f.) „Taxizentrale Essen"; WuW/E BGH 2828 (2831) „Taxigenossenschaft II"; OLG München WuW/E DE-R 175 (176) „Isar-Funk".

225 WuW/E BGH 1597 (1598f.) „Erbauseinandersetzung"; WuW/E BGH 1600 (1601) „Frischbeton"; WuW/E BGH 1898 (1899) „Holzpaneele"; WuW/E BGH 2085 (2087) „Strohgäu-Wochenjournal"; WuW/E BGH 2675 (2677) „Nassauische Landeszeitung"; OLG Stuttgart WuW/E OLG 3492 (3493f.) „Tanzschule"; KG WuW/E DE-R 228 (230) „Osthafenmühle".

226 WuW/E BGH 1385 (1386) „Heilquelle"; WuW/E BGH 2003 (2005f.) „Vertragsstrafenrückzahlung"; OLG Karlsruhe WuW/E OLG 2958 (2959f.) „plissierte Textilien".

227 WuW/E BGH 2050 (2051) „Bauvorhaben Schramberg"; BGH WuW/E DE-R 876 (878) „Jugend- und Frauennachtfahrten"; OLG Stuttgart WuW/E OLG 3108 (3109f.) „Parkhaus"; KG WuW/E OLG 3115 (3115f.) „Rohrleitungsbau"; OLG Schleswig WuW/E DE-R 623 (625) „Frauennachtfahrten".

228 Köhler, WuW 1999, 445 (449); ders., Energiewirtschaft, S. 51 (57) Lohse S. 155, Schäfer/Jaecks S. 44 Fn. 140; die daraus schließen, dass durch § 7 GWB einer Überdehnung des Immanenzgedankens vorgebeugt werden soll.

229 Begründung der Bundesregierung, BT-Drs. 13/9720 S. 31.

aus dem Anwendungsbereich des Art. 81 EG ausgenommen[230]. Diese stellen im GWB jedoch klassische Fälle der Vertikalvereinbarungen des zweiten Abschnitts dar. Eine wertende Beurteilung einer Wettbewerbsbeschränkung würde diese Bindungen zu einem großen Teil nicht nur dem Anwendungsbereich des Kartellverbotes, sondern auch dem der Vertikalvereinbarungen entziehen. Damit würde die tatbestandliche Differenzierung zwischen dem ersten und zweiten Abschnitt des GWB empfindlich gestört[231].

Alternativ wäre eine unterschiedliche Auslegung der Formulierung „Verhinderung, Einschränkung oder Verfälschung des Wettbewerbs" des Kartellverbotes des § 1 GWB und „Wettbewerb auf dem Markt für diese oder andere Waren oder gewerbliche Leistungen wesentlich beeinträchtigt wird“ des § 16 GWB möglich. Dafür müsste jedoch begründet werden, dass eine Absprache zwar keine (spürbaren) Wettbewerbsbeschränkung im Sinne des § 1 GWB darstellt, dafür aber eine wesentliche Wettbewerbsbeschränkung im Sinne des § 16 GWB begründet. Dieses Ergebnis würde befremden. Bisher wird insofern aus gutem Grund eine Wettbewerbsbeschränkung innerhalb des Kartellverbotes und des § 16 GWB einheitlich interpretiert[232].

Insgesamt zeigt sich, dass der rechtliche und wirtschaftliche Kontext im Sinne der Gemeinschaftspraxis zur Feststellung einer Wettbewerbsbeschränkung nur eingeschränkt berücksichtigt werden kann. Grenzen ergeben sich aus der Unterscheidung des GWB in Kartellabsprachen und Vertikalvereinbarungen. Eine Berücksichtigung darf jedenfalls nicht dazu führen, dass Vertikalvereinbarungen aus dem differenzierenden System des zweiten Abschnitts des GWB fallen.

c) Berücksichtigung außerwettbewerblicher Aspekte

Im GWB wird zur Ermittlung einer Wettbewerbsbeschränkung nicht auf andere als wettbewerbliche Überlegungen zurückgegriffen.

---

230 Vgl. Gliederungspunkt 2. Kapitel C. I. 1. c).

231 Dies zeigt auch, dass der Immanenzgedanke nicht im Kriterium der Wettbewerbsbeschränkung angesiedelt werden kann, um das Kartellverbot von den Vertikalvereinbarungen „abzugrenzen“; so aber Bunte in Langen/Bunte, 9. Auflage, § 1 Rz. 94, 108 einerseits und Rz. 195ff. andererseits; Klosterfelde/Metzlaff in Langen/Bunte, 9. Auflage, § 16 Rz. 30 und Fuchs, BB 1993, 1893 (1894f.); die gleichen Erwägungen sprechen gegen die Konzeption von Schanze S. 224, 265 und Schmitz, WuW 2002, 6 (15). Schmitz verlangt für eine Kartellabsprache, dass die Wettbewerbsbeschränkung unverhältnismäßig ist. Den Vertikalvereinbarungen käme dann praktisch kein eigenständiger Anwendungsbereich zu.

232 Fikentscher/Straub in GK, 4. Auflage, § 18 Rz. 319; Wolter in Frankfurter Kommentar, § 18 Rz. 134; Klosterfelde/Metzlaff in Langen/Bunte, 9. Auflage, § 16 Rz. 112; Emmerich, Kartellrecht, § 15 7. b).

Eine Abwägung wettbewerbsbeschränkender Aspekte mit konkurrierenden Interessen unter dem Gesichtspunkt der volkswirtschaftlichen Nützlichkeit ist ausgeschlossen. Diese Auslegung, die in der Diskussion zum Gesetzgebungsverfahren in den 50er Jahren eine Rolle gespielt hat, ist heute unumstritten[233]. Die Tatbestandsmäßigkeit einer Wettbewerbsbeschränkung kann nicht von einer Interessenabwägung abhängig gemacht werden[234].

Außerwettbewerbliche Wertungen dürfen auch nach der Neufassung nicht in die Beurteilung einer Wettbewerbsbeschränkung einfließen.

Dies hebt bereits die Regierungsbegründung der 6. Novelle für die Einbeziehung der Marktintegration hervor: „Durch die Gleichbehandlung von horizontalen und vertikalen Wettbewerbsbeschränkungen im EG-Recht sollte insbesondere das Unterlaufen eines der wesentlichen Ziele des EG-Vertrags, der Abbau der Zollschranken, durch entgegenstehende privatrechtliche Beschränkungen (z.B. Gebietsschutz) verhindert werden. Eine solche, aus dem Binnenmarktprinzip der EG resultierende Zielsetzung, liegt dem GWB nicht zugrunde“[235].

Daneben zeigen die Vorschrift der Ministererlaubnis des § 8 GWB und der gegenüber Art. 81 III EG –insbesondere um Umweltgesichtspunkte- erweiterte Freistellungsrahmen des § 7 GWB, dass außerwettbewerbliche Aspekte nicht im

---

233 Zimmer in Immenga/Mestmäcker, 3. Auflage, § 1 Rz. 270, 305ff.; zwischenzeitlich vertrat das BKartA, dass der Anwendungsbereich des § 1 GWB aufgrund einer Güter- und Interessenabwägung einschränkbar sei, vgl. WuW/E BKartA 145 (148) „Doppelstecker“; BKartA, Tätigkeitsbericht 1959, BTDrs. 3/1795 S. 18; BKartA, Tätigkeitsbericht 1966, BTDrs. 5/1950 S. 58; BKartA, Tätigkeitsbericht 1976, BTDrs. 8/704 S. 9, 79, ging dann aber zu einer Duldungspraxis über, vgl. BKartA, Tätigkeitsbericht 1983/1984, BTDrs. 10/3550 S. 86; BKartA, Tätigkeitsbericht 1985/86, BTDrs. 11/554 S. 70; BKartA, Tätigkeitsbericht 1991/92, BT-Drs. 12/5200 S. 132. Dieser Duldungspraxis ist durch die Einführung des § 7 I GWB zumindest für das DSD die Basis genommen, vgl. Begründung der Bundesregierung, BT-Drs. 13/9720 S. 33; Bunte in Langen/Bunte, 9. Auflage, § 1 Rz. 210; Zimmer in Immenga/Mestmäcker, 3. Auflage, § 1 Rz. 313; distanzierend auch schon BKartA, Tätigkeitsbericht 1995/96, BT-Dr. 13/7900 S. 39f.

234 Für die Abwehr von Gefahren für die öffentliche Sicherheit BGH WuW/E DE-R 289 (295) „Lottospielgemeinschaft“; für sportpolitische Ziele WuW/E BGH DE-R 17 (22) „Europapokal-Heimspiele“; für die Schonung der öffentlichen Haushalte BGH WuW/E DE-R 1087 (1089) „Ausrüstungsgegenstände für Feuerlöschzüge“; grundsätzlich KG WuW/E OLG 3737 (3746) „Selex-Tania“; BMWi WuW/E BWM 143 (145) „Fernsehwerbung für Zigaretten“; Müller-Henneberg in GK, 4. Auflage, § 1 Rz. 105ff.; Bunte in Langen/Bunte, 9. Auflage, § 1 Rz. 212ff.; Zimmer in Immenga/Mestmäcker, 3. Auflage, § 1 Rz. 195.

235 Begründung der Bundesregierung, BT-Drs. 13/9720 S. 31.

Rahmen des Kartellverbotes, sondern in den Freistellungstatbeständen Berücksichtigung finden sollen[236].

d) Spürbarkeit der Wettbewerbsbeschränkung

Nach ständiger Praxis[237] und herrschender Meinung in der Literatur[238] müssen die wettbewerbsbeschränkenden Absprachen dazu geeignet sein, die Marktverhältnisse *spürbar* zu beeinflussen[239]. Das Kriterium der Spürbarkeit sei ein Korrektiv, durch das verhindert werde, dass der weitgefasste Tatbestand des Kartellverbotes auch Absprachen einbeziehe, die für den Wettbewerbsprozess und die Marktgegenseite irrelevant seien[240].

Auch nach dem Wegfall der Formulierung des § 1 GWB a.F. „soweit sie geeignet sind, die Erzeugung oder die Marktverhältnisse für den Verkehr mit Waren oder gewerblichen Leistungen zu beeinflussen“, in welcher das Erfordernis der Spürbarkeit bisher angesiedelt wurde, muss die Wettbewerbsbeschränkung spürbar sein[241]. Eine mit dem Gemeinschaftsrecht identische Auslegung führt nicht zu systematischen Widersprüchen.

---

236 Vgl. bereits die Begründung der Bundesregierung, Anlage I zu BT-Drs. 2/1158 S. 25.

237 WuW/E BGH 486 (491) „Spar“; WuW/E BGH 605 (609) „Flußspat“; WuW/E BGH 726 (730) „Klinker“; WuW/E BGH 1458 (1462) „Fertigbeton“; WuW/E BGH 2675 (2677) „Nassauische Landeszeitung“; WuW/E BGH 2697 (2703f.) „Golden Toast“; BGH WuW/E DE-R 115 (120) „Carpartner“; WuW/E BKartA 491 (492) „Gesellschaftsreisen“; WuW/E BKartA 938 (940) „Gesellschaftsreisen II“.

238 Sandrock, Grundbegriffe, S. 268ff.; Müller-Henneberg in GK, 4. Auflage, § 1 Rz. 99; Immenga in Immenga/Mestmäcker, 2. Auflage, § 1 Rz. 336ff.; Huber/Baums in Frankfurter Kommentar, § 1 Rz. 393; kritisch Ballerstedt, FS Böhm, S. 179 (185ff.).

239 Zur Beurteilung der Spürbarkeit ist unter Berücksichtigung aller in Betracht kommender Umstände besonders der Marktanteil der beteiligten Unternehmen maßgeblich, vgl. WuW/E BGH 726 (730) „Klinker“; WuW/E BGH 1458 (1462) „Fertigbeton“; Sandrock, Grundbegriffe, S. 276ff., 291; Müller-Henneberg in GK, 4. Auflage, § 1 Rz. 99f.), vgl. auch die unverbindliche Bagatellbekanntmachung des Bundeskartellamts Nr. 57/80 vom 8.7.1980, BAnz. Nr. 133.

240 WuW/E BGH 1685 (1692) „Springer-Elbe Wochenblatt“.

241 BGH WuW/E DE-R 289 (295) „Lottospielgemeinschaft“; BGH WuW DE-R 919 (921) „Stellenmarkt für Deutschland II“; KG WuW/E DE-R 628 (631) „Stellenmarkt für Deutschland II“; OLG Düsseldorf WuW DE-R 854 (858) „Stadtwerke Aachen“; OLG Stuttgart RdE 2002, 182 (185); LG München WuW/E DE-R 633 (636) „Deggendorfer Transportbeton“; BKartA DE-V 209 (213) „Stellenmarkt für Deutschland II“; Bechtold, BB 1997, 1853 (1854); ders., NJW 2001, 3159 (3160); ders./Uhlig NJW 1999, 3526 (3528); K. Schmidt, AG 1998, 551 (560); Huber in Frankfurter Kommentar, Kurzdarstellung § 1 n.F. Rz. 69; Zimmer in Immenga/Mestmäcker, 3. Auflage, § 1 Rz. 256; Schwarz, EWS 2001, 565 (571); kritisch zur Gesetzesfassung Baums, ZIP 1998, 233 (234); a.A: LG Mannheim WuW/E DE-R 298 (302) „Stromversorgung“.

e) Ergebnis

Die Konzeption einer Wettbewerbsbeschränkung des Gemeinschaftsrechts kann nur eingeschränkt in das Kartellverbot übernommen werden. Auf der Basis der Verletzung des Selbständigkeitspostulats reicht für eine Wettbewerbsbeschränkung aus, dass die Auswahl- und Handlungsfreiheit der beteiligten oder dritter Unternehmen beeinträchtigt wird. Der rechtliche und wirtschaftliche Kontext einer Absprache darf innerhalb des Kriteriums der „Verhinderung, Einschränkung oder Verfälschung des Wettbewerbs" nur eingeschränkt berücksichtigt werden. Außerwettbewerbliche Aspekte dürfen nicht einfließen.

2. Wettbewerbsbeschränkung der Vertikalvereinbarungen

Die Formulierung einer Wettbewerbsbeschränkung der Vertikalvereinbarungen wurde nicht an das Gemeinschaftsrecht angeglichen. Eine mit dem Gemeinschaftsrecht identische Auslegung muss sich daher aus den klassischen Auslegungskriterien ergeben.

Die Konzeption einer Wettbewerbsbeschränkung der Vertikalvereinbarungen setzt sich aus verschiedenen Tatbestandsmerkmalen zusammen. Die Missbrauchsaufsicht über Ausschließlichkeitsbindungen des § 16 GWB knüpft an eine Beschränkung der Handlungsfreiheit eines der an der Vereinbarung beteiligten Unternehmen gemäß § 16 1. Hs. Nr. 1-4 GWB an, die gemäß § 16 2. Hs. GWB zu einer wesentlichen Beeinträchtigung des Wettbewerbs führt. § 14 GWB erfordert eine Vereinbarung, die einen Beteiligten in der Freiheit der Gestaltung von Preisen oder Geschäftsbedingungen beschränkt. Grob skizziert muss damit zwischen der Vereinbarung, der Beschränkung der Freiheit eines Beteiligten und zusätzlich in § 16 GWB der wesentlichen Beschränkung des Wettbewerbs unterschieden werden.

Das zentrale Element der Wettbewerbsbeschränkung der Vertikalvereinbarungen wurde vor der Neufassung in dem Erfordernis eines Vertrages erblickt. Daneben fielen tatsächliche Bindungen, die nicht im Erstvertrag konkretisiert waren, nicht unter die Vertikalvereinbarungen[242]. Demgegenüber kam dem Tatbestandsmerkmal der „Beschränkung der Freiheit eines der Beteiligten" keine

[242] WuW/E BGH 251 (256f.) „4711"; WuW/E BGH 1702 (1704) „Probier-Preis-Aktion"; WuW/E BGH 1787 (1788f.) „Garant"; BGH GRUR 1987, 926 (927f.) „Taxi-Preisgestaltung"; WuW/E BGH 2819 (2822) „Zinssubvention"; BGH WuW/E DE-R 200 (200) „Herstellerwerbung"; BGH WuW/E DE-R 264 (265) „Preisbindung durch Franchisegeber"; OLG Hamburg WuW/E OLG 5902 (5902) „Süßwarenpackung"; Brühl S. 56; Möschel § 8 II 1. b) dd) Rz. 384, § 8 III. 2. Rz. 414; v. Gamm, § 15 Rz. 15, § 18 Rz. 5; Emmerich in Immenga/Mestmäcker, 2. Auflage, § 15 Rz. 15, § 18 Rz. 52; Wolter in Frankfurter Kommentar, § 15 Rz. 70, § 18 Rz. 52; Rahlmeyer in Martinek/Semler/Habermeier § 32 Rz. 26; Klosterfelde/Metzlaff in Langen/Bunte, 9. Auflage, § 14 Rz. 39f., § 16 Rz. 33; a.A. nur Koenigs S. 301 (312).

eigenständige tatbestandsbegrenzende Funktion zu. Mit dem Erfordernis einer vertraglichen Bindung war gleichzeitig die Voraussetzung einer Beschränkung der Handlungsfreiheit eines Beteiligten erfüllt. Nach der Neufassung setzt die Formulierung der Vereinbarung nicht mehr notwendigerweise eine zivilvertragliche Bindung voraus[243]. Es ist fraglich, ob das Kriterium der Beschränkung der Freiheit eines Beteiligten eine über das Selbständigkeitspostulat hinausgehende Bindung erfordert.

Bemerkenswert ist, dass die Rechtsprechung zunächst auf das Erfordernis einer rechtlichen bzw. wirtschaftlichen vertraglichen Bindung oder einer dieser entsprechenden vertragsähnlichen tatsächlichen Bindung eines der Beteiligten verzichtete. Dies wird aus der folgenden Untersuchung der Entwicklung der Rechtsprechung zum Empfehlungsverbot deutlich[244].

Die Regelung des Empfehlungsverbotes des § 22 I GWB ersetzt die im Primärverbot geforderte Absprache durch das Erfordernis einer Empfehlung, die ein gleichförmiges Verhalten bezweckt oder bewirkt[245]. Es müssen daher zur Erfüllung des § 22 I GWB nur die Voraussetzungen einer Empfehlung, sowie die weiteren Voraussetzungen des Primärverbotes vorliegen[246].

Der Empfehlungsbegriff setzt weder eine vertragliche noch eine entsprechende vertragsähnliche tatsächliche Bindung voraus[247]. Daher wurde in der Literatur zunächst eine Anwendung des Empfehlungsverbotes auf die Vertikalvereinba-

---

243 Vgl. Gliederungspunkt 2. Kapitel B.

244 Vgl. auch Sauter in Immenga/Mestmäcker, 3. Auflage, § 22 Rz. 27, der im Rahmen des Empfehlungsverbotes betont, dass die Bindung in § 1 GWB einzig aus dem Kriterium des „Vertrages“ folgt, dessen Voraussetzung durch die Empfehlung ersetzt werde, so dass eine irgendwie geartete Bindung zwischen den Beteiligten keine Voraussetzung für das Empfehlungsverbot des § 22 I 1 i.V.m. § 1 GWB sei.

245 Der Gesetzgeber hat versäumt das Druck- und Lockmittelverbot der Neufassung entsprechend sprachlich anzupassen. Dem Wortlaut des Druck- und Lockmittelverbot des § 21 II GWB zufolge darf ein Unternehmen nicht durch bestimmte Mittel zu einem Verhalten veranlasst werden, das nach dem GWB nicht zum Gegenstand einer „vertraglichen Bindung“ gemacht werden darf. Diese Regelung befindet sich seit Einführung des Gesetzes unverändert im GWB und verweist auf bestimmte Primärverbote, wie beispielsweise §§ 1, 14, 17, 18 GWB, vgl. Roth in Frankfurter Kommentar, GWB 1999, § 21 Rz. 215. Die Änderung des Wortlauts der §§ 1, 14 , 16 GWB von Vertrag zu Vereinbarung wurde damit durch die Neufassung nicht berücksichtigt.

246 Tiedemann in Immenga/Mestmäcker, 2. Auflage, § 38 Rz. 140; v. Gamm, §§ 38, 38a Rz. 30; Schumann S. 29; Bechtold, 3. Auflage, § 22 Rz. 5.

247 Grundlegend WuW/E BGH 369 (370) „Kohlenplatzhandel“.

rungen abgelehnt[248]. Besonders prägnant formulierte dies Ehle: „Dieses Verbot der *vertraglichen* Beschränkung der *wirtschaftlichen Entschließungsfreiheit des Abnehmers* kann nicht durch die rechtlich und tatsächlich unverbindliche Empfehlung umgangen werden. Vielmehr muß der Erklärende neben der Empfehlung faktisch bindende Umstände wirksam werden lassen, um den in § 15 GWB unerwünschten Erfolg herbeizuführen“[249].

Trotz dieser Kritik wandte der BGH im Rahmen der Entscheidung „4711“ erstmalig das Empfehlungsverbot des § 38 II 2 GWB a.F. auf eine vertikale Preisempfehlung an[250]. In der Entscheidung „Osco-Parat“[251] billigte der BGH das vom Bundeskartellamt in entsprechender Anwendung des § 16 IV GWB a.F. eingeführte Verfahren über die Anmeldung vertikaler Preisempfehlungen[252]. Eine Preisempfehlung wurde in entsprechender Anwendung des § 16 IV GWB a.F. durch Anmeldung beim Bundeskartellamt freigestellt, soweit sie ausdrücklich als unverbindlich bezeichnet wurde und zu ihrer Durchsetzung kein wirtschaftlicher, gesellschaftlicher oder sonstiger Druck angewandt wurde. Das Bundeskartellamt forderte für eine vertikale Preisbindung damit keine tatsächliche Bindung und der BGH ließ dies unbeanstandet[253]. Weitere Entscheidungen in der Rechtsprechung deuten darauf, dass das Verbot der Preisempfehlung keine tatsächliche Bindung erfordert[254]. Andere greifen zumindest das Kriterium der tatsächlichen Bindung auf[255].

Erst später wurde in der Rechtsprechung für eine verbotene Preisempfehlung des § 22 I GWB zuerst das Vorliegen einer vertragsähnlichen Bindung festgestellt[256], dann später ausdrücklich gefordert[257]. Fraglich ist, ob das Erfordernis

---

248 Schwartz, MA 1958, 505 (510); Müller/Gries, 1. Auflage, § 38 Rz. 26; Frankfurter Kommentar, 3. Lfg. 1960, § 38 Rz. 105; Ehle, WuW 1964, 308 (310); Rasch/Westrick, § 38 Rz. 18; Müller/Gießler/Scholz, 4. Auflage, § 38 Rz. 64.

249 Ehle WuW 1964, 308 (310).

250 WuW/E BGH 251 (254) „4711“.

251 WuW/E BGH 536 (541) „Osco-Parat“; vgl. auch KG WuW/E OLG 1265 (1266) „Zahnpasten“.

252 BKartA, Bekanntmachung v. 20.4.1960 Nr. 45/60, BAnz. Nr. 81 vom 28.4.1960 Seite 2.

253 BKartA, Tätigkeitsbericht 1958, BT-Drs. 3/1000 S. 54ff.; Arbeitstagung der Kartellbehörden, WuW 1959, 512 (513); BKartA, Tätigkeitsbericht 1959, BT-Drs. 3/1795 S. 39f.; BKartA, Tätigkeitsbericht 1960, BT-Drs. 3/2734 S. 43f.; BKartA, Tätigkeitsbericht 1961, BT-Drs. 4/378 S. 35; BKartA WuW/E DE-V 21 (23f.) „Rolli“; BKartA WuW/E DE-V 85 (88) „Preisetiketten“.

254 WuW/E BGH 2469 (2470) „Brillenfassungen“; OLG Koblenz, GRUR 1984, 903 (906).

255 OLG Celle WuW/E OLG 524 (527) „Discountläden“; OLG Hamburg WuW/E OLG 290 (293f.).

256 WuW/E BGH 2256 (2258) „Herstellerpreiswerbung“.

257 WuW/E BGH 2819 (2824) „Zinssubvention“; WuW/E BGH DE-R 264 (265f.) „Preisbindung durch Franchisegeber“; Rahlmeyer in Martinek/Semler § 25 Rz. 92; Kirchhoff in

einer vertraglichen bzw. einer vertragsähnlichen Bindung eines an der Vereinbarung Beteiligten aus den Tatbeständen der Vertikalvereinbarungen folgt. Dies wird mit Hilfe der klassischen Auslegungskriterien untersucht.

a) Wortlaut der Vertikalvereinbarungen

Nach dem gewöhnlichen Sprachgebrauch können vom Wortlaut der Beschränkung der Freiheit eines Beteiligten (Freiheitsbeschränkung) nicht nur vertragliche, sondern auch gesetzliche, wirtschaftliche, moralische und tatsächliche Bindungen erfasst werden. Eine grammatische Auslegung der Freiheitsbeschränkung, die ausschließlich Beschränkungen in Form der rechtlichen und wirtschaftlichen vertraglichen Bindungen erfasst, ist dagegen zu eng. Eine Interpretation, die für eine Freiheitsbeschränkung entsprechend dem Selbständigkeitspostulat eine bloße Verständigung oder Einigung in Form der gegenseitigen Fühlungnahme ausreichen lässt, erscheint jedoch demgegenüber zu weit. Der Wortlaut fordert keine vertragliche Bindung, legt aber auch keine Auslegung im Sinne des gemeinschaftsrechtlichen Selbständigkeitspostulats nahe.

b) Systematische Auslegung der Vertikalvereinbarungen

Für eine Auslegung, die eine rechtliche und wirtschaftliche Bindung voraussetzt, spricht die Freistellungsvorschrift des § 15 I GWB. Gemäß § 15 I GWB können rechtliche und wirtschaftliche Bindungen vom Preisbindungsverbot freigestellt werden. Dies deutet auf wirtschaftliche, nicht notwendig vertragliche, Vor- und Nachteile, die geeignet sind, einen Beteiligten zum Verzicht auf seine Gestaltungsmöglichkeiten bei einer Zweitvereinbarung zu bewegen[258]. Die Formulierung des § 15 I GWB schließt aber auch nicht eine Auslegung im Sinne des Selbständigkeitspostulats aus. Wenn schon die starken rechtlichen und wirtschaftlichen Bindungen durch § 15 GWB freigestellt sind, wären erst Recht schwächere Bindungen oder bloße Verständigungen freizustellen[259].

c) Wille des Gesetzgebers

Für einen Übergang der Vertikalvereinbarungen zur Wettbewerbskonzeption im Sinne des Selbständigkeitspostulats spricht der Wille des Gesetzgebers zur

---

Wiedemann, Handbuch des Kartellrechts, § 10 Rz. 203; Haager, DStR 1999, 1153 (1154); Bunte in Langen/Bunte, 9. Auflage, § 22 Rz. 10; kritisch Bechtold, 3. Auflage, § 22 Rz. 6; Sauter in Immenga/Mestmäcker, 3. Auflage, § 22 Rz. 27.

258 Vor der Neufassung wurde aus dem Erfordernis eines Vertrages der §§ 14, 16 GWB geschlossen, dass eine wirtschaftliche Bindung im Sinne des § 15 I GWB eine vertragliche sein müsse.

259 BGHZ 28, 208 (220) „4711". Seit der Einführung des § 25 I GWB a.F. war dies selbstverständlich, da die Freistellung des § 15 GWB auch für das abgestimmte Verhalten des § 25 I GWB a.F. galt, vgl. Bunte in Langen/Bunte, 8. Auflage, § 25 Rz. 28; Bechtold, 1. Auflage, § 25 Rz. 9.

Stärkung des Wettbewerbsprinzips und zur sachlichen Kontinuität in der Auslegung.

Durch eine Auslegung der Vertikalvereinbarungen im Sinne des Selbständigkeitspostulats wird vermieden, dass sich die Unterschiede zwischen nationalem und Gemeinschaftsrecht durch die Neufassung verstärken. In der Neufassung wurde die Regelung des Verbots abgestimmter Verhaltensweisen des § 25 I GWB a.F. aufgehoben und ausschließlich in das Kartellverbot übernommen. Vor der Neufassung durfte zwar eine Ausschließlichkeitsbindung des § 18 GWB a.F.[260], nicht aber eine Preis- und Konditionenbindung des § 15 I GWB a.F. gemäß § 25 I GWB durch abgestimmte Verhaltensweisen erfolgen. Die engen Anforderungen einer vertraglichen Bindung konnten damit zumindest teilweise vor dem Hintergrund des Auffangtatbestandes des § 25 I GWB a.F. betrachtet werden. Eine Auslegung des Kriteriums der Beschränkung der Freiheit eines Beteiligten im Sinne des Selbständigkeitspostulats führt damit zumindest im Rahmen des § 14 GWB nicht zu einer inhaltlichen Änderung, sondern zu sachlicher Kontinuität. Damit würde zwar die Missbrauchsaufsicht über Ausschließlichkeitsbindungen des § 16 GWB inhaltlich erweitert. Dies entspricht jedoch dem Willen des Gesetzgebers zur Stärkung des Wettbewerbsprinzips.

d) Schutzzweck der Vertikalvereinbarungen

Das Erfordernis einer vertraglichen Bindung wird zumeist aus dem kontrovers diskutierten Schutzzweck der Vertikalvereinbarungen geschlossen.

Nach der Rechtsprechung des BGH soll durch das Preis- und Konditionenverbot des § 14 GWB einem Missbrauch der grundsätzlich bestehenden Vertrags- und Vertragsgestaltungsfreiheit entgegengewirkt werden. Die Entschließungsfreiheit des Vertragspartners für die Gestaltung des Zweitvertrages soll nicht zuletzt im Interesse eines freien Wettbewerbs bewahrt werden[261]. Der Schutz-

[260] OLG Düsseldorf WuW/E OLG 725 (727) „Marktfreie Milcherzeugnisse“; BKartA, Tätigkeitsbericht 1966, BTDrs. 5/1950 S. 41; Klosterfelde/Metzlaff in Langen/Bunte, 8. Auflage, § 18 Rz. 33; Emmerich in Immenga/Mestmäcker, 3. Auflage, § 16 Rz. 37; kritisch daher Königs S. 301 (312f.); Steindorff, BB 1979 Beilage Nr. 3, S. 1 (11); Emmerich in Immenga/Mestmäcker, 2. Auflage, § 18 Rz. 65.

[261] WuW/E BGH 251 (253) „4711“; WuW/E BGH 1519 (1520) „4 zum Preis von 3“; WuW/E BGH 2238 (2242) „EH-Partner-Vertrag“; BGH WuW/E DE-R 264 (265f.) „Preisbindung durch Franchisegeber“; BGH WuW/E DE-R 692 (694, 697) „Kabel-Hausverteileranlagen“; vgl. auch WuW/E OLG 2273 (2274) „Reyno-Freundschaftspreis“; KG WuW/E Verg 111 (114) „Tariftreueerklärung“; OLG Düsseldorf WuW/ DE-R 661 (662) „Tennishallenpacht“.

zweck wird damit in erster Linie in der wettbewerblichen Handlungsfreiheit des gebundenen Vertragspartners erblickt[262].

Andererseits wird der Zweck ausschließlich[263] oder zumindest überwiegend[264] im Schutz des Wettbewerbs als Institution gesehen. Die Vertragspartner hätten sich freiwillig der Regelung unterworfen und die Strafandrohung des § 81 I Nr. 1 GWB gelte nicht nur für den bindenden, sondern auch für den gebundenen Vertragspartner. Dies zeige, dass der Schutzzweck nicht auf die Individualinteressen gerichtet sei[265].

Für die Ausschließlichkeitsbindungen des § 16 GWB setzt sich besonders nach der Neufassung zunehmend die Ansicht durch, dass der Schutzzweck nicht die Handlungsfreiheit des Partners der Vereinbarung, sondern ausschließlich der Wettbewerb als Institution ist[266].

Die besseren Argumente sprechen dafür, dass die Vertikalvereinbarungen ausschließlich dem Schutz des Wettbewerbs als Institution dienen. Individualschützende Aspekte verbergen sich dagegen in den Vertikalvereinbarungen nicht. Vielmehr ist die Formulierung der Freiheitsbeschränkung eines Beteiligten ein Überbleibsel des ursprünglichen Zwecks der „Sonstigen Verträge" zum Schutz der Unternehmen vor einer entarteten Vertragsfreiheit[267].

Dies folgt schon daraus, dass der gebundene Vertragspartner nicht immer Opfer einer wettbewerbsbeschränkenden Regelung ist. Beispielsweise drängt nicht nur vereinzelt der Fachhandel beim Hersteller darauf eine Preisbindung einzufüh-

---

262 Vgl. WuW/E BGH 1402 (1403) „EDV-Zubehör"; WuW/E BGH 1787 (1792) „Garant"; WuW/E BGH 2647 (2649) „Nora-Kunden-Rückvergütung"; WuW/E BGH 2819 (2822) „Zinssubvention"; Ehle, WuW 1964, 308 (310); Scholz in Müller/Gießler/Scholz, 4. Auflage, § 15 Rz. 3; Straub in GK, 4. Auflage, § 15 Rz. 46, 49; Wolter in Frankfurter Kommentar, § 15 Rz. 103; Klosterfelde/Metzlaff in Langen/Bunte, 9. Auflage, § 14 Rz. 6ff.; Sauter in Immenga/Mestmäcker, 3. Auflage, § 22 Rz. 34, 40; Bechtold, 3. Auflage, § 14 Rz. 3; Bunte, Kartellrecht, § 6 II S. 145.

263 Biedenkopf S. 183f.; Baumbach/Hefermehl, 8. Auflage, § 15 Anm. 1; Leo, WuW 1959, 485 (492); Frankfurter Kommentar, 3. Lfg. 1960, § 35 Rz. 31; Belke, ZHR 138 (1974) S. 227 (244, 246); K. Schmidt, Kartellverfahrensrecht, S. 51; Benisch in GK, 4. Auflage, § 35 Rz. 10; Wilhelm, ZHR 150 (1986) S. 320 (334); Rahlmeyer in Martinek/Semler § 25 Rz. 8.

264 Emmerich in Immenga/Mestmäcker, 3. Auflage, § 14 Rz. 8.

265 Leo, WuW 1959, 485 (492); Rahlmeyer in Martinek/Semler/Habermeier § 32 Rz. 8.

266 Emmerich in Immenga/Mestmäcker, 3. Auflage, § 16 Rz. 15, 92f.; Klosterfelde/Metzlaff in Langen/Bunte, 9. Auflage, § 16 Rz. 9; Bunte, Kartellrecht, § 6 V. S. 165; anders noch Kartte/Kulka, FS Stiefel, S. 381 (385).

267 Begründung der Bundesregierung, BT-Drs. 2/1158 S. 26; vgl. auch schriftlicher Bericht des Ausschusses für Wirtschaftspolitik, zu BT-Drs. 2/3644 S. 20.

ren, um unliebsame Konkurrenz (beispielsweise Marken-Discounter, Kaufhäuser, Internetvertrieb) fernzuhalten. Durch eine Preisbindung oder ein umfassendes selektives System sollen auch einzelne gebundene Abnehmer geschützt werden. Die wird in der Literatur vertieft unter dem Stichwort der Trittbrettfahrerproblematik (free riding) diskutiert[268].

Auch die Entwicklung des Gesetzestextes des § 16 GWB zeigt, dass ausschließlich der Wettbewerb als Institution schützenswert ist. Während im Regierungsentwurf des Jahres 1957 noch die wirtschaftliche Bewegungsfreiheit eines Vertragsbeteiligten im Zentrum der Regelung stand[269], wurde auf Anraten des Bundesrates und des wirtschaftspolitischen Ausschusses die Prüfung der Marktfolgen in Form der wesentlichen Beeinträchtigung des Wettbewerbs übernommen[270]. Diese Prüfung dient einzig dem Schutz des Wettbewerbs als Institution[271]. Die Regierungsbegründung der 6. Novelle beschreibt den Zweck treffend in der allseitigen Öffnung der Märkte durch die Beseitigung künstlicher Marktzutrittsschranken[272]. Der Schutz der Auswahl- und Handlungsfreiheit Dritter steht damit im Zentrum der Regelung. Um eine Marktzutrittsschranke für Dritte künstlich herzustellen, bedarf es gerade keiner Beschränkung der Freiheit eines Beteiligten. Soweit eine Absprache für beide Unternehmen vorteilhaft ist, ist eine vertragliche oder tatsächliche Bindung nicht notwendig. Die Existenz des Empfehlungsverbotes des § 22 I GWB zeigt, dass Marktzutrittsschranken nicht zwingend rechtliche und wirtschaftliche Bindungen der Beteiligten voraussetzen.

Die Vertikalvereinbarungen dienen damit nicht dem Schutz der Vertragsfreiheit der beteiligten Unternehmen, sondern ausschließlich dem Schutz des Wettbewerbs als Institution.

e) Ergebnis

Im Ergebnis sprechen die überzeugenderen Gründe daher dafür, dass für eine Wettbewerbsbeschränkung keine vertragliche oder vertragsähnliche Bindung eines Beteiligten erforderlich ist. Vielmehr genügt auf einem Verstoß gegen das Selbständigkeitspostulat aufbauend eine Beschränkung der Auswahl- und

---

268 Vgl. dazu Kirchhoff S. 37ff.

269 Begründung der Bundesregierung, Anlage 1 zu BT-Drs. 2/1158 S. 37.

270 Schriftlicher Bericht des Ausschusses für Wirtschaftspolitik, zu BT-Drs. 2/3644 S. 23.

271 Klosterfelde/Metzlaff in Langen/Bunte, 9. Auflage, § 16 Rz. 9; Emmerich in Immenga/Mestmäcker, 3. Auflage, § 16 Rz. 15, 92, 106; ders., Kartellrecht, § 15 1. c); Wolter in Frankfurter Kommentar, GWB 1999, § 16 Rz. 101; Nelißen S.109; Bechtold, 3. Auflage, § 16 Rz. 13; vor der Neufassung: WuW/E BGH 2668 (2672) „Pauschalreiseveranstalter"; v. Gamm, § 18 Rz. 24; Kirchhoff S. 200; a.A. nur Fikentscher/Straub in GK, 4. Auflage, § 18 Rz. 299, für die auch hier der Individualschutz im Vordergrund steht.

272 Begründung der Bundesregierung, BT-Drs. 13/9720 S. 50.

Handlungsfreiheit Dritter. Praktisch erweitert dies vor allem den Anwendungsbereich des § 14 GWB. Beispielsweise werden damit reine Verständigungen zwischen den Parteien erfasst. Aus den gleichen Gründen wie im Kartellverbot darf der rechtliche und wirtschaftliche Kontext einer Absprache jedoch nur eingeschränkt berücksichtigt werden. Außerwettbewerbliche Aspekte in Form der Verwirklichung des Binnenmarktes dürfen ebenfalls nicht einfließen[273].

III. Zusammenfassung

Die Konzeption einer Wettbewerbsbeschränkung des Gemeinschaftsrechts kann nur eingeschränkt in das GWB übernommen werden.

Auf der Basis der Verletzung des Selbständigkeitspostulats reicht es für eine Wettbewerbsbeschränkung aus, dass die Auswahl- und Handlungsfreiheit der beteiligten oder dritter Unternehmen beeinträchtigt wird. Die Konzeption der Wettbewerbsbeschränkung weist damit für den Bereich wettbewerbsbeschränkender Absprachen Geschlossenheit auf. Sie unterscheidet sich lediglich graduell. Erforderlich ist eine Wettbewerbsbeschränkung, die im Falle des Kartellverbotes spürbar, im Falle der Missbrauchsaufsicht über Ausschließlichkeitsbindungen des § 16 GWB dagegen wesentlich sein muss.

Der rechtliche und wirtschaftliche Kontext einer Absprache darf nur eingeschränkt zur Feststellung einer Wettbewerbsbeschränkung berücksichtigt werden.

Außerwettbewerbliche Aspekte in Form der Verwirklichung des Binnenmarktes dürfen nicht einfließen. Weitere außerwettbewerbliche Ziele wurden bisher nicht in Art. 81 I EG berücksichtigt und dürfen auch nicht in das GWB übertragen werden. Vor allem aber darf die systematische Differenzierung des GWB in Kartellverbot und Vertikalvereinbarungen nicht unterlaufen werden.

In welchem Umfang Wertungen im Rahmen einer Wettbewerbsbeschränkung berücksichtigt werden dürfen, steht damit erst nach einer Untersuchung des Anwendungsbereichs des Kartellverbotes und der Vertikalvereinbarungen des GWB fest.

---

[273] Vgl. Gliederungspunkt 2. Kapitel C. II. 1. b) und c).

3. Kapitel: Unterscheidung des GWB in horizontale und vertikale Wettbewerbsbeschränkungen

A. Entwicklung der Unterscheidung horizontal und vertikal im GWB

I. Einführung

In der Regierungsbegründung der 6. Novelle wird mehrfach betont, dass die im deutschen Recht bestehende Unterscheidung zwischen horizontalen und vertikalen Wettbewerbsbeschränkungen beibehalten werden soll[274].

Der Anwendungsbereich horizontaler und vertikaler Wettbewerbsbeschränkungen wird in der Regierungsbegründung jedoch nicht näher erläutert. Eine Beschreibung erweist sich als schwierig. Die Terminologie wird nicht nur im Gemeinschaftsrecht, sondern auch im nationalen Recht unterschiedlich verwendet[275].

Grundsätzlich ist zwischen der Terminologie in ihrer Reinform und ihrer Ausprägung in Kartellabsprachen und Vertikalvereinbarungen des GWB zu unterscheiden. In der Diskussion werden beide Bereiche häufig miteinander vermischt[276]. Dieser Befund nötigt jedoch nicht dazu, die Flinte vorschnell ins

---

274 Begründung der Bundesregierung, BT-Drs. 13/9720 S. 31.

275 Kulka in Frankfurter Kommentar, EG-Vertrag, Art. 81 I, III Fallgruppen I. Rz. 16 Fn. 1; zum Sprachgebrauch im Gemeinschaftsrecht Kulka in Frankfurter Kommentar, EG-Vertrag, Art. 81 I, III Fallgruppen I. Rz. 10ff.

276 Einerseits werden horizontale und vertikale Wettbewerbsbeschränkungen in ihrer Ausprägung beschrieben, die sie durch das GWB gefunden haben (so Wellenhofer-Klein, WuW 1999, 557 (559)). Andererseits werden sie in ihrer Reinform verwendet (so Klosterfelde/Metzlaff in Langen/Bunte, 9. Auflage, § 14 Rz. 1; Bechtold, 3. Auflage, Vor § 14 Rz. 1). Aber auch die inhaltlichen Definitionen zeigen wichtige Unterschiede. Während einerseits für eine horizontale Wettbewerbsbeschränkung in ihrer Reinform verlangt wird, dass zwischen den Beteiligten ein Wettbewerbsverhältnis besteht (so Bechtold, 3. Auflage, vor § 14 Rz. 1), wird andererseits der mehrdeutige Begriff der Wirtschaftsstufe verwendet (so Klosterfelde/Metzlaff in Langen/Bunte, 9. Auflage, § 14 Rz. 1). Dies kann, je nach Interpretation der Wirtschaftsstufe, zu gravierenden Unterschieden im Ergebnis führen. Schließlich werden die Definitionen unterschiedlich mit dem Kartellverbot und den Vertikalvereinbarungen des GWB verknüpft, vgl. einerseits Klosterfelde/Metzlaff in Langen/Bunte, 9. Auflage, § 14 Rz. 1: „Während § 1 GWB *in erster Linie* horizontale Wettbewerbsbeschränkungen, d.h. solche zwischen Unternehmen gleicher Wirtschaftsstufe erfaßt, fallen unter § 14 GWB *in erster Linie* vertikale Vereinbarungen, d.h. solche zwischen Unternehmen verschiedener Wirtschaftsstufen (Begr. 1952, Nr. 2 zu § 10).“ und andererseits Bechtold, 3. Auflage, vor § 14 Rz. 1: „Während die §§ 1 ff. GWB die „horizontalen“ Wettbewerbsbeschränkungen betreffen, d.h. Beschränkungen, die aktuelle oder potenzielle Wettbewerber im Hinblick auf dieses Wettbewerbsverhältnis miteinander vereinbaren oder

Korn zu werfen. Schließlich präzisiert die Regierungsbegründung das Verständnis durch die Formulierung „Beibehaltung der *im deutschen Recht bestehenden* Unterscheidung“.

Zum besseren Verständnis wird daher die Entwicklung der Begrifflichkeit in ihrer Reinform und in ihrer Ausprägung des Kartellverbotes und der Vertikalvereinbarungen des GWB –unter Berücksichtigung des Verhältnisses zueinander- überblicksartig nachgezeichnet. Erst darauf aufbauend wird der Anwendungsbereich des Kartellverbotes und der Vertikalvereinbarungen der §§ 14, 16 GWB untersucht.

II. Entwicklung der Begrifflichkeit horizontal und vertikal

Bereits vor Inkrafttreten des GWB zum 1.1.1958 wurde die Begrifflichkeit horizontal und vertikal verwandt. Unter einer horizontalen Abrede wurde eine Marktverständigung zwischen Unternehmen gleicher Wirtschaftsstufe (zwischen Herstellern, zwischen Großhändlern, zwischen Einzelhändlern usw.) und unter einer vertikalen Abrede eine Bindung zwischen Unternehmen aufeinanderfolgender Wirtschaftsstufen (zwischen Herstellern und Großhändlern, Großhändlern und Einzelhändlern usw.) verstanden. Die Wirtschaftsstufe wurde anhand des Schwerpunktes des Unternehmensgegenstandes entwickelt[277].

Erst später wurde aufgezeigt, dass die Zuordnung eines Unternehmens zu einer Wirtschaftsstufe nicht einheitlich erfolgen kann. Das Kriterium der Wirtschaftsstufe sei nur in den Fällen leicht zu handhaben, in denen Wirtschaftsstufen streng voneinander geschieden sind. Ein Hersteller könne aber beispielsweise seine Ware an Großhändler und an Einzelhändler liefern, so dass er auf verschiedenen Wirtschaftsstufen tätig wird[278]. Weiter verfeinert wurde diese Erkenntnis durch Schwarz[279]. Für die Terminologie horizontal/vertikal sei nicht die Zugehörigkeit zu einer Wirtschaftsstufe entscheidend. Vielmehr richte diese sich nach der Marktfunktion, in der die Unternehmen Abreden über das Wirtschaftsgut treffen. Terminologisch verkürzt bedeute vertikal die marktgegenseitige Beziehung zwischen Anbietern und Nachfragern, horizontal die marktnebenseitige Beziehung zwischen aktuellen und potenziellen Wettbewerbern. Die Merkmale horizontal/vertikal bezögen sich damit auf ein Wirtschaftsgut. Sie kennzeichneten die Stellung der Unternehmen auf dem Markt des betreffenden

---

abstimmen, betreffen die §§ 14 ff. GWB Beschränkungen, die zwischen Unternehmen in deren Funktion als Angehörige verschiedener Wirtschaftsstufen vereinbart werden; das schließt nicht aus, daß die Unternehmen in anderer Funktion auch aktuelle oder potenzielle Wettbewerber sind“.

[277] Huber, Wirtschaftsverwaltungsrecht, S. 348.

[278] Walz S. 32f.

[279] Schwarz, Kartellvertrag, S. 59ff.

Wirtschaftsgutes. Die Absprachen müssten dementsprechend keinen wettbewerbsbeschränkenden Inhalt haben, zum Beispiel seien Austauschverträge stets vertikaler Natur, weil sie nur zwischen Anbietern und Nachfragern geschlossen werden könnten[280]. Das Bestehen oder Nichtbestehen eines Wettbewerbsverhältnisses spielt für die Definition der Vertikalität damit keine Rolle[281]. Ein Hersteller, der seine Waren nicht nur an einen Einzelhändler, sondern auch direkt an Verbraucher verkauft, steht mit dem Einzelhändler im Wettbewerb. Es liegt eine Wettbewerbs- und eine Austauschbeziehung vor. Der grundsätzliche Unterschied zwischen beiden wird dadurch nicht berührt[282]. Die Begriffe horizontal/vertikal sind demnach nicht gegensätzlich, sondern setzen unterschiedlich an.

III. Entwicklung der „Kartellverträge" und „Sonstigen Verträge"

1. Einbeziehung der Kriterien horizontal/vertikal in den Tatbestand

Die Terminologie der horizontalen und vertikalen Bindung wurde nicht in die Formulierung des GWB des Jahres 1958 übernommen. Sie wurde jedoch in der Regierungsbegründung zur Einführung des GWB und im schriftlichen Bericht des Ausschusses für Wirtschaftspolitik aufgegriffen[283]. Eine ausdrückliche Definition unterblieb jedoch[284]. Dennoch wurde sie zunächst in die Tatbestände der „Kartellverträge" und der „Sonstigen Verträge" eingelesen[285].

2. Gesellschaftsrechtliche Interpretation des gemeinsamen Zwecks

Eine Lösung der Tatbestände von der Unterscheidung in horizontale und vertikale Bindungen und einen Umschwung auf eine Betonung des Merkmals des gemeinsamen Zwecks leitete Fikentscher bereits kurz nach Einführung des GWB ein[286]. Es sei nicht zulässig, in die §§ 1,15,18 GWB a.F. die einschränkenden Voraussetzungen horizontal und vertikal hineinzulesen, die in

---

280 Schwarz, Kartellvertrag, S. 61.

281 A.A. Keul S. 142 unter Berufung auf Baumbach/Hefermehl, 22. Auflage, Allgemeine Grundlagen Rz. 10, die jedoch das Gegenteil vertreten.

282 Baumbach/Hefermehl, 22. Auflage, Allgemeine Grundlagen Rz. 10.

283 Begründung der Bundesregierung, Anlage I zu BT-Drs. 2/1158 S. 35 zu § 10 Nr. 2; Schriftlicher Bericht des Ausschusses für Wirtschaftspolitik, zu BT/Drs. 2/3644, S. 14.

284 Der Grund lag wohl darin, dass die Unterscheidung in horizontale und vertikale Bindungen als allgemein anerkannt galt, vgl. Fikentscher, FS Hueck, S. 543 (544 Fn. 4); Baumbach/Hefermehl, 8. Auflage, § 1 Rz. 30; Biedenkopf S. 24f., 183; Sandrock, Grundbegriffe, S. 224; 458; Bunte, Wettbewerbs- und Kartellrecht, § 5.1.

285 Müller/Gries, 1. Auflage, § 1 Rz. 25f., § 15 Rz. 1; Rasch, 1. Auflage, § 1 Anm. 3, 6 und Vorbem. vor § 15; Langen, 2. Auflage, § 15 Anm. 2; ders., 3. Auflage, § 15 II.; Bunte, Wettbewerbs- und Kartellrecht, § 5.1.

286 Fikentscher, FS Hueck, S. 543 (549); vgl. auch Baumbach/Hefermehl, 8. Auflage, § 1 Anm. 30, vor § 15 Anm. 4; Frankfurter Kommentar, 11. Lfg. 1966, § 18 Rz. 13; Kleim S. 36f.; Müller/Giessler/Scholz, 3. Auflage, § 1 Rz. 37, Übers. § 15 Rz. 1; Walz S. 62, 88, 93, 101f., 189.

ihnen nicht, auch nicht sinngemäß, enthalten seien[287]. Anknüpfungspunkt für die Behandlung der Bindung nach §§ 1-14 GWB a.F. oder §§ 15-21 GWB a.F. sei nicht die Eigenschaft der wettbewerbsbeschränkenden Bindung als horizontal oder vertikal, sondern die Frage, ob der Vertrag zu einem gemeinsamen Zweck geschlossen ist[288].

a) Interpretation der „Kartellverträge“

Mit der Einführung des Merkmals des gemeinsamen Zwecks orientierte sich der Entwurf des GWB an der Rechtsprechung und Lehre zur Kartellverordnung aus dem Jahre 1923[289]. Der gemeinsame Zweck als Typusmerkmal der Gesellschaft hatte in der Kartellverordnung die Aufgabe, rechtliche Wege zum Abschluss von grundsätzlich wirksamen Kartellen zu eröffnen[290]. Der BGH setzte den gemeinsamen Zweck zunächst mit einem Gesellschaftsvertrag gleich[291], ließ jedoch in der Folgezeit eine Gesellschaftsähnlichkeit genügen[292].

b) Interpretation der „Sonstigen Verträge“

Demgegenüber betonte der BGH, dass ein zwischen zwei konkurrierenden Fotokopiererherstellern abgeschlossener Produktionsvertrag -wenn überhaupt- in die Kategorie „Sonstiger Vertrag“ falle. Die Beteiligten mussten weder einer vor- und nachgelagerten Wirtschaftsstufe im traditionellen Sinn angehören noch schloss die Beschränkung des Wettbewerbs untereinander einen „Sonstigen Vertrag“ aus[293].

---

287 Fikentscher, FS Hueck, S. 543 (549).

288 Fikentscher, Wirtschaftsrecht II, S. 252; Rittner, Ausschließlichkeitsbindungen, S. 160; Walz S. 88, 93, 101; Westrick/Loewenheim in Loewenheim/Belke, Vorbem. 1 und 4 Vor § 15; Immenga/Mestmäcker in Immenga/Mestmäcker, 1. Auflage, Einleitung vor § 1 Rz. 10; Müller-Henneberg in GK, 3. Auflage, § 1 Rz. 37; Martinek, Franchising, S. 531.

289 Möschel § 5 IV 1. Rz. 169; Niederleithinger, FS Benisch, S. 277 (285); Immenga, FS 50 Jahre BGH, Band II, S. 699 (700).

290 RGZ 114, 262 (264); Isay/Tschierschky § 1 Rz. 8.

291 WuW/E BGH 359 (362) „Gasglühkörper“; WuW/E BGH 486 (490) „Spar“; WuW/E BGH 519 (522) „Kino“; vgl. auch OLG Düsseldorf WuW/E OLG 725 (726) „Marktfreie Milcherzeugnisse“.

292 WuW/E BGH 605 (608) „Flußspat“; WuW/E BGH 810 (814f.) „Zimcofot“; WuW/E BGH 935 (937) „Horndünger“.

293 WuW/E BGH 810 (814f., 817) „Zimcofot“; bestätigt durch WuW/E BGH 1353 (1355) „Schnittblumentransport“: WuW/E BGH 1458 (1461) „Fertigbeton“; WuW/E BGH 1597 (1598) „Erbauseinandersetzung“; WuW/E BGH 1600 (1601) „Frischbeton“; WuW/E BGH 1661 (1664) „Berliner-Musikschule; WuW/E BGH 2382 (2384); WuW/E BGH 2414 (2417) „Gas-Zug“; BGHZ 104, 185 (193) „Entfernen von Kontrollnummern I“; WuW/E BGH 2529 (2530f.) „Entfernung von Kontrollnummern III“; BGH WuW/E DE-R 131 (133) „Subunternehmer“; vgl. auch OLG Hamburg WuW/E OLG 1724 (1728) „Miniaturgolfanlangen“; WuW/E BKartA 60 (63), 73 (74) „Melitta“; missverständlich WuW/E BGH 1458 (1460) „Fertigbeton“.

Vielmehr hob der BGH in der grundlegenden Entscheidung „Bierbezug“ das Tatbestandsmerkmal der „Verträge über Waren oder gewerbliche Leistungen“ hervor: „Diese Voraussetzung besagt, daß die Vertragspartner die wettbewerbsbeschränkende Bindungen im Zusammenhang mit einer, sei es schon bestehenden, sei es für die Zukunft vorgesehenen Geschäftsbeziehung vereinbart haben müssen, die auf die Lieferung von Waren oder auf die Erbringung gewerblicher Leistungen gerichtet ist.“[294]. An diesen Voraussetzungen der „Sonstigen Verträge“ wurde trotz erheblicher Kritik aus der Literatur[295] bis heute festgehalten[296].

3. Umschwung auf gleichgerichtete Interessen

Dagegen entwickelte sich die Auslegung des Kartellverbotes weiter. Vor allem die Beurteilung von Wettbewerbsbeschränkungen in Austauschverträgen ausschließlich auf der Basis der „Sonstigen Verträge“ überzeugte in der Folgezeit nicht. In den Entscheidungen „Bahnen aus Kunststoff“[297] und „Schnittblumentransport“[298] hielt der BGH eine gesonderte Beurteilung einzelner, in Austauschverträgen enthaltener Klauseln, nach § 1 GWB für möglich. In der Entscheidung „Fertigbeton“ löste sich der Kartellsenat explizit und endgültig vom gesellschaftsrechtlichen Verständnis des gemeinsamen Zwecks und erklärt das Kriterium der gleichgerichteten Interessen für maßgeblich[299].

In Literatur[300] und Rechtsprechung[301] wurde dabei der gemeinsame Zweck zunehmend mit einer horizontalen Wettbewerbsbeschränkung gleichgesetzt. Als

---

294 WuW/E BGH 712 (714) „Bierbezug“.

295 Straub in GK, 4. Auflage, § 15 Rz. 95; Emmerich in Immenga/Mestmäcker, 2. Auflage, § 18 Rz. 46; Klosterfelde/Metzlaff in Langen/Bunte, 9. Auflage, § 16 Rz. 23.

296 Vgl. nur WuW/E BGH 3115 (3117) „Druckgussteile“; WuW/E BGH 3121 (3124) „Bedside-Testkarten“; WuW/E BGH 3137 (3137) „Sole“.

297 WuW/E BGH 1332 (1335) „Bahnen aus Kunststoff“.

298 WuW/E BGH 1353 (1355) „Schnittblumentransport“.

299 WuW/E BGH 1458 (1460) „Fertigbeton“; bestätigt in WuW/E BGH 1597 (1598f.) „Erbauseinandersetzung“; WuW/E BGH 1600 (1601) „Frischbeton“; WuW/E BGH 1709 (1710) „Sortimentsabgrenzung“; WuW/E BGH 1898 (1899) „Holzpaneele“.

300 Steindorff, BB 1977, 569 (570); K. Schmidt, Kartellverbot, S. 51ff.; ders., Kartellverfahrensrecht, S. 25ff.; ders., BB 1979, 1173 (1174); ders., FS Rittner, S. 561 (570ff.); Ulmer, NJW 1979, 1585 (1585f.); ders., NJW 1982, 1975 (1976f.); Belke, ZHR 143 (1979) S. 74 (81); Schötz S. 72; Möschel § 5 II 2. Rz. 158, § 5 IV 3. Rz. 175; Köhler, ZHR 148 (1984) S. 487 (488); Paschke S. 71; Niederleithinger, FS Benisch, S. 277 (290); Lammel, AcP 189 (1989) S. 244 (271); Bechtold, NJW 1990, 481 (481); Immenga in Immenga/Mestmäcker, 2. Auflage, § 1 Rz. 152.

301 WuW/E BGH 1353 (1355) „Schnittblumentransport“; WuW/E BGH 1458 (1461) „Transportbeton“; vgl. auch bestätigend WuW/E BGH 1597 (1599) „Erbauseinandersetzung“; WuW/E BGH 1693 (1693); WuW/E BGH 1709 (1710); WuW/E BGH 1898 (1899f.) „Holzpaneele“.

Durchbruch dieser Auslegung wird die Entscheidung „Spielkarten“ des BGH aus dem Jahr 1986 gesehen[302]:

„Derartige Produktions-, Bezugs- und Vertriebsbindungen [...] stellen sich jedenfalls dann als zu einem gemeinsamen Zweck geschlossene wettbewerbsbeschränkende Vereinbarungen im Sinne des § 1 GWB dar, wenn sie -wie hier- die wettbewerbsrelevante Handlungsfreiheit von -aktuellen oder potenziellen-Wettbewerbern untereinander beschränken *und somit zu horizontalen Wettbewerbsbeschränkungen* führen“[303].

Dieser Ansatz bedurfte jedoch, da er über das gesellschaftsrechtliche Verständnis des Gesetzes hinausging, eines Korrektivs. Dessen inhaltliche Ausgestaltung und tatbestandliche Ansiedlung wurde vornehmlich unter dem Begriff des Immanenzgedankens diskutiert[304]. In der Entscheidung „Spielkarten“ wurde er im Sinne eines außertatbestandlichen Korrektivs verstanden: „Nach der Rechtsprechung des erkennenden Senats können wettbewerbsbeschränkende Vereinbarungen allerdings dann der Anwendung des § 1 GWB *entzogen* sein, wenn sie aus dem im übrigen kartellrechtsneutralen Rechtsverhältnis notwendigerweise folgen“[305].

Mit der Entscheidung „Spielkarten“ wurde jedoch das Kriterium der gleichgerichteten Interessen nicht endgültig aufgegeben[306]. Teilweise wurde damit in

---

302 So Niederleithinger, FS Benisch, S. 277 (288).

303 WuW/E BGH 2285 (2287) „Spielkarten“; bereits zuvor wurde der Ansatz durch das OLG Stuttgart in WuW/E OLG 2983 (2985); WuW/E OLG 3485 (3488) „Strohgäu-Wochenjournal“ (unbeanstandet in der Revisionsentscheidung WuW/E BGH 2085 „Strohgäu-Wochenjournal“) und WuW/E OLG 3492 (3493) „Tanzschule“ übernommen.

304 K. Schmidt, ZHR 149 (1985) S. 1 (9); Zimmer in Immenga/Mestmäcker, 3. Auflage, § 1 Rz. 271ff.

305 WuW/E BGH 2285 (2288) „Spielkarten“; in den zuvor ergangenen Entscheidungen wurde der Immanenzgedanke teilweise ebenfalls als außertatbestandliches Korrekturkriterium eingesetzt, WuW/E BGH 1517 (1518f.) „Gabelstapler“; WuW/E BGH 2047 (2048f.) „Werbeagentur“; WuW/E BGH 2085 (2087) „Strohgäu-Wochenjournal“; WuW/E BGH 2271 (2273) „Taxigenossenschaft“; andererseits jedoch abweichend als Element des gemeinsamen Zwecks eingeordnet, WuW/E BGH 1597 (1598f.) „Erbauseinandersetzung“; WuW/E BGH 1600 (1601) „Frischbeton“; WuW/E BGH 1898 (1899) „Holzpaneele“.

306 Es setzte nach Aufgreifen des Kriteriums eine Weiterentwicklung in Form einer Öffnung ein. Eine horizontale Wettbewerbsbeschränkung wurde nur als eine wesentliche Möglichkeit der Erfüllung des gemeinsamen Zwecks betrachtet, OLG Stuttgart WuW/E OLG 3492 (3493) „Tanzschule“; OLG Stuttgart, ZIP 1989, 60 (63) „Marienapotheke“; Bunte, WuW 1997, 857 (860); Steindorff, Handelsgenossenschaften, S. 58 Fn. 81; ders., BB 1981, 377 (380); ders., FS Benisch, S. 255 (260); Köhler, Wettbewerbsbeschränkung, S. 95ff.; ders., ZHR 148 (1984) S. 487 (489); Bechtold, NJW 1990, 481 (481). Teilweise firmierte diese Auffassung unter der „Sowohl als auch Theorie“, Steindorff, FS Benisch, S. 255 (260);

den folgenden Entscheidungen ausdrücklich das Vorliegen eines gemeinsamen Zwecks begründet[307]. Andererseits wurden Wertungen zuvor getroffener Entscheidungen übernommen[308] oder schlicht betont, dass die Beschränkung des Wettbewerbs der eigentliche Zweck des Vertrages sei[309]. Nur teilweise griffen die Entscheidungen explizit auf das Kriterium der horizontalen Wettbewerbsbeschränkungen zurück[310]. Die Formulierung des zweiten Leitsatzes der Entscheidung „Sole" aus dem Jahr 1997 verdeutlichte endgültig, dass eine horizontale Wettbewerbsbeschränkung nur eine unter mehreren Säulen zur Feststellung des gemeinsamen Zwecks war: „Eine Vereinbarung, mit der die Vertragsparteien Dritte von dem Bezug von Waren ausschließen, um die Eröffnung von im Wettbewerb zu einem der Vertragspartner stehenden Unternehmen unmöglich zu machen, verstößt regelmäßig wegen der damit bezweckten Erschwerung des Marktzutritts für Dritte gegen § 1 GWB"[311].

---

ders., BB 1981, 377 (380). Das Kriterium der horizontalen Wettbewerbsbeschränkung wurde dabei vielfach schlicht zur Vereinfachung der Begründung des gemeinsamen Zwecks herangezogen, Bechtold, NJW 1990, 481 (481); ders., NJW 1997, 1959 (1961).

[307] WuW/E BGH 2313 (2315) „Baumarkt-Statistik"; WuW/E BGH 2377 (2378) „Abwasserbauvorhaben Oberes Aartal"; insofern ist Bornkamm, FS Geiß, S. 539 (546) zu widersprechen, dass der BGH das Kriterium der gleichgerichteten Interessen letztmalig in der Entscheidung WuW/E BGH 2090 (2092) „Stadler Kessel" verwendet hat.

[308] WuW/E BGH 2341 (2342) „Taxizentrale Essen" und WuW/E BGH 2828 (2830) „Taxigenossenschaft II", in denen schlicht auf die Entscheidung WuW/E BGH 2271 (2273) „Taxigenossenschaft" verwiesen wird, in der der gemeinsame Zweck in der Förderung der in der Genossenschaft zusammengeschlossenen Taxenunternehmen erblickt wird; ähnlich auch WuW/E BGH 2505 (2507) „neuform-Artikel", OLG Stuttgart WuW/E OLG 4134 (4136) „neuform-Artikel".

[309] WuW/E BGH 2675 (2677) „Nassauische Landeszeitung"; BGH WuW/E DE-R 115 (120) „Carpartner".

[310] WuW/E BGH 2777 (2779) „Freistellungsende bei Wegenutzungsrecht"; BGH, DB 1994, 34 (34) „Ausscheidender Gesellschafter"; WuW/E BGH 2326 (2329) „Guten Tag-Apotheke II"; WuW/E BGH 2697 (2701, 2704) „Golden Toast"; WuW/E BGH 2923 (2926) „Mustermietvertrag"; wohl auch WuW/E BGH 3017 (3020) „Jutefilz". Der Immanenzgedanke wurde allerdings nicht in toto übernommen, sondern lediglich dessen Wertungskriterien betont, vgl. WuW/E BGH 2675 (2677) „Nassauische Landeszeitung"; BGH DB 1994, 34 (34f.) „Erbauseinandersetzung"; WuW/E BGH 2271 (2273) „Taxigenossenschaft"; WuW/E BGH 2341 (2342) „Taxizentrale Essen"; WuW/E BGH 2828 (2832) „Taxigenossenschaft II"; BGH WuW/E DE-R 17 (22) „Europapokalheimspiele". Dabei wurde auch nur teilweise das systematische Konzept des Immanenzgedankens im Sinne eines außertatbestandlichen Korrekturkriteriums verwandt, vgl. WuW/E BGH 2828 (2830) „Taxigenossenschaft II"; WuW/E BGH 2341 (2342) „Taxizentrale Essen"; WuW/E BGH 2675 (2677) „Nassauische Landeszeitung"; BGH DB 1994, 34 (34) „Ausscheidender Gesellschafter"; anders beispielsweise WuW/E BGH 2762 (2765) „Amtsanzeiger".

[311] BGH LM § 1 GWB Nr. 48 Bl. 1 „Sole".

4. Umschwung auf anzuerkennendes Interesse

In den Entscheidungen „Druckgussteile", „Bedside-Testkarten" und „Sole" des Jahres 1997 wird die Abgrenzung zwischen Wettbewerbsbeschränkungen in Austauschverträgen und Wettbewerbsbeschränkungen zu einem gemeinsamen Zweck in das Zentrum der Entscheidungen gerückt. Die Entscheidungen stellen den Anwendungsbereich des Kartellverbotes in drei Aspekten klar[312]:

Erstens stehen die Vorschriften des § 1 GWB a.F. und des § 18 GWB nicht im Verhältnis von lex specialis zu lex generalis, sondern schließen einander tatbestandlich aus. Zweitens ist nicht durch das Kriterium der gleichgerichteten Interessen abzugrenzen. Drittens liegt Austauschverträgen kein gemeinsamer Zweck zu Grunde, wenn für die Wettbewerbsbeschränkung bei wertender Betrachtungsweise im Hinblick auf die Freiheit des Wettbewerbs ein anzuerkennendes Interesse besteht.

Auch diese Entscheidungen sind nicht als vollkommener systematischer Neuansatz zu sehen[313]. Bereits zuvor stand –wenn auch vereinzelt- ein wertendes Kriterium im Zentrum der Abgrenzung des Kartellverbotes von den Vertikalvereinbarungen. Zumindest wurden die Wertungen des Immanenzgedankens in das Kriterium des gemeinsamen Zwecks aufgenommen[314]. Ebenso finden sich für die Definition einer horizontalen Wettbewerbsbeschränkung keine neuen Akzente[315].

IV. Verhältnis der „Kartellverträge" zu den „Sonstigen Verträgen"

Ursprünglich ergab sich allein aus der Begrifflichkeit der horizontalen und vertikalen Bindungen eine tatbestandliche Exklusivität zwischen einem „Kartellvertrag" und einem „Sonstigen Vertrag"[316]. Entweder die Unternehmen befanden sich auf der gleichen oder auf unterschiedlichen Wirtschaftsstufen. Eine Überschneidung der Tatbestände war damit ausgeschlossen.

---

312 WuW/E BGH 3115 (3118) „Druckgussteile"; WuW/E BGH 3121 (3125) „Bedside-Testkarten"; WuW/E BGH 3137 (3138) „Sole"; ohne Bezug zum gemeinsamen Zweck BGH WuW/E DE-R 131 (133) „Subunternehmer".

313 So aber Bornkamm, FS Geiß, S. 539 (549).

314 WuW/E BGH 2341 (2342) „Taxizentrale Essen"; WuW/E BGH 2675 (2677) „Nassauische Landeszeitung"; WuW/E BGH 2762 (2765) „Amtsanzeiger".

315 In der Entscheidung WuW/E BGH 3115 (3118) „Druckgussteile" wird missverständlich von einer „ausschließlich das Vertikalverhältnis zwischen den Parteien betreffenden Ausschließlichkeitsbindung" und einer Kundenschutzzusage mit *auch* horizontaler Wirkung gesprochen. Freilich entfaltet auch die Ausschließlichkeitsbindung horizontale Wirkungen. Sie beschränkt den Händler im Wettbewerb mit dem Hersteller darin, Druckgussteile bei Konkurrenzunternehmen des Herstellers zu bestellen.

316 Begründung der Bundesregierung, Anlage I zu BT-Drs. 2/1158 S. 35 zu § 10 Nr. 2.

Mit dem Umschwung auf das Kriterium des gemeinsamen Zwecks wurde die Exklusivität zwischen „Kartellverträgen“ und „Sonstigen Verträgen“ aus der Systematik der Überschriften und dem Element des gemeinsamen Zwecks abgeleitet[317]. Bereits in der Begründung des Entwurfs des Gesetzes gegen Wettbewerbsbeschränkungen des Jahres 1958 wurde formuliert: „§ 10 behandelt Verträge, die nicht Kartellverträge im Sinne des § 1 sind. Dies ergibt sich aus dem Gegensatz der Überschriften des Ersten und Zweiten Abschnitts (Einerseits Kartellverträge, andererseits „Sonstige Verträge“). Das ergibt sich ferner daraus, daß in § 10 der für die Kartellverträge gemeinsame charakteristische Zusatz fehlt, daß der Vertrag „zu einem gemeinsamen Zweck“ geschlossen wird.“[318].

Mit der Lösung vom Gesellschaftsrecht und der Zuwendung zu einem wettbewerbsfunktionalen Kriterium konnte zur Begründung einer tatbestandlichen Exklusivität auch nicht mehr an die tatbestandliche Unterscheidung zwischen Gesellschaftsvertrag und Austauschvertrag angeknüpft werden[319]. Es verblieb nur noch die in den Überschriften ausgedrückte gesetzgeberische Intention zur tatbestandlichen Unterscheidung. In der Rechtsprechung wurde vereinzelt ein Überschneiden der Tatbestände auch nicht mehr strikt ausgeschlossen[320]. Dagegen wurde in der Literatur eine Exklusivität unbeeindruckt fortgeführt: „Die Funktion des gemeinsamen Zwecks, zwischen Verträgen nach § 1 GWB und solchen nach § 15ff. GWB zu unterscheiden, ist unbestritten und -unter Berücksichtigung der Ausführungen in der Regierungsbegründung- unbestreitbar.“[321].

Nach der Neufassung der Tatbestände und der Überschriften durch die 6. Novelle gerät die Diskussion in Bewegung.

Einerseits wird der Tatbestand des Kartellverbotes des ersten Abschnitts und die Tatbestände der Vertikalvereinbarungen des zweiten Abschnitts auf Tatbestandsebene, andererseits auf Konkurrenzebene voneinander „abgegrenzt“. Auf der Basis einer tatbestandlichen Exklusivität wird eine Abgrenzung grundsätzlich aus zwei Richtungen angestrebt:

---

317 A.A. Fikentscher, FS Hueck, S. 544 (548), der aufgrund des besonders prägenden Merkmals des gemeinsamen Zwecks von einem Vorrang des Kartellverbotes ausging.

318 Begründung der Bundesregierung, Anlage I zu BT-Drs. 2/1158 S. 35 zu § 10 Nr. 2.

319 So aber OLG Düsseldorf WuW/E DE-R 187 (190) „Überlange Sozietätsbindung“.

320 WuW/E BGH 2088 (2088) „Korkschrot“; WuW/E BGH 2090 (2092) „Stadler-Kessel“.

321 Niederleithinger, FS Benisch, S. 277 (285); Baums, JuS 1990, 608 (609); Huber/Baums in Frankfurter Kommentar, § 1 Rz. 408.

Einerseits wird der Anwendungsbereich des Kartellverbotes -auch unter Rückgriff auf ein außertatbestandliches Korrektiv- abschließend beschrieben[322], andererseits der der Vertikalvereinbarungen festgelegt[323].

Des Weiteren wird versucht, das Kartellverbot und die Vertikalvereinbarungen im Wege der Gesetzeskonkurrenz abzugrenzen: Einerseits wird dem Kartellverbot Vorrang vor den Vertikalvereinbarungen[324] und andererseits umgekehrt den Vertikalvereinbarungen Vorrang vor dem Kartellverbot[325] eingeräumt. Schließlich werden Kartellverbot und Vertikalvereinbarungen nebeneinander angewandt[326].

V. Zusammenfassung der im GWB bestehenden Unterscheidung

Eine Auswertung der höchstrichterlichen Rechtsprechung vor der Neufassung zeichnet ein differenziertes Bild der Unterscheidung in horizontale und vertikale Wettbewerbsbeschränkungen.

Eine Definition einer horizontalen Wettbewerbsbeschränkung kristallisiert sich auf der Basis der Entscheidung „Spielkarten“ des BGH heraus. Sie liegt danach

---

322 BGH WuW/E DE-R 1119 (1123) „Verbundnetz II“; OLG Schleswig WuW/E DE-R 623 (626) „Frauennachtfahrten“; OLG Düsseldorf WuW DE-R 854 (858) „Stadtwerke Aachen“; OLG Stuttgart RdE 2002, 182 (183); LG Mannheim WuW/E DE/R 298 (300) „Stromversorgung“; Bechtold, BB 1997, 1853 (1854); ders., NJW 1998, 2769 (2770); ders., 3. Auflage, § 1 Rz. 23ff., § 14 Rz. 4, § 16 Rz. 3; Kahlenberg, BB 1998, 1593 (1594); Huber in Frankfurter Kommentar, Kurzdarstellung § 1 n.F. Rz. 19; Rittner, Wettbewerbs- und Kartellrecht, § 7 Rz. 14ff., 23ff., ders., WuW 2000, 696 (697, 705); ders., WuW 2000, 1204 (1204); Wellenhofer-Klein, WuW 1999, 557 (564); Markert, EuZW 2000, 427 (430); Gent, WRP 2000, 706 (708); Büdenbender, ET 2000, 359 (371); Bornkamm, FS Geiß, S. 539 (555f.); Wolter in Frankfurter Kommentar, GWB 1999, § 16 Rz. 29; Bunte, Kartellrecht, § 6 I S. 143f.; Bahr S. 111f.; vor der Neufassung: WuW/E BGH 3115 (3117) „Druckgussteile“; WuW/E BGH 3121 (3124) „Bedside-Testkarten“; WuW/E BGH 3137 (3137) „Sole“; Rahlmeyer in Martinek/Semler § 32 Rz. 10, § 33 Rz. 5; teilweise wird ausschließlich auf horizontale Wettbewerbsbeschränkung abgestellt, ohne den Immanenzgedanken in das Kriterium einzulesen: Keul S. 234f.; vor der Neufassung: OLG Düsseldorf WuW/E DE-R 187 (190) „Überlange Sozietätsbindung“; Steindorff, BB 1979, Beilage Nr. 3, S. 1 (8); unentschieden Bunte, WuW 1997, 857 (864); ders., DB 1998, 1748 (1749).

323 Nelißen S. 103, 115; vor der Neufassung: Wilhelm, ZHR 150 (1986) S. 320 (333); Baums, JuS 1990, 608 (610, 612); Peters, Ausschließlichkeitsbindungen, 59ff., 62; Maasch, ZHR 150 (1986) S. 657 (667).

324 Emmerich, Kartellrecht, § 3 3. b), § 13 3.; ders. in Immenga/Mestmäcker, 3. Auflage, § 16 Rz. 18, 45; ders., Fälle zum Wettbewerbsrecht, S. 73; Schäfer, FS Ulmer, S. 991 (1007f.).

325 K. Schmidt, Kartellverbot, S. 100f.

326 K. Schmidt, AG 1998, 551 (559f.); ders., FS Sandrock, S. 833 (845ff.); ders., WuW 2000, 1199 (1203f.); Huber in Frankfurter Kommentar, Kurzdarstellung § 1 n.F. Rz. 86; Luttermann, FS Sandrock, S. 631 (649); Schwintowski/Klaue, BB 2000, 1901 (1901, 1903); Lohse S. 136, 143, 159; Vogel S. 101f.

vor, wenn der Wettbewerb zwischen den an der Absprache beteiligten Unternehmen beschränkt wird. Dies stellt jedoch nur eine Säule zur Bestimmung eines Vertrages zu einem gemeinsamen Zweck dar. Es wird damit nicht der Tatbestand des Kartellverbotes in seiner gesamten Bandbreite beschrieben.

Die Regelungen der §§ 14, 16 GWB werden über die Zeit kontinuierlich ausgelegt. Die Wettbewerbsbeschränkung muss im Zusammenhang mit einer, sei es schon bestehenden, sei es für die Zukunft vorgesehenen, Geschäftsbeziehung vereinbart werden, die auf die Lieferung von Waren oder auf das Erbringen gewerblicher Leistungen gerichtet ist. Dafür genügt es, dass sie in Austauschverträgen über Waren oder gewerbliche Leistungen vereinbart wird oder den Gegenstand von Rahmenvereinbarungen in wirtschaftlichem Zusammenhang mit Austauschverträgen bildet. Die Unternehmen müssen nicht im Sinne des traditionellen Verständnisses des Begriffs vertikal auf einer vor- und nachgelagerten Wirtschaftsstufe tätig sein. Es schadet auch keine Beschränkung des Wettbewerbs untereinander.

B. Interpretation des Kartellverbotes des GWB

Das Kriterium der „miteinander im Wettbewerb stehenden Unternehmen“ des Kartellverbotes des GWB wird äußerst unterschiedlich ausgelegt. Insofern wird zunächst ein Überblick über die unterschiedlichen Interpretationsansätze gegeben, bevor dessen Anwendungsbereich anhand der klassischen Auslegungskriterien entwickelt wird.

I. Überblick über die verschiedenen Interpretationsansätze

Schon vor seiner Einführung wurde die Formulierung der „miteinander im Wettbewerb stehenden Unternehmen", welche die im deutschen Recht bestehende Unterscheidung in horizontale und vertikale Wettbewerbsbeschränkungen gewährleisten soll[327], kritisiert[328]. Insofern verwundert es nicht, dass sich grundlegend verschiedene Verständnisse der Formulierung entwickelt haben.

1. Verständnis als horizontale Wettbewerbsbeschränkung

Überwiegend wird das Kriterium der „miteinander im Wettbewerb stehenden Unternehmen" zumindest im Ausgangspunkt wörtlich verstanden. Darin stimmt die große Zahl der Kritiker, die die Neufassung begrüßen[329], als auch diejenige, die sie rügen[330], überein.

---

[327] So die Begründung der Bundesregierung, BT-Drs. 13/9720 S. 31.

[328] Bunte, WuW 1997, 857 (862); Baums, ZIP 1998, 233 (234).

[329] K. Schmidt, AG 1998, 551 (560); Köhler, WuW 1999, 445 (449).

[330] Huber in Frankfurter Kommentar, Kurzdarstellung § 1 n.F. Rz. 14, 49; Wellenhofer-Klein, WuW 1999, 557 (559, 567); Bornkamm, FS Geiß, S. 539 (556f.); Bunte in Langen/Bunte,

a) Wettbewerbsverhältnis unter den an der Absprache Beteiligten

Wörtlich bedeutet dabei jedoch nicht, dass die an der Vereinbarung beteiligten Unternehmen auf einem beliebigen Markt in einem Wettbewerbsverhältnis stehen dürfen. Vielmehr müsse die Absprache im Sinne der Entscheidung „Spielkarten"[331] bezwecken oder bewirken, den zwischen den beteiligten Unternehmen bestehenden aktuellen oder potenziellen Wettbewerb zu beschränken[332]. Das Merkmal ließe ansonsten die Akzentuierung des Gesetzgebers unberücksichtigt, dass das Kartellverbot lediglich horizontale Wettbewerbsbeschränkungen erfasse[333]. Damit lasse sich eine Konturierung des Kartellverbotstatbestandes erreichen und eine sichere Abgrenzung zu den Wettbewerbsbeschränkung des § 16 GWB zumindest für den überwiegenden Teil der Fälle gewährleisten[334].

b) Enge Auslegung des Wettbewerbsverhältnisses

Das Kriterium der „miteinander im Wettbewerb stehenden Unternehmen" wird aufgrund seiner Abgrenzungsfunktion eng ausgelegt[335]. Die Abgrenzung des Kartellverbotes zu den überwiegend dem Verbietbarkeitsprinzip unterliegenden Vertikalvereinbarungen würde verloren gehen, wenn Unternehmen auf verschiedenen Wirtschaftsstufen, ohne weitere Voraussetzungen, stets zugleich als potenzielle Konkurrenten anzusehen seien. Das einschränkende Tatbestandsmerkmal wäre praktisch gegenstandslos. Dies liege nicht im Sinne des Gesetz-

---

9. Auflage, § 1 Rz. 100, 105f.; Zimmer in Immenga/Mestmäcker, 3. Auflage, § 1 Rz. 179ff.

331 WuW/E BGH 2285 (2287) „Spielkarten".

332 KG, RdE 2002, 101 (102); LG Frankfurt am Main WuW DE-R 959 (961) „Umformwerke"; Huber in Frankfurter Kommentar, Kurzdarstellung § 1 n.F. Rz. 15; Baums, ZIP 1998, 233 (235); K. Schmidt, WuW 2000, 1199 (1200, 1203f.); Hootz in GK, 5. Auflage, § 1 Rz. 64; Köhler, WuW 1999, 445 (449); Wellenhofer-Klein, WuW 1999, 557 (564); Bunte in Langen/Bunte, 9. Auflage, § 1 Rz. 102; ders., Kartellrecht, § 4 II 3. b) S. 72ff.; Bahr, WuW 2000, 954 (956); ders., WuW 2002, 230 (240); Bornkamm, FS Geiß, S. 539 (556); Zimmer in Immenga/Mestmäcker, 3. Auflage, § 1 Rz. 180; Vogel S. 98; Bechtold, 3. Auflage, § 1 Rz. 24f.; Saecker/Jaecks S. 45f. Fn. 148; Schäfer, FS Ulmer, S. 991 (1008); Markert, WRP 2003, 356 (366).

333 Huber in Frankfurter Kommentar, Kurzdarstellung § 1 n.F. Rz. 15; Zimmer in Immenga/Mestmäcker, 3. Auflage, § 1 Rz. 175.

334 Huber in Frankfurter Kommentar, Kurzdarstellung § 1 n.F. Rz. 15; Zimmer in Immenga/Mestmäcker, 3. Auflage, § 1 Rz. 176f.; Bechtold, 3. Auflage, § 1 Rz. 24; Bunte, Kartellrecht, § 4 II 3. b) cc) S. 73.

335 Huber in Frankfurter Kommentar, Kurzdarstellung § 1 n.F. Rz. 34; Bunte in Langen/Bunte, 9. Auflage, § 1 Rz. 97; ders., Kartellrecht, § 4 II 3. b) bb) S. 73; Zimmer in Immenga/Mestmäcker, 3. Auflage, § 1 Rz. 174; Schäfer, FS Ulmer, S. 991 (998f., 1002f.).

gebers[336]. Ein mittelbares oder indirektes Wettbewerbsverhältnis genüge deshalb für die Anwendung des Kartellverbotes nicht. Dieses liege vor, wenn Unternehmen zwar nicht eigenständig, aber mit Hilfe anderer Unternehmen auf dem Markt tätig werden können[337].

Zusätzlich wird ein potenzielles Wettbewerbsverhältnis streng interpretiert. Es sei besonders sorgfältig zu prüfen, ob die Möglichkeit in Konkurrenz zu treten wirtschaftlich sinnvoll und kaufmännisch vernünftig sei[338].

Teilweise wird der Markteintritt eines Herstellers auf nachgeordneter Wirtschaftsstufe mit einem Markteintritt in Konkurrenz zu einem mit einem Partner gegründeten Vollfunktionsgemeinschaftsunternehmen verglichen. Mit der Entscheidung für die Gründung eines solchen sei aufgrund der hohen Investitionen gleichzeitig die Entscheidung gegen einen eigenständigen Markteintritt verbunden. Genauso sei mit der Entscheidung für einen Fremdvertrieb die Entscheidung gegen einen Direktvertrieb verbunden. Es fehle daher zumeist an einem Wettbewerbsverhältnis zwischen den Beteiligten[339].

Andererseits wird begründet, dass ein Händler im Falle der Vereinbarung eines Alleinvertriebsrechts aufgrund der Eingliederung in das Vertriebssystem und der Weisungs- und Auskunftspflicht gemäß §§ 675, 665, 666 BGB nicht über die nötigen Handlungsfreiheiten verfüge. Er könne im Verhältnis zum Hersteller keine gegenläufigen Wirtschaftspläne und widerstreitenden Eigeninteressen verfolgen. Dadurch werde zwar keine konzernrechtliche Bindung begründet, jedoch sei ein Wettbewerbsverhältnis zwischen den Beteiligten ausgeschlossen[340].

Schließlich wird ein Wettbewerbsverhältnis zwischen den Beteiligten einfach deshalb abgelehnt, weil dies vertraglich ausgeschlossen wurde: „Hier [in der Entscheidung WuW/E BGH 3121 „Bedside-Testkarten"] hätte es näher gelegen, die Unternehmen nicht als potenzielle Konkurrenten auf der Vertriebsstufe anzusehen, *weil insoweit eine klare Aufteilung der Kundenkreise erfolgt war und* das Eindringen in die Marktstellung des anderen keine erwägenswerte oder realistische Alternative war"[341].

---

[336] Huber in Frankfurter Kommentar, Kurzdarstellung § 1 n.F. Rz. 34; Bunte in Langen/Bunte, 9. Auflage, § 1 Rz. 97; Zimmer in Immenga/Mestmäcker, 3. Auflage, § 1 Rz. 174.

[337] Huber in Frankfurter Kommentar, Kurzdarstellung § 1 n.F. Rz. 34.

[338] Zimmer in Immenga/Mestmäcker, 3. Auflage, § 1 Rz. 174; Bunte, Kartellrecht, § 4 II 3. b) bb) S. 73; Lohse S. 70; Schäfer, FS Ulmer, S. 991 (999).

[339] Lohse S. 70.

[340] Lohse S. 73; Schäfer, FS Ulmer, S. 991 (1000f.).

[341] Bunte in Langen/Bunte, 9. Auflage, § 1 Rz. 115.

c) Zeitpunkt der Beurteilung des Wettbewerbsverhältnisses

Der Zeitpunkt der Beurteilung eines Wettbewerbsverhältnisses wird meist nicht ausdrücklich bestimmt. Die Rechtsprechung zeichnet kein einheitliches Bild.

In einem obiter dictum der „Fertigbeton II“ Entscheidung legt der BGH vor der Neufassung ein Anknüpfen an den Zeitpunkt des Vertragsschlusses nahe.[342] Das Berufungsgericht ließ es für das Kartellverbot genügen, dass der Vertrag zu irgendeinem Zeitpunkt zwischen Vertragsbeginn und Vertragsende geeignet war, die Marktverhältnisse zu beeinflussen. Der BGH hielt dagegen den Zeitpunkt des Vertragsschlusses für maßgebend und bewertete die Ansicht des Berufungsgerichts aus Gründen der Rechtssicherheit als bedenklich. Er musste jedoch mangels Entscheidungserheblichkeit nicht abschließend Stellung beziehen[343]. Auch in der Literatur wird teilweise an den Zeitpunkt des Vertragsschlusses angeknüpft[344]. Für das Kartellverbot sei als ordnungswidrigkeitsrechtliche Norm stets der Zeitpunkt der Handlung und damit der des Vertragsschlusses maßgeblich[345]. Die Rechtsfolge, dass der Vertrag erst gültig sei und später aufgrund veränderter Verhältnisse nichtig werde, sei in § 1 GWB nicht vorgesehen[346].

Andererseits wird -vorwiegend in Entscheidungen jüngeren Datums- an den Zeitpunkt der letzten mündlichen Verhandlung angeknüpft[347].

---

342 WuW/E BGH 1732 (1734) „Fertigbeton II“.

343 WuW/E BGH 1732 (1734) „Fertigbeton II“; vgl. auch WuW/E BGH 2777 (2779) „Freistellungsende bei Wegenutzungsrecht“; LG Dortmund WuW/E LG/AG 532 (532f.) „Börsenkursanzeigetafeln“.

344 Huber in Huber/Börner S. 83f.; Immenga DB 1984, 385 (391); Huber in Frankfurter Kommentar, Kurzdarstellung § 1 n.F. Rz. 37, 59, 67; Zimmer in Immenga/Mestmäcker, 3. Auflage, § 1 Rz. 250; Lohse S. 71; Keul S. 160, 162; teilweise zeigt sich dies auch in der Beurteilung der Entscheidung „Sole“ in der trotz des nachträglichen Entschlusses der Gemeinde auch auf dem Markt für Badeleistungen tätig zu werden, in der Beschränkung der Lieferung von Drittunternehmen ausschließlich eine Beschränkung des „Drittwettbewerbs“ erblickt wird, so Bunte, WuW 1997, 857 (862); ders. in Langen/Bunte, 9. Auflage, § 1 Rz. 139; Baums, ZIP 1998, 233 (235); Wellenhofer-Klein, WuW 1999, 557 (562); Bornkamm, FS Geiß, S. 539 (552); Bahr, WuW 2000, 954 (957).

345 Keul S. 160 Fn. 381.

346 Lohse S. 71; Huber in Huber/Börner S. 83f., der für die Beurteilung der Zulässigkeit eines Vollfunktionsgemeinschaftsunternehmens auf den Zeitpunkt der Gründung abstellt.

347 BGH WuW/E DE-R 1119 (1122) „Verbundnetz II“; OLG Düsseldorf WuW DE-R 854 (858) „Stadtwerke Aachen“; vgl. auch LG Mannheim WuW/E DE-R 298 (300) „Stromversorgung“; Lohse S. 32f; .: vgl. auch WuW/E BGH 1435 (1443) „Vitamin-B-12“ im Rahmen der Feststellung einer marktbeherrschenden Stellung gemäß § 22 I Nr. 2 GWB a.F.

d) Einschränkende Auslegung über den Immanenzgedanken
Einigkeit besteht darüber, dass der Wortlaut des Kartellverbotes zu weit greift. Der Tatbestand müsse daher eingegrenzt werden. Nicht nur über die Funktion, sondern auch über die Reichweite, systematische Ansiedlung und Terminologie dieser Eingrenzung besteht Uneinigkeit[348]. Inhaltlich wird an die Formel des anzuerkennenden Interesses der Entscheidungen „Druckgussteile", „Bedside-Testkarten" und „Sole" angeknüpft[349].

2. Eigenständige Konzeption der Wettbewerbsverfälschung

Emmerich baut grundsätzlich auf dem soeben dargestellten Ansatz auf, schränkt das Kriterium der „miteinander im Wettbewerb stehenden Unternehmen" jedoch ein. Es beziehe sich ausschließlich auf die „Verhinderung" und „Beschränkung", nicht dagegen auf die „Verfälschung" des Wettbewerbs[350].

Das Kriterium der Verfälschung des Wettbewerbs gewinne im Gemeinschaftsrecht dann Bedeutung, wenn keine Beschränkung der Handlungsfreiheit der Beteiligten, sondern ausschließlich eine Beschränkung der Auswahl- und Handlungsfreiheit Dritter vorliege[351]. Zwar sei die Übertragbarkeit des geschilderten Konzeptes der Wettbewerbsverfälschung des Gemeinschaftsrechts auf den neugefassten § 1 GWB zweifelhaft, weil hier der systematische Bezug auf eine dem Art. 3 I Lit. g) EG entsprechende Vorschrift fehle. Da der Gesetzgeber jedoch mit der 6. Novelle eine Anpassung des deutschen Kartellverbotes an Art. 81 I EG bezweckt habe, lasse sich durchaus die Auffassung vertreten, dass jetzt § 1 GWB unter dem Stichwort der Verfälschung des Wettbewerbs ebenfalls solche Absprachen erfasse, bei denen die künstliche Veränderung der Wettbewerbsbedingungen zum Nachteil Dritter durch die fragliche Maßnahme im Vordergrund stehen[352].

3. Wettbewerbsfunktionales Verständnis des Kriteriums

Schließlich wird das Kartellverbot vom Wortlaut gelöst funktional wertend interpretiert[353]. Der Tatbestand des Kartellverbotes setze auch nach der Neufas-

---

348 K. Schmidt, AG 1998, 551 (559f.); Vogel S. 97f., Schäfer, FS Ulmer, S. 991 (1003ff.).

349 Vgl. nur Zimmer in Immenga/Mestmäcker, 3. Auflage, § 1 Rz. 271ff.; Bornkamm, FS Geiß, S. 539 (554ff.).

350 Emmerich, Kartellrecht, § 3 2. b).

351 Vgl. Gliederungspunkt 2. Kapitel C. I. 1. a).

352 Emmerich, Kartellrecht, § 3 7. b); Schwarz, EWS 2001, 565 (569f.).

353 BGH WuW/E DE-R 1119 (1123) „Verbundnetz II"; BGH WuW/E DE-R 289 (294) „Lottospielgemeinschaft"; OLG Dresden RdE 2002, 144 (148); OLG Stuttgart RdE 2002, 182 (183f.); LG Mannheim WuW/E DE-R 298 (302) „Stromversorgung"; Kirchhoff in Wiedemann, Handbuch des Kartellrechts, § 9 Rz. 30; Ebel § 1 Rz. 4f., vor § 14; Kahlenberg, BB 1998, 1593 (1594); Rittner, WuW 2000, 696 (705); Wolter in Frankfurter Kommentar, GWB 1999, § 16 Rz. 30; im Ergebnis auch Büdenbender ET, 2000, 359 (371f.);

sung auf sachliche und systematische Kontinuität. Der Ansatz der Urteile „Druckgussteile“, „Bedside-Testkarten“ und „Sole“ könne durch die Gerichte unverändert, vielleicht noch etwas klarer gefasst und ausgebaut, beibehalten werden[354]. Das GWB habe die unglückliche Wendung „zu einem gemeinsamen Zweck“ durch eine Wettbewerbsklausel ersetzt, die nicht formal wörtlich zu verstehen sei[355]. Sie nötige keineswegs dazu, exakt festzustellen, ob die beteiligten Unternehmen im Wettbewerb miteinander stehen. Vielmehr komme es darauf an, dass die Vereinbarung den Wettbewerb zwischen ihnen kartellmäßig regulieren soll. Vereinbarungen, die den Wettbewerb in ähnlicher Weise beschränken wie die in den §§ 2-8 GWB normierten Fälle, seien erfasst. Insbesondere liege eine solche Regelung vor, wenn die Beteiligten eine kartelltypische Wettbewerbsbeschränkung bezwecken[356].

4. Ausblick auf die Untersuchung

Bei der Auslegung des Kriteriums der „miteinander im Wettbewerb stehenden Unternehmen“ steht in der Diskussion bisher die Fragestellung im Vordergrund, ob das Kartellverbot eine Beschränkung des Wettbewerbs untereinander verlangt oder ob nach der Neufassung auch drittwettbewerbsbeschränkende Absprachen erfasst werden.

Drittwettbewerbsbeschränkende Absprachen zeichnen sich dadurch aus, dass nicht der Wettbewerb zwischen den an der Absprache beteiligten Unternehmen, sondern der Wettbewerb eines der an der Absprache beteiligten Unternehmen zu Dritten, oder zwischen Unternehmen, die gar nicht an der Absprache beteiligt sind, eingeschränkt wird[357].

Vernachlässigt wird demgegenüber die Auslegung der Reichweite des Wettbewerbsverhältnisses.

---

unentschieden BGH, WM 2000, 202 (206) „Verbundnetz“; ähnlich Schanze S. 265f, der das wettbewerbsfunktionale Kriterium jedoch in der Wettbewerbsbeschränkung ansiedelt.

354 Rittner, WuW 2000, 696 (705).

355 Rittner, Wettbewerbs- und Kartellrecht, § 7 Rz. 16, 23; ders., WuW 2000, 696 (697), aber dazu widersprüchlich S. 701: „Dabei übersieht er (Karsten Schmidt), daß § 1 GWB n.F. und auch die bisherige Fassung im neueren Verständnis des Kartellsenats allein wettbewerbsbeschränkende Verträge zwischen (aktuellen oder potenziellen) Wettbewerbern erfassen, welche so den Wettbewerb untereinander (horizontal) beschränken.“; Kahlenberg, BB 1998, 1593 (1594); Ebel § 1 Rz. 4f., vor § 14.

356 Rittner, Wettbewerbs- und Kartellrecht, § 7 Rz. 14.

357 Huber in Frankfurter Kommentar, Kurzdarstellung § 1 n.F. Rz. 49; bereits vor der Neufassung war anerkannt, dass der Begriff der Wettbewerbsbeschränkung nicht zwingend eine Beschränkung des Wettbewerbs inter partes erfordert.

Eine mögliche Reichweite wird bei einem Blick auf das Recht des unlauteren Wettbewerbs deutlich. Ein Unternehmen genießt Rechtsschutz nach § 1 UWG nur gegen unlautere Wettbewerbshandlungen seiner Mitbewerber. Die Reichweite dieses Wettbewerbsverhältnisses wird maßgeblich durch den Schutzzweck des § 1 UWG beeinflusst. Es werden nicht nur die Interessen des Mitbewerbers, sondern auch der übrigen Marktteilnehmer, insbesondere der Verbraucher einbezogen[358]. Dies führt zu einer weiten Auslegung des Wettbewerbsverhältnisses[359]. Es genüge ein konkretes unmittelbares oder mittelbares Wettbewerbsverhältnis[360].

Unter Berücksichtigung einer möglichen Reichweite des Wettbewerbsverhältnisses wird der Anwendungsbereich des Kriteriums der „miteinander im Wettbewerb stehenden Unternehmen“ mit Hilfe der klassischen Auslegungskriterien untersucht.

II. Wortlaut „miteinander im Wettbewerb stehenden Unternehmen"

Die Formulierung der „Vereinbarungen zwischen miteinander im Wettbewerb stehenden Unternehmen, Beschlüsse von Unternehmensvereinbarungen und abgestimmtes Verhalten“ deutet auf eine Auslegung des Kartellverbotes, die nicht mehr, aber auch nicht weniger, als das Bestehen eines Wettbewerbsverhältnisses zwischen den an der wettbewerbsbeschränkenden *Vereinbarung* beteiligten Unternehmen verlangt.

Dies lässt zunächst offen, ob die Unternehmen in einem aktuellen Wettbewerbsverhältnis stehen müssen, oder ob ein potenzielles Wettbewerbsverhältnis[361] genügt. Der allgemeine Sprachgebrauch deutet aufgrund der Verwendung des Partizip Präsenz („stehenden“) darauf, dass ausschließlich ein aktuelles

---

358 Baumbach/Hefermehl, 22. Auflage, Einl. Rz. 219.

359 Hefermehl, FS Kummer, S. 345 spricht daher vom Prokrustesbett „Wettbewerbsverhältnis“.

360 BGH, GRUR 1998, 1065 (1066) „Preisvergleichsliste II“; Baumbach/Hefermehl, 22. Auflage, Einl. Rz. 226; Speckmann Rz. 80.

361 Unter potenziellem Wettbewerb wird die Möglichkeit künftigen Wettbewerbs durch Marktzutritt eines Unternehmens verstanden. Die für die Annahme potenziellen Wettbewerbs notwendige Erwartung des Marktzutritts lässt sich nicht durch eine allgemeingültige Formel hinreichend konkret beschreiben. Bartholomeycik WuW 1971, 764 (769) fordert, dass der potenzielle Wettbewerber eine bewusste Maßnahme treffen müsse, aus der ein objektiver Beobachter die Absicht in den Markt einzutreten schließen könne. Nach BGH WuW/E BGH 2050 (2051) „Bauvorhaben Schramberg“ ist neben einer objektiven Betrachtungsweise auch die Bereitschaft zum Markteintritt zu prüfen. Diese bestimme sich objektiv danach, ob die Teilnahme am Markt wirtschaftlich zweckmäßig und kaufmännisch vernünftig sei, vgl. im Einzelnen Huber/Baums in Frankfurter Kommentar, § 1 GWB a.F. Rz. 192ff.

Wettbewerbsverhältnis zwischen den Beteiligten erfasst wird[362]. Demgegenüber ist jedoch der spezifische Sprachgebrauch des Begriffs des Wettbewerbsverhältnisses im Recht gegen Wettbewerbsbeschränkungen zu beachten. Unter einem Wettbewerbsverhältnis wird stets aktueller wie potenzieller Wettbewerb verstanden[363].

Die Formulierung legt weiter nahe, dass die Unternehmen ausschließlich in einem Wettbewerbsverhältnis stehen müssen, soweit sie die Abspracheform der *Vereinbarung* wählen[364]. Demgegenüber müsste im Falle eines *Beschlusses einer Unternehmensvereinigung* oder einer *aufeinander abgestimmten Verhaltensweise* kein Wettbewerbsverhältnis zwischen den beteiligten Unternehmen bestehen. Drittwettbewerbsbeschränkende Wirkungen können damit vom Wortlaut des Kartellverbotes in weitem Umfang berücksichtigt werden[365].

Der Wortlaut lässt weiter genügen, dass sich das Wettbewerbsverhältnis zwischen den an der Absprache beteiligten Unternehmen und die „Verhinderung, Einschränkung oder Verfälschung des Wettbewerbs“ auf unterschiedliche Märkte bezieht. Es stellt sich die Frage, ob Beschränkungen des Wettbewerbs auf sämtlichen Märkten einzubeziehen sind, soweit nur auf einem (beliebigen) Markt ein Wettbewerbsverhältnis zwischen den an der Absprache beteiligten Unternehmen besteht. Dies wird mit Hilfe von Beispielsfällen verdeutlicht.

1. Kein Wettbewerbsverhältnis auf betroffenem Drittmarkt

Der Entscheidung „Carpartner“ des BGH[366] liegt eine Fallgestaltung zugrunde, in der die an der Absprache beteiligten Unternehmen auf einem Markt in einem Wettbewerbsverhältnis stehen. Die wettbewerbsbeschränkende Absprache wirkt sich jedoch auf einen anderen Markt aus, auf dem ein Wettbewerbsverhältnis zwischen den Unternehmen zumindest zweifelhaft ist.

Kraftfahrzeughaftpflichtversicherer gründeten das Gemeinschaftsunternehmen „Carpartner“, dessen Zweck die kurzfristige Vermietung von Ersatzfahrzeugen während der Reparatur unfallgeschädigter Fahrzeuge war. Dadurch sollte das -nach Ansicht der Versicherer- überhöhte Preisniveau für derartige Fahrzeuge gesenkt werden.

---

362 Vgl. auch Bechtold, 3. Auflage, § 1 Rz. 23.

363 Begründung der Bundesregierung, BT-Drs. 13/9720 S. 31; Immenga, DB 1984, 385 (387); Bunte in Langen/Bunte, 9. Auflage, § 1 Rz. 96; Zimmer in Immenga/Mestmäcker, 3. Auflage, § 1 Rz. 174.

364 Huber in Frankfurter Kommentar, Kurzdarstellung § 1 n.F. Rz. 12.

365 Vgl. auch Bunte, WuW 1997, 857 (863); Wellenhofer-Klein, WuW 1999, 557 (565).

366 BGH WuW/E DE-R 115 „Carpartner“.

Im Grundsatz sind dabei der Markt für den Abschluss von Versicherungsverträgen und der Markt für Autovermietung zu unterscheiden. Unproblematisch stehen die verschiedenen Haftpflichtversicherungen in Wettbewerb um den Abschluss von Versicherungsverträgen. Durch die Gründung des Gemeinschaftsunternehmens koordinieren die Haftpflichtversicherer einen Wettbewerbsparameter, indem sie ihre Kosten am Markt für Mietwagen angleichen. In der Entscheidung wird jedoch nicht untersucht, ob der Wettbewerb um den Abschluss von Versicherungsverträgen dadurch spürbar beschränkt wurde[367].

Grundsätzlich könnten die Haftpflichtversicherungen auch als Nachfrager von Mietwagen auf dem Mietwagenmarkt in einem Wettbewerbsverhältnis miteinander stehen[368]. Jedoch werden die Mietwagen weder von den Haftpflicht- versicherungen noch von ihren Kunden ausgesucht. Vielmehr fragen meist die mit den Kunden nicht identischen Geschädigten diese nach. Die Haftpflichtversicherer ersetzen dabei nur die Mietwagenkosten. Sie können nur indirekt und eingeschränkt über die Schadensminderungspflicht des § 254 BGB Einfluss auf die Auswahl des Autovermieters nehmen. Diese geringe Einflussnahmemöglichkeit lässt es zweifelhaft erscheinen, sie ohne weiteres als Nachfrager der Mietwagen anzusehen[369]. Der BGH untersucht auch nicht, ob die Haftpflichtversicherer auf dem Markt für Mietwagen als miteinander im Wettbewerb stehende Nachfrager tätig sind. Er lässt es genügen, dass die Vereinbarung dazu dient, die Verhältnisse auf diesem Markt zu ihren Gunsten zu verändern[370].

Auch nach der Neufassung ist das Ergebnis der Entscheidung „Carpartner“ unproblematisch vom Wortlaut des Kartellverbotes erfasst. Die Unternehmen stehen zwar nicht auf dem Markt für Mietwagen, wohl aber auf dem für Haftpflichtversicherungen, in einem Wettbewerbsverhältnis.

2. Zweidimensionale Wettbewerbsbeschränkungen

In klassischen Alleinvertriebsvereinbarungen wird der Wettbewerb auf einem Markt meist nicht nur untereinander, sondern auch gegenüber Dritten beschränkt[371].

---

367 BGH WuW/E DE-R 115 (119) „Carpartner“.

368 Zusätzlich käme ein eigenständiger Markt für Regulierungsabkommen zwischen den einzelnen Versicheren und den Autovermietern in Betracht. Dagegen spricht jedoch, dass dieser Markt letztlich nur einen Teilbereich des Nachfragemarktes für Autovermietungen darstellt; zweifelnd Zimmer in Immenga/Mestmäcker, 3. Auflage, § 1 Rz. 185; näher dazu Bunte, VersR 1997, 1429ff.

369 Ein Wettbewerbsverhältnis auf dem Markt für Autovermietung ablehnend Huber in Frankfurter Kommentar, Kurzdarstellung § 1 n.F. Rz. 51; Bunte, NJW 1999, 93 (95).

370 BGH WuW/E DE-R 115 (120) „Carpartner“.

371 Vgl. aber auch WuW/E BGH 3137 „Sole“.

Ein Hersteller ist meist, insbesondere aufgrund eines Vertriebs über das Internet, in der Lage seine Produkte selbst zu vertreiben und damit zumindest in potenziellen Wettbewerb zu seinem Händler zu treten[372].

Ein Alleinvertriebsrecht wirkt dann zweidimensional wettbewerbsbeschränkend. Erstens wird aufgrund des Direktlieferungsverbotes des Herstellers der Wettbewerb zwischen Hersteller und Händler beschränkt. Zweitens werden aufgrund des Alleinvertriebsrechts andere Händler gehindert, Waren des Herstellers zu vertreiben. Damit wird das Wettbewerbsverhältnis sowohl zwischen Hersteller und Händler als auch zwischen Alleinvertriebshändler und dritten Händlern, beschränkt. Je nach Fallgestaltung steht die eine oder andere wettbewerbsbeschränkende Dimension der Absprache im Vordergrund.

Nach der Neufassung stellt sich die Frage, ob zur Feststellung einer spürbaren Wettbewerbsbeschränkung ausschließlich die wettbewerbsbeschränkenden Zwecke und Wirkungen zwischen den an der Absprache beteiligten Unternehmen zu berücksichtigen sind[373].

3. Ergebnis

Im Ergebnis werden vom Wortlaut drittwettbewerbsbeschränkende Zwecke und Wirkungen –sei es auf demselben, sei es auf einem anderen Markt- in weitem Umfang erfasst. Es muss nur ein aktuelles oder potenzielles Wettbewerbsverhältnis zwischen den an der Vereinbarung beteiligten Unternehmen bestehen. Der Wortlaut widerspricht damit einem wettbewerbsfunktionalen Verständnis im Sinne der Entscheidungen „Druckgussteile", „Bedside-Testkarten" und „Sole". Er entspricht aber auch nur im Ansatz einem Verständnis einer horizontalen Wettbewerbsbeschränkung im Sinne der Entscheidung „Spielkarten". Er setzt nicht voraus, dass der Wettbewerb untereinander beschränkt wird.

III. Auslegung aus dem Bedeutungszusammenhang des Gesetzes

Der Bedeutungszusammenhang des Gesetzes gibt weiteren Aufschluss über die Auslegung des Kriteriums der „miteinander im Wettbewerb stehenden Unternehmen".

Die Formulierung „*die* eine Verhinderung, Einschränkung oder Verfälschung des Wettbewerbs *bezwecken oder bewirken*" stellt klar, dass sich das Kriterium der „miteinander im Wettbewerb stehenden Unternehmen" auf die gesamte Formulierung der Wettbewerbsbeschränkung bezieht. Die von Emmerich vorgeschlagene Konzeption, dass sich das Kriterium der „miteinander im Wettbe-

---

[372] Vgl. nur OLG München WuW/E OLG 4631 (4634) „Drucker"; OLG Köln WuW/E DE-R 605 (606) „Jeep".

[373] Dafür LG Mannheim WuW/E DE-R 298 (301f.) „Stromversorgung".

werb stehenden Unternehmen" ausschließlich auf die Formulierung „Verhinderung" und „Einschränkung", nicht dagegen auf die „Verfälschung" bezieht, widerspricht der Systematik des Kartellverbotes.

Die Beschreibung der Freistellungsvorschriften der §§ 2-8 GWB lässt demgegenüber keine Rückschlüsse auf den Inhalt des Kartellverbotes zu[374]. Zunächst kann der Anwendungsbereich der Regel nur eingeschränkt durch die Ausnahme bestimmt werden. Die Möglichkeit eine Wettbewerbsbeschränkung freizustellen legt nahe, dass diese auch durch das Kartellverbot erfasst wird. Dagegen ist der weitere Schluss, dass Wettbewerbsbeschränkungen, die nicht freigestellt werden, auch nicht durch das Kartellverbot erfasst werden, nicht tragfähig. Dies würde den als Generalklausel ausgestalteten § 1 GWB lediglich auf freistellungsfähige Wettbewerbsbeschränkungen verkürzen. Zusätzlich zeigen die §§ 2-8 GWB spätestens seit der Einführung des § 7 GWB keinen typischen Anwendungsbereich mehr. Denn der im Großen und Ganzen aus Art. 81 III EG übernommene Freistellungstatbestand unterscheidet nicht zwischen horizontalen und vertikalen Wettbewerbsbeschränkungen.

In den ersten beiden Abschnitten des GWB werden auch nach der Neufassung wettbewerbsbeschränkende Absprachen geregelt. Es wird zwischen dem ersten Abschnitt „Kartellvereinbarung, Kartellbeschlüsse und abgestimmtes Verhalten" der §§ 1-8 GWB und dem zweiten Abschnitt „Vertikalvereinbarungen" der §§ 14-18 GWB unterschieden. Die Gliederung, insbesondere vermittelt durch die Überschrift „Vertikalvereinbarungen" des zweiten Abschnitts, legt nahe, dass dem Gesetz eine Unterscheidung in Horizontalabsprachen und Vertikalvereinbarungen zu Grunde liegt. Schließlich wird horizontal/vertikal regelmäßig als Begriffspaar verwendet. Den zwingenden Schluss, dass das Kartellverbot ausschließlich Horizontalvereinbarungen erfasst, lässt dies freilich nicht zu[375].

Im Ergebnis zeigt eine systematische Auslegung auf, dass der von Emmerich vorgeschlagene Ansatz nicht der Systematik des Kartellverbotes entspricht. Zusätzlich deuten die Überschriften darauf, dass dem Kartellverbot kein vom Wortlaut gelöstes wettbewerbsfunktionales Verständnis zu Grunde liegt, sondern dass durch das Kartellverbot lediglich horizontale Wettbewerbsbeschränkungen erfasst werden.

---

374 Anders Rittner, Wettbewerbs- und Kartellrecht, § 7 Rz. 14; Emmerich, Kartellrecht, § 3 7. a).

375 So aber Keul S. 119f.

IV. Wille des Gesetzgebers

1. Einführung

Die Regierungsbegründung betont mehrfach, dass die im deutschen Recht bestehende Unterscheidung zwischen horizontalen und vertikalen Wettbewerbsbeschränkungen beibehalten werden soll[376].

Die Funktion des Kriteriums der „miteinander im Wettbewerb stehenden Unternehmen" liege darin, dass Kartellverbot tatbestandlich von den Vertikalvereinbarungen des zweiten Abschnitts abzugrenzen[377]. Der Wille des Gesetzgebers spricht damit gegen den von Emmerich favorisierten Ansatz, dass eine horizontale Wettbewerbsbeschränkung sich lediglich auf die „Verhinderung" und „Einschränkung", nicht dagegen auf die „Verfälschung" des Wettbewerbs bezieht.

Die Entwicklung der Rechtsprechung zum Kartellverbot zeigt, dass das Merkmal des gemeinsamen Zwecks ständigen sachlichen und systematischen Änderungen unterlag. Damit stellt sich die Frage, an welchen Zeitpunkt und an welche inhaltliche Ausgestaltung der Gesetzgeber zur Beibehaltung der im deutschen Recht bestehenden Unterscheidung anknüpft.

2. Zeitpunkt der Anknüpfung an das deutsche Recht

Zunächst ist fraglich, welchen Zeitpunkt der Gesetzgeber seiner Unterscheidung in horizontale und vertikale Wettbewerbsbeschränkungen zu Grunde gelegt hat.

Der inhaltliche Anwendungsbereich des Kartellverbotes hat sich nicht gravierend geändert. In den Entscheidungen „Druckgussteile"; „Bedside-Testkarten" und „Sole" wurde der Anwendungsbereich des Kartellverbotes klargestellt. Beschränkungen des Drittwettbewerbs konnten auch auf der Basis der Entscheidung „Spielkarten" durch das Kartellverbot erfasst werden[378].

Demgegenüber unterlag das systematische Konzept des Kartellverbotes ständigen Schwankungen. Der Immanenzgedanke wurde einerseits als außertatbestandliches Korrekturkriterium, andererseits als Element des gemeinsamen Zwecks eingeordnet[379].

Aber auch dafür spielt die zeitliche Anknüpfung des Gesetzgebers an das deutsche Recht keine Rolle. Dies zeigt sich in Aussagen aus dem für die 6. Novelle

---

376 Begründung der Bundesregierung, BT-Drs. 13/9720 S. 30f.; vgl. auch Bornkamm, FS Geiß, S. 539 (556).

377 Begründung der Bundesregierung, BT-Drs. 13/9720 S. 31.

378 Vgl. Gliederungspunkt 3. Kapitel A. III. 3. und 4.

379 Vgl. Gliederungspunkt 3. Kapitel A. III. 3.

federführenden Bundesministerium für Wirtschaft. Danach haben die Gesetzesverfasser bewusst auf die Einführung einer Formulierung des Immanenzgedankens als Korrekturelement verzichtet. Der zuständige Leiter des Referats Wettbewerbspolitik, Ministerialrat Baron, betonte, dass eine ausdrückliche Formulierung eines Korrekturkriteriums in jedem Fall einen Sturm der Entrüstung ausgelöst hätte[380]. Der Gesetzgeber hat deshalb das Korrekturkriterium sachlich und systematisch bewusst ungeregelt gelassen.

Insofern ist die Aufmerksamkeit auf die Frage der inhaltlichen Anknüpfung der Regierungsbegründung an das deutsche Recht zu richten.

3. Inhaltliche Anknüpfung an das deutsche Recht

Die Regierungsbegründung formuliert wörtlich: „Die im deutschen Recht bestehende Unterscheidung zwischen horizontalen und vertikalen Wettbewerbsbeschränkungen wird beibehalten“[381]. Es stellt sich die Frage, auf welchem Teil der Formulierung die Betonung liegt.

Einerseits könnte der Akzent auf der Beibehaltung der im deutschen Recht *bestehenden* Unterscheidung, also zwischen „Kartellvertrag“ und „sonstigen Vertrag“ liegen und die Formulierung der horizontalen Wettbewerbsbeschränkung gleichsam als pars pro toto zu verstehen sein.

Andererseits könnte die Betonung auf der Einführung des Unterscheidungskriteriums der *horizontalen Wettbewerbsbeschränkung* im Sinne der Entscheidung „Spielkarten“ liegen und der Gesetzgeber damit dem Irrtum unterliegen, dass dieses Kriterium den Anwendungsbereich des Kartellverbotes des § 1 GWB a.F. präzise beschreibt[382].

Huber spricht sich besonders pointiert für die zweite Möglichkeit aus: „Daran ändert auch der Hinweis nichts, daß man bei der Formulierung des neugefaßten § 1 GWB offenbar geglaubt hat, nur bisher geltendes Recht fortzuschreiben, indem man der Meinung war, die Unterscheidung zwischen „horizontalen“ und „vertikalen“ Wettbewerbsbeschränkungen entspreche schon der bisher maßgeblichen Interpretation des Tatbestandsmerkmals „zu einem gemeinsamen Zweck“ durch Rechtsprechung und Lehre. Auch wenn das ein Irrtum, oder zumindest nur die halbe Wahrheit war: die Intentionen des Gesetzgebers der Novelle sind eindeutig, und sie sind im Gesetzestext klar zum Ausdruck gekommen, in Form

[380] Baron in Lohse Diskussionsbericht, AG 1998, 578 (581).

[381] Begründung der Bundesregierung, BT-Drs. 13/9720 S. 31.

[382] So Baums, ZIP 1998, 233 (234); Huber in Frankfurter Kommentar, Kurzdarstellung § 1 n.F. Rz. 49; Bornkamm, FS Geiß, S. 539 (556f.); Bunte in Langen/Bunte, 9. Auflage, § 1 Rz. 98.

der Einführung des neuen Tatbestandsmerkmals, daß die Wettbewerbsbeschränkung „zwischen miteinander im Wettbewerb stehenden Unternehmen" vereinbart sein muß.“[383].

Es liegt in der Tat nahe, dass der Gesetzgeber durch die Formulierung der „miteinander im Wettbewerb stehenden Unternehmen“ darauf zielt, eine horizontale Wettbewerbsbeschränkung im Sinne der Entscheidung „Spielkarten“ zu beschreiben. Die Intention des Gesetzgebers ist jedoch keinesfalls eindeutig. Schließlich zeigte eine Auslegung des Sprachgebrauchs, dass die Begrifflichkeit einer horizontalen Wettbewerbsbeschränkung und eines Vertrages zu einem gemeinsamen Zweck häufig undifferenziert verwendet wird[384].

Der Gesetzgeber scheint sich seiner Sache auch selbst nicht sicher zu sein. Die Passage der „miteinander im Wettbewerb stehenden Unternehmen" soll das bisherige Merkmal des „gemeinsamen Zwecks“ lediglich sprachlich treffender formulieren[385].

Eine grammatische Auslegung des Kriteriums der „zwischen miteinander im Wettbewerb stehenden Unternehmen" trifft auch weder eine Interpretation einer horizontalen Wettbewerbsbeschränkung im Sinne der Entscheidung „Spielkarten“ noch ein wettbewerbsfunktionales Verständnis der Entscheidungen „Druckgussteile“, „Bedside-Testkarten“ und „Sole“.

Die Formulierung der „zwischen miteinander im Wettbewerb stehenden Unternehmen" stellt jedoch zumindest die erste Stufe einer Interpretation im Sinne der Entscheidung „Spielkarten“ dar. Diese setzt zweistufig in der Weise an, dass erstens die Unternehmen miteinander im Wettbewerb stehen müssen und zweitens dieser Wettbewerb untereinander beschränkt wird.

Ein wettbewerbsfunktionales Verständnis, in dem eine horizontale Wettbewerbsbeschränkung nur eine Säule zur Feststellung des Kartellverbotes ist, entfernt sich demgegenüber weiter vom Gesetzeswortlaut. Es muss neben der dargestellten mangelnden Präzision zusätzlich erklärt werden, wann und warum eine Ausnahme vom Erfordernis eines Wettbewerbsverhältnisses zwischen den beteiligten Unternehmen gemacht werden soll.

Zusätzlich hätte der Gesetzgeber durch eine abweichende Formulierung einem vom Wortlaut gelösten wettbewerbsfunktionalen Verständnis deutlicher Aus-

---

383 Huber in Frankfurter Kommentar, Kurzdarstellung § 1 n.F. Rz. 49; Bornkamm, FS Geiß, S. 539 (556); Zimmer in Immenga/Mestmäcker, 3. Auflage, § 1 Rz. 179f.

384 Vgl. Gliederungspunkt 3. Kapitel A. I.

385 Begründung der Bundesregierung, BT-Drs. 13/9720 S. 31.

druck verleihen können. Schließlich ist noch während des Gesetzgebungsverfahrens auf die Missverständlichkeit der Formulierung hingewiesen worden[386]. Es hätte schlicht entsprechend der Entscheidung „Spielkarten"[387] „*insbesondere* miteinander im Wettbewerb stehende Unternehmen" formuliert werden können.

Demgegenüber spricht für ein vom Wortlaut gelöstes wettbewerbsfunktionales Verständnis des Kriteriums der „miteinander im Wettbewerb stehenden Unternehmen", dass die Regierungsbegründung die Formulierung der Neufassung als lediglich „treffender" bezeichnet[388]. Eine Erklärung dafür könnte in der bereits dargestellten sprachlichen Ungenauigkeit liegen, die auf dem Weg zur Beschreibung einer horizontalen Wettbewerbsbeschränkung auf halber Strecke stehen bleibt. Dagegen ist jedoch einzuwenden, dass es wenig Mühe bereitet hätte, diese sprachliche Ungenauigkeit zu vermeiden. Es hätte formuliert werden können: „Vereinbarungen, Beschlüsse von Unternehmensvereinigungen und aufeinander abgestimmte Verhaltensweisen, die eine Verhinderung, Einschränkung oder Verfälschung des Wettbewerbs *untereinander* bezwecken oder bewirken, sind verboten." Die Formulierung wäre dann nicht nur *treffender*, sondern treffend gewesen.

Der Gedanke, dass der Gesetzgeber bewusst eine nur „treffendere" anstelle einer treffenden Formulierung gewählt hat, spricht dafür, dass sich die Gesetzesverfasser mit der Formulierung nicht endgültig festlegen wollten und lediglich einer Auslegung im Sinne des Gesellschaftsrechts eine endgültige und definitive Absage erteilen wollten. Schließlich zielte der Gesetzgeber durch den Begriff der horizontalen Wettbewerbsbeschränkungen darauf, die höchstrichterliche Rechtsprechung zum gemeinsamen Zweck fortzuführen. Mit letzter Sicherheit lässt sich jedoch nicht feststellen, ob die Betonung auf der „im deutschen Recht *bestehenden* Unterscheidung" oder auf der „Unterscheidung in horizontale und vertikale Wettbewerbsbeschränkungen" liegt.

4. Ergebnis

Im Ergebnis weicht der Wille des Gesetzgebers jedenfalls von einer wörtlichen Auslegung ab. Im deutschen Recht genügte niemals das schlichte Bestehen eines Wettbewerbsverhältnisses zwischen den an der Vereinbarung beteiligten Unternehmen. Ob jedoch der Wille des Gesetzgebers auf eine Auslegung im Sinne der Entscheidung „Spielkarten" oder ein wettbewerbsfunktionales Verständnis der Entscheidungen „Druckgussteile", „Bedside-Testkarten" und „Sole" zielt, steht nicht endgültig fest.

---

386 Bunte, WuW 1997, 857 (864); Baums, ZIP 1998, 233 (234f.).

387 WuW/E BGH 2285 (2287) „Spielkarten"; vgl. auch BGH WuW/E DE-R 289 (294) „Lottospielgemeinschaft".

388 Begründung der Bundesregierung, BT-Drs. 13/9720 S. 31.

V. Teleologische Auslegung

1. Einführung

Entscheidendes Gewicht für die Interpretation kommt daher einer teleologischen Auslegung zu. Diese ist zunächst an der grundsätzlichen Funktion des Kartellverbotes, dem Schutz des Wettbewerbs, auszurichten[389]. Ausweislich der Regierungsbegründung liegt die Funktion zusätzlich darin, das Kartellverbot tatbestandlich von den Vertikalvereinbarungen des zweiten Abschnitts abzugrenzen[390]. Beide Funktionen sind in die Interpretation einzubeziehen. Fraglich ist, ob die unterschiedlichen Interpretationsansätze dieser doppelten Funktion gerecht werden.

2. Verständnis als horizontale Wettbewerbsbeschränkung

Durch die Beschreibung des Kriteriums der „miteinander im Wettbewerb stehenden Unternehmen" als horizontale Wettbewerbsbeschränkung im Sinne der Entscheidung „Spielkarten" werden die wettbewerbsbeschränkenden Absprachen des GWB in zwei Bereiche aufgeteilt.

Durch das Kartellverbot werden nur Absprachen erfasst, die den Wettbewerb unter den Beteiligten beschränken. Terminologisch werden damit nicht Vertikalvereinbarungen, sondern *nicht* horizontale Wettbewerbsbeschränkungen privilegiert. Diese werden, wenn sie keine Vertikalvereinbarungen darstellen, durch die Regelungen des GWB nicht erfasst.
Fraglich ist, ob diese Unterscheidung den Spagat zwischen Abgrenzungsfunktion und Wettbewerbsschutzfunktion überzeugend meistern kann.

a) Wettbewerbspolitische Überzeugungskraft der Differenzierung

Die Unterscheidung führt zunächst zu wettbewerbspolitisch nicht überzeugenden Differenzierungen. Dies wird deutlich, wenn eine klassische Ausschließlichkeitsbindung in ihre Bestandteile zerlegt wird.

Vereinbaren ein Hersteller und ein Händler, die in einem Wettbewerbsverhältnis auf dem Händlermarkt miteinander stehen, eine Ausschließlichkeitsbindung, die dem Hersteller verbietet, direkt an Endkunden (sog. Direktvertriebsverbot) und an konkurrierende Händler (sog. Alleinvertriebsrecht) zu liefern, so ist für die Einordnung der Regelungen in Kartellabsprachen und Vertikalvereinbarungen zu differenzieren[391].

Das Direktvertriebsverbot beschränkt den Wettbewerb zwischen Hersteller und Händler. Es stellt damit grundsätzlich eine verbotene Kartellabsprache dar. Ein

---

389 Vgl. Gliederungspunkt 1. Kapitel A.

390 Begründung der Bundesregierung, BT-Drs. 13/9720 S. 31.

391 Vgl. Gliederungspunkt 3. Kapitel B. II. 2.

Alleinvertriebsrecht beschränkt den Wettbewerb zwischen dem Händler und dritten Händlern. Es kann damit nur von den Vertikalvereinbarungen erfasst werden.

Eine Grundlage für die wettbewerbspolitische Differenzierung zwischen dem Direktvertriebsverbot und dem Alleinvertriebsrecht ist nicht erkennbar. Der Händler wird jeweils vom Wettbewerbsdruck entlastet. Einerseits durch den Wettbewerbsdruck des Herstellers, andererseits durch Wettbewerbsdruck konkurrierender Händler. Letzterer wird jedoch durch den Hersteller entscheidend gesteuert. Die Wettbewerbsschädlichkeit hängt nicht davon ab, ob der Hersteller selbst auf dem Markt auftreten kann oder nicht.

b) Funktion des Wettbewerbsschutzes

Eine einschränkende Auslegung eines aktuellen und potenziellen Wettbewerbsverhältnisses führt weiter zu erheblichen Lücken im System des Wettbewerbsschutzes.

aa) Formales Verständnis des Begriffs des Anbieters

Das Kartellverbot –insbesondere der Begriff des Anbieters auf dem Markt- wird zur Abgrenzung formal ausgelegt. Ein mittelbares oder indirektes Wettbewerbsverhältnis genüge nicht[392]. Dies lässt unberücksichtigt, dass wettbewerbsbeschränkende Absprachen auch mit Unternehmen vereinbart werden können, die zwar nicht direkt auf einem Markt tätig sind, die aber Schlüsselfunktionen zur Steuerung des Marktverhaltens eines unmittelbar auf dem Markt tätigen Unternehmens besitzen. Auf diese Schlüsselfunktion können die Unternehmen zurückgreifen, um wettbewerbsbeschränkende Absprachen effizient einzusetzen. Es drohen insofern erhebliche Schutzlücken.

Praktisch illustriert dies eine Absprache, in der sich eine Supermarktkette ihren Wettbewerb von einem Automobilhersteller abkaufen lässt. Die wettbewerbsbeschränkende Absprache, die einzig auf eine Beschränkung des Wettbewerbs zielt, kann nur unter das Kartellverbot fallen, wenn durch die Absprache der Wettbewerb zwischen den Unternehmen beschränkt wird. Würde sich jedoch der Alleinvertriebshändler des Automobilherstellers mit der Supermarktkette absprechen, würde dies unproblematisch unter das Kartellverbot fallen.

Unternehmen können sich auch zu Arbeits- und Bietergemeinschaften zusammenschließen, um ein Produkt auf einem Markt anzubieten, auf dem sie alleine nicht tätig sein können[393]. Es stellt sich die Frage, welches Unternehmen der

[392] Vgl. Gliederungspunkt 3. Kapitel B. I. 1. b).

[393] Es besteht weitgehend Einigkeit, dass eine Vereinbarung einer Arbeitsgemeinschaft nicht dem Kartellverbot unterfällt, wenn keines der beteiligten Unternehmen den Auftrag allein

Arbeitsgemeinschaft Anbieter auf dem Markt ist. Ist nur die Arbeitsgemeinschaft selbst, soweit sie über eine eigene Rechtspersönlichkeit verfügt, oder auch jeder Teilnehmer der Arbeitsgemeinschaft Anbieter auf dem Markt. Die praktische Relevanz zeigt sich, wenn nur ein Teilnehmer der Arbeitsgemeinschaft mit einem Drittunternehmen eine wettbewerbsbeschränkende Absprache trifft. Damit kann die gesamte Arbeitsgemeinschaft einfach und effektiv zu Fall gebracht werden. Die Absprache wird nur durch das Kartellverbot erfasst, wenn zwischen dem Drittunternehmen und dem einzelnen Teilnehmer der Arbeitsgemeinschaft ein Wettbewerbsverhältnis besteht.

Wettbewerbsbeschränkende Absprachen müssen auch nicht zwingend zwischen Unternehmen geschlossen werden, die eine Markttätigkeit im engeren Sinn ausüben. Vielmehr kann auch an die Entscheidungsträger innerhalb eines auf dem Markt unmittelbar tätigen Unternehmens herangetreten werden. Diese können steuernd auf die Tätigkeit ihres Unternehmens Einfluss nehmen[394].

Ein formales, einschränkendes Verständnis des Begriffs des Anbieters führt damit zu erheblichen Schutzlücken im System der wettbewerbsbeschränkenden Absprachen.

bb) Einschränkende Auslegung des potenziellen Wettbewerbs

Ein potenzielles Wettbewerbsverhältnis wird zur Abgrenzung einschränkend ausgelegt[395]. Eine einschränkende Auslegung ist jedoch in doppelter Hinsicht bedenklich.

Erstens entfernt sich das Kriterium damit von seiner eigenen Grundlage für die Beurteilung der Wettbewerbsschädlichkeit. Der Grund für die strenge Beurteilung horizontaler Wettbewerbsbeschränkungen wird in ihrer besonderen Wett-

hätte ausführen können. Die Absprache wirke dann nicht wettbewerbsbeschränkend, sondern führe zu zusätzlichem Wettbewerb, vgl. WuW/E BGH 2050 (2051) „Bauvorhaben Schramberg"; OLG Stuttgart WuW/E OLG 3108 (3109f.) „Parkhaus"; KG WuW/E OLG 3115 (3115f.) „Rohrleitungsbau"; KG WuW/E OLG 3737 (3745) „Selex-Tania"; LG Frankfurt am Main WuW DE-R 959 (961) „Umformwerke"; BKartA, Tätigkeitsbericht 1959, BTDrs. 3/1795 S. 17; BKartA, Tätigkeitsbericht 1970, BT-Drs. 6/2380 S. 51; BMWi, Kooperationsfibel 1976, 3.4; Huber/Baums in Frankfurter Kommentar, § 1 GWB a.F. Rz. 347; Hootz in GK, 5. Auflage, § 1 Rz. 149; Bunte in Langen/Bunte, 9. Auflage, § 1 Rz. 147, 309; Zimmer in Immenga/Mestmäcker, 3. Auflage, § 1 Rz. 369.

394 Dabei ist zu beachten, dass verbundene Unternehmen einheitlich zu betrachten sind. Gerade dies bestärkt den Gedanken, dass eine formale Beurteilung des Anbieters unangemessen ist.

395 Vgl. Gliederungspunkt 3. Kapitel B. I. 1. b).

bewerbsschädlichkeit gesehen[396]. Danach ist es besonders abträglich, wenn sich die Unternehmen einseitig oder gegenseitig von ihrem Wettbewerbsdruck untereinander befreien. Eine einschränkende Auslegung des potenziellen Wettbewerbsverhältnisses hat jedoch zur Folge, dass nicht mehr der tatsächliche Wettbewerbsdruck für die Beurteilung der Wettbewerbsschädlichkeit maßgeblich ist. Es besteht die Gefahr, dass dieser durch eine einschränkende Auslegung unbeachtet bleibt.

Zweitens erweisen sich die dargestellten Begründungen, mit denen ein potenzielles Wettbewerbsverhältnis im Falle von Vertriebsvereinbarungen abgelehnt wird[397], als nicht tragfähig. Vielfach sind sie vom Ergebnis geprägt. Sie zielen darauf ab, klassische Vertriebsvereinbarungen aus dem Anwendungsbereich des Kartellverbotes auszuschließen.

Die Möglichkeit des Aufbaus eines eigenen Vertriebssystems durch einen Lieferanten kann nicht pauschal mit der Gründung eines Vollfunktionsgemeinschaftsunternehmens verglichen werden. Erstens finden sich in der Praxis zahlreiche Beispiele, in denen kombiniert vertrieben wird[398]. Zweitens ist einzelfallabhängig zu beurteilen, ob der Aufbau eines eigenen Vertriebssystems kaufmännisch vernünftig ist.

Ein Vertriebsmittler verliert seine Eigenschaft als selbständiger Wirtschaftsteilnehmer auch nicht dann, wenn er vom Lieferanten unternehmensbedingt abhängig ist. Damit würde eine wettbewerbsbeschränkende Absprache gleichzeitig ihrer eigenen Rechtfertigung dienen. Es läge beispielsweise in der Hand des Lieferanten, ein Wettbewerbsverhältnis durch die Gestaltung des Vertriebsvertrages auszuschließen. Je weniger Freiheit der Händler hätte, desto eher wäre die Wettbewerbsbeschränkung vom Kartellverbot ausgenommen[399].

Schließlich wäre es ein Zirkelschluss, wenn mit Hilfe eines vertraglichen Wettbewerbsverbots ein Wettbewerbsverhältnis ausgeschlossen wird.

---

[396] Vgl. nur Monopolkommission, XI. Hauptgutachten, Rz. 938; Bunte in Langen/Bunte, 9. Auflage, § 1 Rz. 88.

[397] Vgl. Gliederungspunkt 3. Kapitel B. I. 1. b).

[398] OLG München WuW/E OLG 4631 (4634) „Drucker"; OLG Köln WuW/E DE-R 605 (606) „Jeep".

[399] Lediglich dann, wenn der Händler keinerlei Geschäftsrisiken trägt, ist das Vorliegen einer Wettbewerbsbeschränkung zu verneinen, vgl. Leitlinien für vertikale Beschränkungen v. 13.10.2000 ABl.EG 2000 C 291 S. 1 (4 Rz. 12ff.).

c) Abgrenzungsfunktion gegenüber den Vertikalvereinbarungen

Fraglich ist, ob eine horizontale Wettbewerbsbeschränkung das Kartellverbot überzeugend von den Vertikalvereinbarungen abgrenzt. Für die Beantwortung ist zunächst entscheidend, welcher Zeitpunkt für die Beurteilung des Wettbewerbsverhältnisses maßgeblich ist. Es ist die Kontroverse zu entscheiden, ob statisch ausschließlich an den Zeitpunkt des Abschlusses der Kartellabsprache anzuknüpfen ist, oder ob dynamisch auch zukünftige Zeitpunkte einzubeziehen sind[400].

Die Voraussetzungen eines Wettbewerbsverhältnisses dürfen nicht ausschließlich im Zeitpunkt des Abschlusses der Kartellabsprache beurteilt werden. Eine wettbewerbsbeschränkende Absprache wirkt, je nach den Rahmenbedingungen, unterschiedlich auf den Markt. Ein Anknüpfen an den Zeitpunkt des Abschlusses des Vertrages würde den Unternehmen zwar Rechtssicherheit geben, damit jedoch gleichzeitig wettbewerbsbeschränkende Absprachen immunisieren. Eine nachträglich entstehende Wettbewerbsschädlichkeit einer Absprache könnte nicht mehr berücksichtigt werden. Das Wettbewerbsrecht könnte durch langfristige Vertragsgestaltungen oder weise Planung ausgehebelt werden[401]. Die Funktion des Schutzes des Wettbewerbs würde verloren gehen. Ein Wettbewerbsverhältnis ist damit dynamisch zu beurteilen.

Ein dynamisches Anknüpfen zeigt jedoch, dass das Kriterium einer horizontalen Wettbewerbsbeschränkung zur Abgrenzung nicht geeignet ist. Ein Händler, der beispielsweise durch Markenpflege kräftig in einen Markteintritt investiert hat, ist auf eine Absicherung seiner Investitionen angewiesen. Diese lässt sich jedoch nicht erreichen, wenn das Kriterium der „miteinander im Wettbewerb stehenden Unternehmen" im Sinne einer horizontalen Wettbewerbsbeschränkung zu verstehen ist. Der Hersteller könnte über einen Markteintritt –mag dieser auch wirtschaftlich sinnlos oder kaufmännisch unvernünftigen sein- die Beurteilungsgrundlage einseitig ändern und sich damit die Investitionen des Händlers zu Eigen machen. Durch die Möglichkeiten des Internets gewinnt dies zunehmend an Bedeutung. Aber auch aufgrund möglicher Unternehmenserwerbe kann sich niemand auf den status quo verlassen. Ohne ein weiteres Abgrenzungskriterium drohen sämtliche wettbewerbsbeschränkenden Absprachen in der Zukunft unter das Kartellverbot zu fallen. Dies muss bei der Vertragsgestaltung berücksichtigt werden, um für Investoren Rechtssicherheit zu begründen.

---

[400] Vgl. Gliederungspunkt 3. Kapitel B. I. 1. c).

[401] Eine dynamische Auslegung zeigt sich besonders deutlich an der Marktanteilsschwelle des Art. 3 Schirm-GVO, gemäß Art. 9 II a) Schirm-GVO wird der Marktanteil jedes Jahr neu festgelegt.

Die herausragende praktische Relevanz zeigt sich exemplarisch in den Entscheidungen „Jeep“, „Drucker“ und „Isar-Amperwerke“[402]. In den Entscheidungen „Jeep“ und „Drucker“ klagten die Händler aus ihren Vertriebsverträgen gegen ihre Lieferanten darauf, dass diese einen Direktvertrieb unterlassen. In dem Vertriebsvertrag, der der Entscheidung „Jeep“ zu Grunde lag, vereinbarte ein Hersteller mit einem Händler, dass der Hersteller seine Produkte ausschließlich über Vertragshändler vertreibt. Das OLG Köln untersagte dem Hersteller daraufhin den Aufbau einer Niederlassung sogar außerhalb des zugesagten Alleinvertriebsgebiets[403]. In dem Vertriebsvertrag, welcher der Entscheidung „Drucker“ zu Grunde lag, wurde einem Händler durch einen Hersteller kein Alleinvertriebsrecht zugesagt. Ihm oblag jedoch ein Wettbewerbsverbot und er investierte kräftig in die Markterschließung. Aufgrund dieser Umstände untersagte das OLG München dem Hersteller einen Direktvertrieb unter Ausnutzung der besseren Kostenstruktur gegenüber dem Händler aus Treu und Glauben § 242 BGB[404].

Im Ergebnis zeigt damit eine dynamische Beurteilung eines Wettbewerbsverhältnisses, dass klassische Vertriebsvereinbarungen über das Kriterium einer horizontalen Wettbewerbsbeschränkung nicht überzeugend abgegrenzt werden können.

d) Ergebnis

Das Kriterium der „miteinander im Wettbewerb stehenden Unternehmen“ wird durch das Erfordernis einer horizontalen Wettbewerbsbeschränkung weder mit Blick auf die Wettbewerbsschutzfunktion noch auf die Abgrenzungsfunktion überzeugend beschrieben.

Es ist einerseits zu eng gefasst, greift aber andererseits zu weit. Soweit es zu weit greift, zeigt sich die Notwendigkeit einer einschränkenden Auslegung über die Formel des anzuerkennenden Interesses der Entscheidungen „Druckgussteile“, „Bedside-Testkarten“ und „Sole“[405]. Über diese einschränkende Auslegung lassen sich jedoch weder die Schutzlücken noch die wettbewerbspolitisch nicht überzeugenden Differenzierungen korrigieren.

---

402 OLG Köln WuW/E DE-R 605 (606) „Jeep“; OLG München WuW/E OLG 4631 (4634) „Drucker“. In der Entscheidung OLG München WuW/E OLG 4704 (4705) „Isar-Amperwerke“ änderte sich nachträglich die Beurteilungsgrundlage für Verträge, in denen Gemeinden einem Stromversorger das ausschließliche Recht zubilligten durch ihren Boden Strom zu liefern. Die einzelne Gemeinde konnte die Stromversorgung nicht übernehmen. Dies änderte sich jedoch, nach dem diese durch die Stadt Rosenheim eingemeindet wurden.

403 OLG Köln WuW/E DE-R 605 (606) „Jeep“.

404 OLG München WuW/E OLG 4631 (4633) „Drucker“.

405 Vgl. Gliederungspunkt 3. Kapitel B. I. 1. d).

Im Ergebnis überzeugt das dargestellte Verständnis des Kriteriums der „miteinander im Wettbewerb stehenden Unternehmen“ damit nicht.

3. Wettbewerbsfunktionales Verständnis

Eine eigenständige Auslegung des Kriteriums der Wettbewerbsverfälschung Emmerichs[406] und ein wettbewerbsfunktionales Verständnis[407] erfordern nicht zwingend, dass der Wettbewerb unter den an der Absprache beteiligten Unternehmen beschränkt wird. Aus diesem Blickwinkel ergeben sich deshalb keine Lücken im System des Schutzes des Wettbewerbs.

Stattdessen wird das Kriterium der „miteinander im Wettbewerb stehenden Unternehmen“ inhaltlich und systematisch durch die Formel des anzuerkennenden Interesses mit Leben erfüllt[408]. Diese baut auf der Grundlage der tatbestandlichen Exklusivität zwischen Kartellverbot und Vertikalvereinbarungen auf und bezieht die Auslegung der Vertikalvereinbarungen in die Abgrenzung ein[409]. Die Abgrenzungstauglichkeit kann daher erst nach einer Untersuchung der Vertikalvereinbarungen bewertet werden.

VI. Ergebnis und Ausblick

Im Ergebnis überzeugt damit bisher keiner der dargestellten Ansätze. Ein Verständnis des Kriteriums der „miteinander im Wettbewerb stehenden Unternehmen“ im Sinne der Entscheidung „Spielkarten“ überzeugt weder im Hinblick auf die Wettbewerbsschutzfunktion noch auf die Abgrenzungsfunktion. Gegen ein vom Wortlaut gelöstes wettbewerbsfunktionales Verständnis sprechen entscheidend der Wortlaut und die Systematik des GWB. Gegen eine eigenständige Auslegung des Kriteriums der Wettbewerbsverfälschung Emmerichs ist zusätzlich der Wille des Gesetzgebers einzuwenden.

Die Abgrenzungsfunktion ist bisher noch nicht vollständig in die Auslegung einbezogen. Zur Abgrenzung des Kartellverbotes von den Vertikalvereinbarungen greifen sämtliche Ansätze –in einem ersten oder zweiten Schritt- inhaltlich auf die Formel des anzuerkennenden Interesses der Entscheidungen „Druckgussteile“, „Bedside-Testkarten“ und „Sole“ zurück. Ob die unterschiedlichen

---

[406] Vgl. Gliederungspunkt 3. Kapitel B. I. 2.

[407] Vgl. Gliederungspunkt 3. Kapitel B. I. 3.

[408] Soweit in der Wettbewerbsverfälschung ein eigenständiger Anwendungsbereich erblickt wird, der nicht auf eine Beschränkung des Wettbewerbs unter den Beteiligten beschränkt ist, werden teilweise Abgrenzungskriterien zu den Vertikalvereinbarungen weder erwähnt, noch entwickelt. Bemerkenswert insoweit Schwarz, EWS 2001, 565 (570f.), der das Kriterium der Wettbewerbsverfälschung auf langfristige Bezugs- und Belieferungsverträge anwendet.

[409] Vgl. Gliederungspunkt 3. Kapitel A. III. 4.

Ansätze damit überzeugend abgrenzen, lässt sich erst nach einer Untersuchung der Vertikalvereinbarungen beurteilen.

C. Interpretation der Vertikalvereinbarungen des GWB

Die Vertikalvereinbarungen des GWB werden äußerst unterschiedlich ausgelegt. Deshalb wird zunächst ein Überblick über die unterschiedlichen Interpretationsansätze gegeben, bevor der Anwendungsbereich anhand der klassischen Auslegungskriterien entwickelt wird.

I. Überblick über die verschiedenen Interpretationsansätze

1. Einführung

Die bisherige Auslegung der Vertikalvereinbarungen wird durch die Formulierung der „Vereinbarung über Waren oder gewerbliche Leistungen" der §§ 14, 16 GWB geprägt[410].

Der BGH formuliert seit der grundlegenden Entscheidung „Bierbezug" in ständiger Rechtsprechung, dass die Vertragspartner die wettbewerbsbeschränkenden Bindungen im Zusammenhang mit einer, sei es schon bestehenden, sei es für die Zukunft vorgesehenen, Geschäftsbeziehung vereinbart haben müssen, die auf die Lieferung von Waren oder auf die Erbringung gewerblicher Leistungen gerichtet ist[411].

Dieser Zusammenhang wird äußerst unterschiedlich ausgestaltet. Der BGH lässt einen nicht näher spezifizierten wirtschaftlichen Zusammenhang zwischen wettbewerbsbeschränkender Bindung und Lieferbeziehung genügen[412]. Teilweise wird betont, dass sämtliche im Wirtschaftsleben vorkommenden Inhaltsbindungen einen ausreichenden Zusammenhang aufweisen[413]. Andererseits wird dem Erfordernis die praktische Relevanz abgesprochen[414]. Überwiegend wird darin das Erfordernis eines Austauschvertrags als sogenannter Erstvertrag gesehen, wobei in einem zweiten Schritt betont wird, dass die Vertragsart für die Anwendung der Vertikalvereinbarungen keine Rolle spiele. Meist wird dies

---

410 Vgl. Gliederungspunkt 3. Kapitel A. III. 2. b).

411 WuW/E BGH 712 (714) „Bierbezug"; andererseits wird in der Formulierung lediglich ein Verweis auf das Erfordernis eines Marktbezugs erblickt, vgl. Straub S. 70; ders. in GK, 4. Auflage, § 15 Rz. 94; Rahlmeyer in Martinek/Semler/Habermeier § 32 Rz. 29; Klosterfelde/Metzlaff in Langen/Bunte, 9. Auflage, § 16 Rz. 23; Emmerich in Immenga/Mestmäcker, 3. Auflage, § 14 Rz. 19.

412 WuW/E BGH 3137 (3137) „Sole"; WuW/E BGH 3115 (3117) „Druckgussteile"; WuW/E BGH 3121 (3124) „Bedside-Testkarten".

413 Bechtold, 3. Auflage, § 14 Rz. 6; vgl. auch Bunte, Kartellrecht, § 6 II 1. a) S. 146.

414 Wolter in Frankfurter Kommentar, GWB 1999, § 16 Rz. 37; Klosterfelde/Metzlaff in Langen/Bunte, 9. Auflage, § 16 Rz. 23.

aber wieder durch ein beispielhaftes Aufzählen einzelner Austauschvertragsarten relativiert[415].

Die Interpretation der Vertikalvereinbarungen wird weiterhin durch das Verhältnis zum Kartellverbot maßgeblich beeinflusst.

Die Vertikalvereinbarungen beschreiben gegenüber dem Kartellverbot in doppelter Weise privilegierte Wettbewerbsbeschränkungen. Sie werden durch § 16 GWB beherrscht, der nur eine mit hoher Eingriffsschwelle versehene Verbietbarkeitskontrolle vorsieht[416].

Eine Privilegierung der Vertikalvereinbarungen kann jedoch nur dann erreicht werden, wenn nicht gleichzeitig das scharfe Schwert des Kartellverbotes zum Zuge kommt.

Insofern werden die Vorschriften unterschiedlich gegeneinander abgegrenzt. Für das Verständnis der Tatbestände spielt aber nicht nur die inhaltliche Abgrenzung, sondern auch das unterschiedliche Verhältnis der Tatbestände zueinander eine entscheidende Rolle[417].

Für den Anwendungsbereich der Vertikalvereinbarungen ist zunächst entscheidend, ob die inhaltliche Abgrenzung der Tatbestände über eine Auslegung des Kartellverbotes oder der Vertikalvereinbarungen erfolgt. Das Kartellverbot kann beispielsweise zur Abgrenzung eng interpretiert werden, damit die Vertikalvereinbarungen nicht durch das Kartellverbot erfasst werden. Um die Vertikalvereinbarungen zu privilegieren, müssen dann keine spezifizierten Anforderungen mehr an diese gestellt werden.

Nicht zu vernachlässigen ist jedoch das Verhältnis der Tatbestände zueinander. Erfolgt beispielsweise eine inhaltliche Abgrenzung über eine enge Auslegung des Kartellverbotes, dann kann sich dies über das Verhältnis der Tatbestände auf die Vertikalvereinbarungen auswirken. Wird eine tatbestandliche Exklusivität befürwortet, dann müssen negative Tatbestandsmerkmale in die Vertikalvereinbarungen eingelesen werden, damit es nicht zu inhaltlichen Überschneidungen kommt. Wird dagegen das Verhältnis im Sinne eines Vorrangs des Kartellverbotes gelesen oder eine Doppelkontrolle empfohlen, dann entfaltet die

---

[415] Klosterfelde/Metzlaff in Langen/Bunte, 9. Auflage, § 14 Rz. 26, § 16 Rz. 31; Emmerich in Immenga/Mestmäcker, 3. Auflage, § 14 Rz. 18; Wolter in Frankfurter Kommentar, GWB 1999, § 16 Rz. 31, 44.

[416] Kritisch zum Verbietbarkeitsprinzip Lange, Ausschließlichkeitsbindungen, S. 186ff.; Martinek, Franchising, S. 571ff.; Emmerich, Kartellrecht, § 15 1 a).

[417] Vgl. zum systematischen Verhältnis im Einzelnen Gliederungspunkt 3. Kapitel A. IV.

Auslegung des Kartellverbotes keinen zwingenden Einfluss auf die Interpretation der Vertikalvereinbarungen.

Auf diesen Erwägungen aufbauend werden die Vertikalvereinbarungen in unterschiedlicher Weise mit Leben erfüllt.

2. Abgrenzung über eine Auslegung der Vertikalvereinbarungen

Teilweise wird der Anwendungsbereich einer privilegierten Vertikalvereinbarung über eine eigenständige Auslegung entwickelt. Die Vertikalvereinbarungen werden nur unter spezifizierten Voraussetzungen privilegiert.

Nach Wilhelm wird in § 18 GWB a.F. ein neben § 1 GWB a.F. stehendes alternatives Konzept ausgedrückt[418]. In § 1 GWB a.F. einerseits und § 18 GWB a.F. andererseits würden durch den Gesetzgeber mit unterschiedlichen Rechtsfolgen versehene Typen wettbewerbsbeschränkender Verhaltensregelungen erfasst. Diese Typen seien nach der maßgeblichen Wertung des Gesetzgebers anhand der unterschiedlichen gesetzlichen Beispiele und Rechtsfolgen herauszubilden[419].

Aufgrund des in der Gesetzesbegründung genannten Prototyps des Unternehmensveräußerungsvertrags und einer ökonomischen Bewertung seien zunächst alle Verträge von § 1 GWB a.F. unangetastet zu lassen, die auf einen Güter- und Ressourcentransfer gerichtet sind. Diese würden zur Nutzenoptimierung durch Wettbewerb gerade beitragen[420]. Dies gelte auch bei Freiheitsbeschränkungen, etwa Wettbewerbsverboten, die sich dem Ressourcentransfer in der Weise unterordnen, dass sie im Geschäftsverkehr gefundene Lösungen zur Vermeidung von Externalitäten und zur Reduktion der Transaktionskosten darstellen[421]. Zudem seien aufgrund des in der Gesetzesbegründung genannten Prototyps der Ausschließlichkeitsbindung in Bierlieferungsverträgen jedenfalls alle Vertragsbindungen zum Aufbau eines Bezugs- oder Absatzsystems erfasst[422].

Ganz ähnlich formulierte dies bereits das OLG Hamburg in der Entscheidung „Miniaturgolfanlagen“: „Gerade die Tatsache, dass im vorliegenden Fall die Wettbewerbsbeschränkung im Vordergrund steht und damit für die Wettbewerbsordnung sogar gefährlicher ist als die typischerweise unter § 18 GWB

---

[418] Wilhelm, ZHR 150 (1986) S. 320 (333); ähnlich auch Maasch, ZHR 150 (1986) S. 657 (667); Peters, Ausschließlichkeitsbindungen, S. 49ff.; Baums, JuS 1990, 608 (610, 612); Nelißen S. 103, 115; Kühne, RdE 2002, 104 (104).

[419] Wilhelm, ZHR 150 (1986) S. 320 (332).

[420] Wilhelm, ZHR 150 (1986) S. 320 (342f., 344f.).

[421] Wilhelm, ZHR 150 (1986) S. 320 (345, 351).

[422] Wilhelm, ZHR 150 (1986) S. 320 (347, 351).

fallende Maßnahmen, muss zur Folge haben, die Anwendung von § 18 GWB abzulehnen. § 18 GWB enthält nämlich eine Privilegierung bestimmter wettbewerbsbeschränkender Maßnahmen, indem er diese nur einer Missbrauchsaufsicht unterstellt, ihre rechtliche Wirksamkeit aber nicht antastet. Der Grund für diese Privilegierung liegt darin, dass der Gesetzgeber Wettbewerbsbeschränkungen dieser Art, sofern sie notwendiger Bestandteil eines auf Dauer angelegten Austausch- und Vertrauensverhältnisses sind (vgl. G. Schwartz im Gemeinschaftskommentar, 2. Aufl., § 18 Anm. 17) als nicht so gefährlich eingestuft hat. In vielen solcher Austauschverträge sind Beschränkungen dieser Art üblich und teilweise geradezu nach Treu und Glauben geboten."[423].

3. Abgrenzung über eine Auslegung des Kartellverbotes

Weit überwiegend werden jedoch an die Vertikalvereinbarungen über den Wortlaut hinaus keine ausdrücklichen spezifizierten Anforderungen gestellt. Der privilegierte Anwendungsbereich wird stattdessen über eine enge Auslegung des Kartellverbotes entwickelt[424].

a) Vorrang des Kartellverbotes bzw. Doppelkontrolle

Soweit darauf aufbauend ein Vorrang des Kartellverbotes, oder eine Doppelkontrolle vertreten wird, wirkt sich die Auslegung des Kartellverbotes nicht zwingend auf die Interpretation der Vertikalvereinbarungen aus. Den Vertikalvereinbarungen ist nur die Funktion von Auffangtatbeständen zugewiesen[425].

b) Tatbestandliche Exklusivität

Soweit dagegen eine tatbestandliche Exklusivität befürwortet wird, wirkt sich die Auslegung des Kartellverbotes auf die Vertikalvereinbarungen aus.

Teilweise wird auch nach der Neufassung inhaltlich über die Grundsätze der Entscheidungen „Druckgussteile", „Bedside-Testkarten" und „Sole" abgegrenzt[426].

Deren Grundsätze werden bisher lediglich aus dem Blickwinkel des gemeinsamen Zwecks des Kartellverbotes gelesen. Vollkommen unbemerkt bleibt, dass auf Grund der Prämisse der tatbestandlichen Exklusivität die Auslegung des

---

[423] OLG Hamburg WuW/E OLG 1724 (1728f.) „Miniaturgolfanlagen"; ähnlich auch Baums, JuS 1990, 608 (610).

[424] Vgl. Gliederungspunkt 3. Kapitel B. I.

[425] Vgl. Gliederungspunkt 3. Kapitel A. IV.

[426] BGH WuW/E DE-R 289 (294) „Lottospielgemeinschaft"; LG Mannheim WuW/E DE-R 298 (302) „Stromversorgung"; Rittner, WuW 2000, 696 (705); Kirchhoff in Wiedemann, Handbuch des Kartellrechts, § 9 Rz. 30; Ebel § 1 Rz. 4f., vor § 14; Kahlenberg, BB 1998, 1593 (1594); Büdenbender, ET 2000, 359 (371f.); Wolter in Frankfurter Kommentar, GWB 1999, § 16 Rz. 30.

Kriteriums des gemeinsamen Zwecks auch zwingend die Ausschließlichkeitsbindungen des § 16 GWB beschreibt:

„Ein gemeinsamer Zweck liegt danach bei Austauschverträgen vor, wenn für die Wettbewerbsbeschränkung bei wertender Betrachtungsweise im Hinblick auf die Freiheit des Wettbewerbs ein anzuerkennendes Interesse nicht besteht. Werden Wettbewerbsbeschränkungen in Austauschverträgen über Waren und gewerbliche Leistungen als Nebenabreden vereinbart, so dienen diese in aller Regel dem Leistungsaustausch. Da es nicht Ziel des Kartellrechts sein kann, diesen durch starre Verbote zu behindern, hat der Senat in ständiger Rechtsprechung vertreten, dass solche Wettbewerbsbeschränkungen dann nicht zu einem gemeinsamen Zweck vereinbart anzusehen sind, wenn sie zur Erreichung des kartellrechtsneutralen Hauptzwecks des Vertrages sachlich geboten sind (vgl. nur BGH WuW/E 2285, 2288 „Spielkarten")"[427].

Die Prämisse der tatbestandlichen Exklusivität berücksichtigend, lässt sich aus der Perspektive der Vertikalvereinbarungen formulieren, dass eine Ausschließlichkeitsbindung im Sinne des § 16 GWB jedenfalls dann vorliegt, wenn für sie bei wertender Betrachtungsweise im Hinblick auf die Freiheit des Wettbewerbs ein anzuerkennendes Interesse besteht. Sollte dagegen die wettbewerbsbeschränkende Vereinbarung darüber hinausschießen, so fällt sie nicht mehr unter die Vertikalvereinbarungen, sondern unter das Kartellverbot. Ein Abgrenzungskriterium muss daher nicht nur im Kartellverbot, sondern auch in den Vertikalvereinbarungen fixiert werden. Dessen tatbestandliche Ansiedlung ist von besonderem Interesse, da zwar der Wortlaut des Kartellverbotes, nicht aber der der Vertikalvereinbarung grundlegend geändert wurde.

Andererseits wird nach der Neufassung inhaltlich über eine horizontale Wettbewerbsbeschränkung im Sinne der Entscheidung „Spielkarten" abgegrenzt[428]. Das Kartellverbot sei ausschließlich anwendbar, wenn die Absprache den Wettbewerb unter den Beteiligten beschränkt. Nur wenn dies nicht der Fall sei, kä-

[427] WuW/E BGH 3115 (3118) „Druckgussteile"; ungeklärt ist, ob im Falle der Vereinbarung eines Bündels von Wettbewerbsbeschränkungen, jede einzelne Wettbewerbsbeschränkung isoliert daraufhin zu untersuchen ist, ob an ihr im Hinblick auf die Freiheit des Wettbewerbs ein anzuerkennendes Interesse besteht (so WuW/E BGH 3115 (3118) „Druckgussteile") oder ob dieses in einer Gesamtschau zu beurteilen ist (so OLG Düsseldorf WuW DE-R 854 (857) „Stadtwerke Aachen"; OLG Stuttgart RdE 2002, 182 (184f.); LG Mannheim WuW/E DE-R 298 (300) „Stromversorgung"; vgl. zur Problematik Bechtold, 3. Auflage, § 1 Rz. 22.

[428] Vgl. Gliederungspunkt 3. Kapitel B I. 1.

men die §§ 14, 16 GWB zum Zuge[429]. Darauf aufbauend wird meist die Formel des anzuerkennenden Interesses in die inhaltliche Abgrenzung einbezogen[430]. Eine Vertikalvereinbarung setzt danach voraus, dass entweder der Wettbewerb nicht untereinander beschränkt wird oder dass für die wettbewerbsbeschränkende Vereinbarung im Hinblick auf die Freiheit des Wettbewerbs ein anzuerkennendes Interesse besteht. Durch diese Auslegung wird der Anwendungsbereich der Vertikalvereinbarungen gegenüber der Formel des anzuerkennenden Interesses der Entscheidungen „Druckgussteile", „Bedside-Testkarten" und „Sole" erweitert.

Im Ergebnis ist beiden Ansätzen gemeinsam, dass die Vertikalvereinbarungen nur indirekt über das Kartellverbot beschrieben werden. Eine tatbestandliche Ansiedlung eines Abgrenzungskriteriums in den Vertikalvereinbarungen wird weder aufgeworfen noch diskutiert[431].

4. Zusammenfassung und Bewertung der Ansätze

Zunächst ist erneut zu betonen, dass die Formulierung der §§ 14, 16 GWB „Vereinbarung über Waren oder Dienstleistungen" kein Vertragswerk beschreibt, in das Wettbewerbsbeschränkungen eingebettet sind, sondern konkrete wettbewerbsbeschränkende Vereinbarungen[432]. Damit ist die häufig in der Literatur aufgeworfene Frage nach dem Erfordernis einer bestimmten Vertragsart im Ansatz unrichtig gestellt[433]. Es ist nicht nach Art und Gegenstand eines Ver-

---

429 OLG Schleswig WuW/E DE-R 623 (626) „Frauennachtfahrten"; Bunte in Langen/Bunte § 1 Rz. 107f.; ders., Kartellrecht, § 6 V. 1. S. 166f.; Bechtold, 3. Auflage, § 14 Rz. 4, § 16 Rz. 3.

430 Bahr S. 111f.

431 Vgl. Lange in Lange, Kapitel 3, § 1 IV. 2. Rz. 68; Wolter in Frankfurter Kommentar, GWB 1999, § 16 Rz. 31; Bechtold, 3. Auflage, § 14 Rz. 4, § 16 Rz. 3.

432 Vgl. Gliederungspunkt 2. Kapitel B. II.

433 Dies gilt nicht nur für den Begriff des Austauschvertrages, dazu bereits zu Recht kritisch Straub S. 73; ders. in GK, 4. Auflage, § 15 Rz. 85, sondern in gleicher Weise für sogenannte Interessenwahrungsverträge. Diese fallen entgegen Rittner, DB 1989, 2587 (2595); ders., WuW 1993, 592 (594ff.); ders., Wettbewerbs- und Kartellrecht, § 9 Rz. 31, der sie generell aus dem Anwendungsbereich auszuschließen beabsichtigt, und WuW/E BGH 2668 (2670) „Pauschalreiseveranstalter"; OLG Hamburg WuW DE-R 506 (508) „Tankstellenverwalter"; Ebenroth/Parche, BB 1988 Beilage 10, 1 (9ff.); Bosch, BB 1996, 1513 (1516f.); Wolter in Frankfurter Kommentar, GWB 1999, § 16 Rz. 50, 79; Emmerich in Immenga/Mestmäcker, 3. Auflage, § 16 Rz. 29; Lange in Lange, Kapitel 3, § 1 IV. 2. Rz. 71; Bechtold, 3. Auflage, § 16 Rz. 10; Bunte, Kartellrecht, § 6 II 2. S. 150) die lediglich immanente Beschränkungen ausnehmen möchten, uneingeschränkt unter die Vertikalvereinbarungen. Schließlich zielte diese einschränkende Auslegung vor der Neufassung nicht darauf, Interessenwahrungsverträge dem stumpfen Schwert der Verbietbarkeitskontrolle, sondern der scharfen, wettbewerbspolitisch unbefriedigenden (vgl. Begründung der Bundesregierung, BT-Drs. 13/9720 S. 81) zivilvertraglichen

trages, sondern nach den Besonderheiten einer vertikal wettbewerbsbeschränkenden Vereinbarung zu suchen.

Im Ausgangspunkt besteht Einigkeit darüber, dass eine vertikal wettbewerbsbeschränkende Vereinbarung in einem Zusammenhang mit einer Lieferbeziehung stehen muss. Die Einführung hat gezeigt, dass der Ausgestaltung dieses Zusammenhangs bislang wenig Aufmerksamkeit geschenkt wird[434]. Werden die dargestellten Ansätze jedoch vor diesem Hintergrund näher betrachtet, so wird deutlich, dass sich über diese direkt oder indirekt der Zusammenhang zwischen der Wettbewerbsbeschränkung und der Lieferbeziehung beschreiben lässt. Es würde dann der dienenden Funktion der wettbewerbsbeschränkenden Vereinbarungen Bedeutung beigemessen. Die Ausgestaltung des Zusammenhangs erscheint dabei als Maß und Gradfrage. Eine vertikale Wettbewerbsbeschränkung könnte entsprechend der unterschiedlichen Ansätze voraussetzen, dass sie formaler Bestandteil einer Lieferbeziehung ist, sie die Durchführung einer Lieferbeziehung effizienter gestaltet, dafür sachlich geboten oder sogar notwendig ist. Bisher lag diese zentrale Fragestellung unter dem Begriff des Immanenzgedankens hinter der Auslegung des Kartellverbotes verborgen[435]. Das Erfordernis eines Zusammenhangs und dessen Ausgestaltung wird im Folgenden mit Hilfe der klassischen Auslegungskriterien näher untersucht.

II. Wortlaut der Vertikalvereinbarungen

Sowohl das Verbot von Vereinbarungen über Preisgestaltung oder Geschäftsbindungen des § 14 GWB als auch die Missbrauchsaufsicht über Ausschließlichkeitsbindungen des § 16 GWB setzen „Vereinbarungen über Waren oder gewerbliche Leistungen“ voraus.

Die Formulierung „Vereinbarungen über Waren oder gewerbliche Leistungen“ deutet zunächst nur auf den Gegenstand der wettbewerbsbeschränkenden Ver-

---

Unwirksamkeit des Schriftformerfordernis des § 34 GWB a.F. zu entziehen (vgl. zuletzt BGH WuW DE-R 912 (913) „Sabet/Massa“). Nach dem Wegfall des Schriftformerfordernisses ist die Grundlage der Streitfrage entfallen. Zusätzlich wurde das wertende Kriterium der Immanenz in den Vertikalvereinbarungen ganz ähnlich der Formel des anzuerkennenden Interesse der Entscheidungen „Druckgussteile“, „Bedside-Testkarten“ und „Sole“ formuliert. Bei kombinierter Anwendung der Kriterien verbliebe aber für die Vertikalvereinbarungen kein nennenswerter Anwendungsbereich mehr.

434 Vgl. Gliederungspunkt 3. Kapitel C. I. 1.

435 Besonders die von K. Schmidt, FS Sandrock, S. 833 (846) im Rahmen der Auslegung des Kartellverbotes aufgeworfene und von Kühne RdE 2002, 104 (104) aufgegriffene Frage, ob § 16 GWB nicht selbst Immanenzwirkungen entfaltet, zeigt, dass bisher der Privilegierungsfunktion der Vertikalvereinbarungen zu wenig Bedeutung geschenkt wird.

einbarung. Ein über diesen grundsätzlichen Marktbezug hinausgehendes Erfordernis ist darin nicht zu erblicken[436].

Die wettbewerbsbeschränkenden Vereinbarungen der §§ 14, 16 GWB werden jedoch nicht lediglich dadurch beschrieben, dass es sich um Vereinbarungen über Waren oder gewerbliche Leistungen handelt. Zusätzlich wird in § 14 GWB und in den Beschränkungsalternativen des § 16 1. Hs. Nr. 1-3 GWB zwischen „gelieferten" und „anderen" Waren differenziert, sowie in § 16 1. Hs. Nr. 4 GWB von der „Abnahme von Waren" gesprochen. Diese Differenzierung spricht dafür, dass zwischen den an der Vereinbarung beteiligten Unternehmen Waren oder gewerbliche Leistungen ausgetauscht werden müssen und damit eine Lieferbeziehung bestehen muss[437]. Darüber hinaus ist jedoch nicht ersichtlich, ob und in welcher Weise die wettbewerbsbeschränkende Vereinbarung mit der Lieferbeziehung verknüpft sein muss.

III. Systematische Auslegung

1. Einbeziehung der Überschrift Vertikalvereinbarungen

Die §§ 14, 16 GWB finden sich im zweiten Abschnitt des ersten Teils des GWB wieder. Dieser trägt die Überschrift Vertikalvereinbarungen. Ein allgemeingültiger Sprachgebrauch einer Vertikalvereinbarung besteht nicht. Es ist jedoch dargestellt worden, dass der Begriff vertikal eine marktgegenseitige Beziehung, also das Vorliegen eines Austauschverhältnisses zwischen den Beteiligten, voraussetzt[438]. Die Überschrift der Vertikalvereinbarungen bestätigt damit, dass die Beteiligten in einer Lieferbeziehung stehen müssen. Einen Schluss auf die Ausgestaltung des Zusammenhangs der wettbewerbsbeschränkenden Vereinbarung mit dieser lässt die Überschrift jedoch nicht zu.

2. Normwiderspruch zum Kartellverbot

Es sind keine Tatbestandsmerkmale des Kartellverbotes –insbesondere auch nicht das Kriterium der „miteinander im Wettbewerb stehenden Unternehmen"-

---

436 Vgl. auch Schwarz, Kartellvertrag, S. 111.

437 Fritzsche S. 48. Gegen das Erfordernis einer Lieferbeziehung wenden Schwarz, Kartellvertrag, S. 112f und Straub S. 68; ders. in GK, 4. Auflage, § 15 Rz. 95 ein, dass die *Lieferung* von Waren und die *Erbringung* von Dienstleistungen nicht im Wortlaut erwähnt sei. Erst bei der Beschreibung der Zweitvereinbarung werde von Vereinbarungen über gelieferte oder andere Waren gesprochen. Es sei nicht ersichtlich, warum bei der Erstvereinbarung nur die Qualifizierung „geliefert" ergänzt werde, nicht aber die Alternative „andere Waren" in Betracht gezogen würde. Das Element „andere" sei nicht auf den Hauptvertrag, sondern auf das Tatbestandsmerkmal „gelieferte" Waren zu beziehen. Unter „anderen" Waren seien schlicht „nichtgelieferte" Waren zu verstehen. Diese Argumentation überzeugt nicht. Die Differenzierung in „gelieferte" und „andere" Waren wäre sinnlos, wenn nicht eine Vertikalvereinbarung eine Lieferbeziehung voraussetzen würde.

438 Vgl. Gliederungspunkt 3. Kapitel A. II.

im Wege der Lehre von den negativen Tatbestandsmerkmalen zwingend in die Vertikalvereinbarungen einzulesen. Zwar sehen das Kartellverbot und die Vertikalvereinbarungen unterschiedliche Rechtsfolgen –Verbot einerseits, Verbietbarkeit andererseits- vor. Daraus resultieren jedoch keine Normwidersprüche, die es zu beseitigen gilt[439].

Bereits die Regelung des § 32 GWB zeigt, dass es sinnvoll ist, für ipso iure verbotene Vorschriften eine Untersagungsverfügung einzuführen. Auch die von Kipp[440] begründete Diskussion um die Doppelwirkungen im Recht lässt keinen Normwiderspruch sichtbar werden. Die Nichtigkeit ist als Nichtgeltung in Hinsicht auf einen Nichtigkeitsgrund zu beschreiben[441]. Das Verbot bzw. die Verbietbarkeit ergibt sich aus einer jeweils anderen Wertung[442]. Es spricht nichts dagegen, dass eine wettbewerbsbeschränkende Absprache aus einem Blickwinkel verboten, aus einem anderen Blickwinkel verbietbar ist. Dafür spricht schon die Effektivität des Wettbewerbsrechts. Ansonsten wäre ein Nebeneinander zwischen den nationalen Wettbewerbsregeln und denen des Gemeinschaftsrechts von vornherein ausgeschlossen. Schließlich können Normwidersprüche sowohl auf Tatbestandsebene als auch im Wege der Gesetzeskonkurrenz aufgelöst werden[443].

Zusammenfassend sind unter dem Gesichtspunkt der Normwidersprüche keine Tatbestandsmerkmale des Kartellverbotes in die Vertikalvereinbarungen einzulesen[444].

3. Ergebnis

Die Systematik spricht dafür, dass zwischen den an der Vereinbarung beteiligten Unternehmen eine Lieferbeziehung bestehen muss. Aufschluss über die

---

[439] Anders Rittner, WuW 2000, 696 (704); Keul S. 67, 234; Schwarz, Kartellvertrag, S. 109ff.; Maasch, ZHR 150 (1986) S. 657 (664); ein Normwiderspruch sei darin begründet, dass eine wettbewerbsbeschränkende Vereinbarung gleichzeitig unter die Verbotsvorschrift des § 1 GWB und unter die Verbietbarkeitsvorschrift des § 16 GWB fallen könne. Ein Verhalten könne aber nicht gleichzeitig einerseits verboten und andererseits durch § 16 GWB erlaubt sein.

[440] Kipp, FS Martitz, S. 211.

[441] Flume § 31 6. S. 566; K. Schmidt, Kartellverfahrensrecht, S. 212.

[442] Huber/Baums in Frankfurter Kommentar, § 1 Rz. 714.

[443] Larenz, Methodenlehre, 2. Kapitel 4. S. 268ff.

[444] Entgegen Rittner, WuW 2000, 1204 (1205) hat eine Lösung über die Gesetzeskonkurrenz den Vorteil, dass Normwidersprüche offen zu Tage treten. Durch eine Kumulation von Kontrollvorschriften würde auch entgegen Rittner die Vertragsfreiheit nicht ohne Not weiter eingeengt. Denn der Lösungsweg über eine Tatbestands- oder Gesetzeskonkurrenz sagt nichts über die Reichweite der Kontrollvorschrift und damit über die Reichweite der Vertragsfreiheit aus.

Ausgestaltung des Zusammenhangs der Wettbewerbsbeschränkung mit dieser gibt sie jedoch nicht.

IV. Wille des Gesetzgebers

1. Einführung

Der Anwendungsbereich einer Vertikalvereinbarung wird in der Regierungsbegründung der 6. Novelle nicht beschrieben. Die Gesetzesbegründung betont lediglich, dass die im deutschen Recht bestehende Unterscheidung zwischen horizontalen und vertikalen Wettbewerbsbeschränkungen beibehalten wird[445]. Zusätzlich offenbart die Regierungsbegründung versteckt und schwer verständlich in den Ausführungen zum Wegfall des Schriftformerfordernisses des § 34 GWB a.F.: „Im übrigen ist zu sehen, daß die Annahme einer Lieferverpflichtung wegen der aus dem bisherigen § 34 GWB folgenden Nichtigkeit einer vertikalen Bindung materiell in aller Regel in die falsche Richtung geht, da Vertriebsbindungen nach dem bisherigen § 18 -wie die Praxis zeigt- wettbewerbsrechtlich durchweg unproblematisch sind. Die Feststellung der Formnichtigkeit führt in diesen Fällen zu materiell unbefriedigenden Ergebnissen.“[446].

Damit zeigt die Regierungsbegründung, dass Vertriebsbindungen grundsätzlich von den Vertikalvereinbarungen erfasst werden sollen. Zusätzlich stellt sich die Frage, an welchen Zeitpunkt und an welche inhaltliche Ausgestaltung der Gesetzgeber seinen Willen zur Beibehaltung der im deutschen Recht bestehenden Unterscheidung zwischen horizontalen und vertikalen Wettbewerbsbeschränkungen anknüpft.

2. Inhaltliche Anknüpfung der Regierungsbegründung

Die Vertikalvereinbarungen wurden in der Zeit vor der Neufassung der 6. Novelle kontinuierlich ausgelegt. Seit der Entscheidung „Bierbezug“ muss die wettbewerbsbeschränkende Absprache im Zusammenhang mit einer Geschäftsbeziehung vereinbart werden, die auf die Lieferung von Waren oder auf die Erbringung gewerblicher Leistungen gerichtet ist[447]. Eine Beschränkung des Wettbewerbs untereinander stellt weder eine positive noch eine negative Voraussetzung dar.

Erst in den Entscheidungen „Druckgussteile“, „Bedside-Testkarten“ und „Sole“ des Jahres 1997 wurde die Abgrenzung zum Kartellverbot in den Vordergrund der Untersuchung gerückt, die tatbestandliche Exklusivität hervorgehoben und damit die Auslegung des „gemeinsamen Zwecks“ in Form der wettbewerbspolitisch wertenden Formel des anzuerkennenden Interesses in die Interpretation

---

[445] Begründung der Bundesregierung, BT-Drs. 13/9720 S. 30f.

[446] Begründung der Bundesregierung, BT-Drs. 13/9720 S. 81.

[447] WuW/E BGH 712 (714) „Bierbezug“; vgl. Gliederungspunkt 3. Kapitel A III. 2. b).

der Vertikalvereinbarungen einbezogen[448]. Es ist fraglich, ob der Gesetzgeber anstrebte diese Formel fortzuführen.

3. Zeitpunkt der sachlichen Anknüpfung der Regierungsbegründung

Es wird kontrovers diskutiert, ob die Entscheidungen des Jahres 1997 in die Gesetzesfassung einbezogen wurden[449]. Es lassen sich für den einen, wie für den anderen Anknüpfungszeitpunkt gute Gründe finden. Zu berücksichtigen ist, dass bereits am 2.5.1996 Eckpunkte der Neufassung veröffentlicht wurden, die im Formulierungsentwurf des Bundesministeriums für Wirtschaft vom 17.3.1997 präzisiert und im Referentenentwurf vom 22.7.1997 bestätigt wurden[450]. Der Wortlaut der Neufassung stand zwar mit dem Formulierungsentwurf erst nach den Entscheidungen „Druckgussteile“ und „Bedside-Testkarten“ vom 14.1.1997 fest, jedoch deuten die bereits veröffentlichten Eckpunkte darauf, dass der Gesetzgeber die Rechtsprechung nicht in das Gesetzgebungsverfahren miteinbezogen hat. Dies bedeutet jedoch nicht, dass der Gesetzgeber die Entwicklung in der Rechtsprechung nicht wachen Auges verfolgte und sie nicht im Einklang mit dem Entwurf sah. Dafür spricht, dass die Regierungsbegründung betonte, dass es auch *weiterhin* eines Tatbestandsmerkmals zur Abgrenzung des Kartellverbotes von den Vertikalvereinbarungen bedürfe[451]. Die Funktion des „gemeinsamen Zwecks“ als tatbestandliches Abgrenzungskriterium wurde jedoch erst in den Entscheidungen des Jahres 1997 hervorgehoben. Letztendlich lässt sich der Wille des Gesetzgebers in Bezug auf den Zeitpunkt der Anknüpfung jedoch nicht mit letzter Sicherheit ermitteln.

4. Ergebnis

Im Ergebnis bestätigt der Wille des Gesetzgebers, dass die wettbewerbsbeschränkende Vereinbarung im Zusammenhang mit einer Lieferbeziehung geschlossen werden muss. Ungeklärt ist jedoch, ob das systematische und inhaltliche Konzept der Entscheidungen des Jahres 1997 mit der Neufassung fortgesetzt werden sollte. Letztlich kommt damit einer teleologischen Auslegung entscheidendes Gewicht zu.

V. Teleologische Auslegung

Die Vertikalvereinbarungen dienen im Zusammenspiel mit dem Kartellverbot dem Schutz des Wettbewerbs als Institution[452]. Der Gesetzgeber hat durch das differenzierende Regelungssystem des ersten und zweiten Abschnitts des GWB

---

448 Vgl. Gliederungspunkt 3. Kapitel A. III. 4.

449 Dagegen Wellenhofer-Klein, WuW 1999, 557 (563); Baums, ZIP 1998, 233 (235); K. Schmidt, FS Sandrock, S. 833 (846); dafür Rittner, WuW 2000, 696 (698).

450 Vgl. dazu insbesondere Baums, WuW 1997, 857 (857).

451 Begründung der Bundesregierung, BT-Drs. 13/9720 S. 31.

452 Vgl. Gliederungspunkt 2. Kapitel C. II. 2 e).

eine wettbewerbspolitische Wertentscheidung getroffen. Diese zielt darauf ab, einen gegenüber dem Kartellverbot privilegierten Bereich vertikal wettbewerbsbeschränkender Absprachen zu beschreiben[453]. An diesem Zweck muss sich die Auslegung der Vertikalvereinbarungen ausrichten. Es fragt sich, ob durch die dargestellten unterschiedlichen Ansätze eine privilegierte Vertikalvereinbarung in wettbewerbspolitisch überzeugender Weise nachgezeichnet wird.

Ein Ansatz, der privilegierte Vertikalvereinbarungen ausschließlich über das Kartellverbot beschreibt und dabei den Vertikalvereinbarungen nur eine Auffangfunktion zuweist[454], lässt deren Funktion im System der wettbewerbsbeschränkenden Absprachen unberücksichtigt. Es werden danach ausschließlich Nichtkartellabsprachen, nicht aber Vertikalvereinbarungen privilegiert. Dieser Ansatz entspricht damit erkennbar nicht dem Zweck des Gesetzes.

Die wettbewerbspolitisch wertende Formel des anzuerkennenden Interesses der Entscheidungen „Druckgussteile", „Bedside-Testkarten" und „Sole" wurde bisher ausschließlich auf die Ausschließlichkeitsbindungen des § 16 GWB angewendet. Die sachliche Überzeugungskraft dieses Ansatzes lässt sich auch daran messen, ob er Geltung für die weiteren Formen der in § 16 GWB aufgezählten Wettbewerbsbeschränkungen, namentlich den Verwendungsbeschränkungen, Vertriebsbindungen und Koppelungsbindungen, und für das Preis- und Konditionenverbot des § 14 GWB beanspruchen kann.

Dies ist jedenfalls für das Preis- und Konditionenbindungsverbot des § 14 GWB zu verneinen. Der Gesetzgeber drückt durch das Verbotsprinzip aus, dass an diesen Bindungen im Hinblick auf die Freiheit des Wettbewerbs kein anzuerkennendes Interesse besteht. Es verbliebe damit bei konsequenter Anwendung der Formel für § 14 GWB kein eigenständiger Anwendungsbereich. Sämtliche Preis- und Konditionenbindungen würden in den Anwendungsbereich des Kartellverbotes fallen. Die praktischen Ergebnisse sind zwar auf den ersten Blick gleich, da sowohl § 14 GWB als auch § 1 GWB dem Verbotsprinzip unterliegen. Auf den zweiten Blick zeigt sich jedoch, dass eine Einordnung aufgrund der unterschiedlichen Freistellungsvorschriften zwingend notwendig ist. Das GWB sieht in den §§ 2-8 GWB und § 15 GWB für eine Kartellabsprache und für Vertikalvereinbarungen unterschiedliche Freistellungsvorschriften vor. Eine Freistellung des § 15 I GWB -etwa für eine Buchpreisbindung- erfolgt nur für das Verbot von Vereinbarungen des § 14 GWB, nicht dagegen für das Kartellverbot des § 1 GWB. Ein Konditionenkartell gemäß § 2 II GWB kann die Kar-

[453] Begründung der Bundesregierung , BT-Drs. 13/9720 S. 30f.
[454] Vgl. Gliederungspunkt 3. Kapitel C. I. 3. a).

tellbehörde ausschließlich für das Kartellverbot, nicht jedoch für das Verbot des § 14 GWB freistellen[455].

Daneben zeigt –wenn auch nicht derart deutlich- die Rechtsfolge des § 16 GWB, dass auch an diesen Vertikalvereinbarungen nicht immer ein im Hinblick auf die Freiheit des Wettbewerbs anzuerkennendes Interesse besteht. Es fiele schwer, einerseits ein anzuerkennendes Interesse zu begründen, andererseits festzustellen, dass die Absprache zu einer wesentlichen Wettbewerbsbeschränkung führt, die eine Verbotsverfügung des Kartellamtes trägt.

Im Ergebnis ist die wettbewerbspolitisch wertende Formel des anzuerkennenden Interesses nicht geeignet, wettbewerbsbeschränkende Absprachen in die Kategorien Kartellverbot und Vertikalvereinbarungen einzuteilen.

Aber auch im Zusammenspiel mit einer horizontalen Wettbewerbsbeschränkung im Sinne der Entscheidung „Spielkarten" überzeugt die Formel des anzuerkennenden Interesses nicht. Bei einer kombinierten Anwendung verbliebe zwar für § 14 GWB in den Fällen ein eigenständiger Anwendungsbereich, in denen der Wettbewerb nicht unter den Beteiligten beschränkt wird. Damit wäre aber beispielsweise für den Buchhandel nicht die Gefahr gebannt, dass eine nach § 15 GWB freigestellte Buchpreisbindung unter das Kartellverbot fiele. Schließlich befinden sich Buchhändler aufgrund eines möglichen Internetvertriebs regelmäßig mit den Verlagshäusern im Wettbewerb. Zusätzlich hat sich gezeigt, dass eine Auslegung des Kriteriums der „miteinander im Wettbewerb stehenden Unternehmen" im Sinne horizontaler Wettbewerbsbeschränkungen zu erheblichen Schutzlücken führt[456]. Im Ergebnis ist daher die Formel des anzuerkennenden Interesses auch nicht in Kombination mit einer horizontalen Wettbewerbsbeschränkung geeignet, wettbewerbsbeschränkende Absprachen in die Kategorien Kartellverbot und Vertikalvereinbarungen überzeugend einzuordnen.

Es stellt sich die Frage, ob durch den Ansatz Wilhelms die privilegierten Vertikalvereinbarungen in wettbewerbspolitisch überzeugender Weise nachgezeichnet werden. Der Ansatz basiert auf einzelnen, speziell ausgewählten Beispielsfällen des historischen Gesetzgebers. Es wird daher zu Recht gerügt, dass dessen Grundlage auf einer Art wettbewerbspolitischer Abwägung beruhe, die vor die Auslegung des GWB geschaltet werde und damit nichts anderes als eine un-

---

455 Trotzdem wurde in der Entscheidung OLG Düsseldorf WuW/E DE-R 661 (663) „Tennishallenpacht" eine Preisbindung gemäß § 14 GWB befürwortet, obwohl die an dem Vertragsschluss beteiligten Unternehmen unproblematisch miteinander im Wettbewerb standen.

456 Vgl. Gliederungspunkt 3. Kapitel B. V. 2. b).

zulässige Anwendung der amerikanischen Rule of Reason auf das deutsche Kartellrecht darstelle[457]. Zusätzlich ist einzuwenden, dass der Wille des historischen Gesetzgebers in der Kartellformenlehre verhaftet war und in der Vertragsgerechtigkeit einen wesentlichen Aspekt der „Sonstigen Verträge" erblickte. Er kann damit schwerlich für die aktuelle Auslegung der Vertikalvereinbarungen maßgeblich sein.

Dies besagt jedoch nicht, dass der Ansatz nicht die wettbewerbsbeschränkenden Absprachen überzeugend erfasst. Insofern ist bemerkenswert, dass er inhaltlich Kriterien übernimmt, die durch die Rechtsprechung hinter der Fassade der Formel des anzuerkennenden Interesses entwickelt wurden. Eine vertikale Wettbewerbsbeschränkung liegt jedenfalls dann vor, wenn die Wettbewerbsbeschränkung zur Durchführung der Lieferbeziehung sachlich geboten ist[458]. Die Frage, ob eine Wettbewerbsbeschränkung zur Durchführung einer Lieferbeziehung sachlich geboten ist, erweist sich jedoch als schwierig. Sie führt zu einer erheblichen Rechtsunsicherheit. Praktisch hat sich dies vor allem in der Beurteilung von Energielieferungsverträgen gezeigt, die seit der Aufhebung der Spezialregelungen des § 103 GWB a.F. zum 29.4.1998 uneingeschränkt dem ersten und zweiten Abschnitt des GWB unterliegen[459]. Um diese Rechtsunsicherheit zu minimieren, wurde deshalb jüngst zur Ausgestaltung der Formel des anzuerkennenden Interesses auf die Grundsätze der Schirm-GVO zurückgegriffen[460]. Deren Überzeugungskraft kann jedoch erst nach einer Untersuchung der Schirm-GVO bewertet werden.

Im Ergebnis ist jedenfalls die wettbewerbspolitisch wertende Formel des anzuerkennenden Interesses allein oder in Kombination mit dem Kriterium einer horizontalen Wettbewerbsbeschränkung im Sinne der Entscheidung „Spielkarten" nicht geeignet, wettbewerbsbeschränkende Absprachen überzeugend in die Kategorien Kartellverbot und Vertikalvereinbarungen einzuteilen.

D. Zusammenfassung und Kritik an der Konzeption des GWB

Eine wettbewerbsbeschränkende Absprache ist nach der Konzeption des GWB erlaubt, es sei denn, es liegt eine Kartell*absprache* oder eine Vertikal*vereinba-*

[457] Fritzsche S. 46.

[458] BGH WuW/E 3115 (3119) „Druckgussteile"; BGH WuW/E 3124 (3126) „Bedside-Testkarten"; BGH WuW/E 3137 (3138f.) „Sole"; vgl. auch ähnlich BGH WuW/E 1458 (1462) „Fertigbeton"; WuW/E BGH 2285 (2288) „Spielkarten"; OLG Hamburg WuW/E OLG 1724 (1728f.) „Miniaturgolfanlagen"; LG Mannheim WuW/E DE-R 298 (300f) „Stromversorgung".

[459] LG Mannheim WuW/E DE-R 298 „Stromversorgung"; KG RdE 2002, 101; OLG Düsseldorf RdE 2002, 44; OLG Dresden RdE 2002, 144; OLG Stuttgart RdE 2002, 182.

[460] OLG Stuttgart, RdE 2002, 182 (185); Saecker/Jaecks S. 49; Kühne, RdE 2002, 104 (104).

rung vor. *Abgestimmte Verhaltensweisen* zwischen nicht „miteinander im Wettbewerb stehenden Unternehmen“ werden gar nicht erfasst.
Systematisch ergeben sich aus der Unterscheidung in Kartellabsprachen und Vertikalvereinbarungen nicht zwei, sondern drei Kategorien wettbewerbsbeschränkender Absprachen. Erstens sind dieses Kartellabsprachen, die dem Verbotsprinzip unterfallen, zweitens Vertikalvereinbarungen, die meist verboten werden können und drittens sonstige wettbewerbsbeschränkende Absprachen, die keiner Regelung unterliegen. Streng genommen werden durch das Kriterium der „miteinander im Wettbewerb stehenden Unternehmen“ des Kartellverbotes damit nicht vertikale, sondern wettbewerbsbeschränkende Absprachen zwischen *nicht* „miteinander im Wettbewerb stehenden Unternehmen“ privilegiert. Nur falls diese Vertikalvereinbarungen darstellen, unterliegen sie dem differenzierenden System des zweiten Abschnitts des GWB.

Dies offenbart die gravierende Schwäche des Systems des GWB. Das zentrale Kriterium der „miteinander im Wettbewerb stehenden Unternehmen“ befindet sich in einem Dilemma. Es führt einerseits zu erheblichen Schutzlücken, trägt aber andererseits nicht entscheidend zur Beschreibung einer vertikalen Wettbewerbsbeschränkung bei. Es ist zur Abgrenzung zu den Vertikalvereinbarungen ungeeignet und verdeckt die zentrale Problemstellung:

Die Beschreibung einer privilegierten Vertikalvereinbarung.

Diese erweist sich insbesondere aufgrund der überkommenen und unpräzisen Formulierung der Vertikalvereinbarungen als schwierig. Die Nichteinbeziehung „aufeinander abgestimmter Verhaltensweisen“ in den Tatbestand der Vertikalvereinbarungen und die Formulierung des „für unwirksam erklärens“ des § 16 GWB zeigen, dass sich der Gesetzgeber nicht konsequent vom Denken in Vertragstypen befreit hat. Aus der Formulierung „Vereinbarung über Waren oder gewerbliche Leistungen“ lässt sich nicht eindeutig der Anwendungsbereich entnehmen. Es wird lediglich deutlich, dass die Wettbewerbsbeschränkung im Zusammenhang mit einer Lieferbeziehung stehen muss. Die Ausgestaltung dieses Zusammenhangs bleibt jedoch auch nach einer Auslegung der Vertikalvereinbarungen im Dunklen. Er ist jedenfalls nicht wettbewerbspolitisch wertend über die Formel des anzuerkennenden Interesses der Entscheidungen „Druckgussteile“, „Bedside-Testkarten“ und „Sole“ zu bestimmen.

Fraglich ist, ob im Gemeinschaftsrecht -insbesondere durch die Schirm-GVO- eine überzeugende Beschreibung einer zu privilegierenden vertikalen Wettbewerbsbeschränkung gelungen ist, deren Grundsätze sich in das GWB übertragen lassen. Insofern wird die Unterscheidung des Gemeinschaftsrechts in horizontale und vertikale Wettbewerbsbeschränkungen untersucht.

4. Kapitel: Horizontale und vertikale Wettbewerbsbeschränkungen im Gemeinschaftsrecht

A. Überblick über horizontale und vertikale Wettbewerbsbeschränkungen im Gemeinschaftsrecht

I. Horizontale und vertikale Vereinbarungen im Primärrecht

Der EuGH stellte sehr früh klar, dass das Gemeinschaftsrecht im Primärrecht der Art. 81, 82 EG eine Unterscheidung in horizontale und vertikale Wettbewerbsbeschränkungen nicht kennt[461].

II. Horizontale und vertikale Vereinbarungen im Sekundärrecht

Innerhalb des sekundären Gemeinschaftsrechts wird jedoch in Art. 2 I Schirm-GVO, in Art. 1 I a) Ermächtigungs-VO 19/65[462], sowie in Art. 4 II 2 a) Durchführungs-VO 17/62[463] der Anwendungsbereich vertikaler Vereinbarungen beschrieben.

Eine vertikale Vereinbarung wird als Vereinbarung oder aufeinander abgestimmte Verhaltensweise zwischen zwei oder mehr Unternehmen, von denen jedes zwecks Durchführung der Vereinbarung auf einer unterschiedlichen Produktions- oder Vertriebsstufe tätig ist, und welche die Bedingungen betreffen, zu denen die Parteien bestimmte Waren oder Dienstleistungen beziehen, verkaufen oder weiterverkaufen können, definiert[464].

---

461 EuGH v. 13.7.1966 Rs. 56 u. 58/64 - Grundig/Consten, Slg. 1966, 321 (387, 392); EuGH v. 13.7.1966 Rs. 32/65 - Italien/Kommission, Slg. 1966, 457 (485): „Artikel 85 gilt allgemein für alle den Wettbewerb im Gemeinsamen Markt verfälschenden Vereinbarungen und unterscheidet zwischen diesen Vereinbarungen nicht danach, ob sie von Unternehmen abgeschlossen sind, die auf derselben Wirtschaftsstufe miteinander im Wettbewerb stehen, oder ob ihnen nicht miteinander konkurrierende Unternehmer verschiedener Wirtschaftsstufen angehören. Es geht grundsätzlich nicht an, da Unterscheidungen zu treffen, wo der Vertrag dies nicht tut".

462 Schirm-GVO v. 29.12.1999 Nr. 2790/1999, ABl.EG 1999 L 336 S. 21; Art. 1 I a) Ermächtigungs-VO 19/65 wurde durch Verordnung (EG) v. 10.6.1999 Nr.1215/99, ABl.EG 1999 L 148 S. 1 (2 Rz. 10, 3 Art. 1) eingeführt.

463 Art. 4 II 2 a) Kartelverfahrens-VO 17/62 wurde durch Verordnung (EG) v. 10.6.1999 Nr. 1216/99, ABl.EG 1999 L 148 S. 5 (6 Art. 1) eingeführt.

464 Zu bemerken ist, dass vertikale Vereinbarungen in Art. 4 II 2 a) VO 17/62 insoweit abweichend definiert werden, als sie „[...] von zwei oder mehr Unternehmen geschlossen werden, von denen jedes *im Rahmen* der Vereinbarung auf einer unterschiedlichen Produktions- oder Vertriebsstufe tätig ist [...]". Diese Abweichung besteht jedoch ausschließlich in der deutschen Fassung. In der englischen und französischen Fassung wird sowohl in Art. 2 I Schirm-GVO als auch in Art. 4 II 2 a) VO 17/62 definiert: „[...] entered into between two or more undertakings each of which operates, for the purposes of the agree-

Eine sekundärrechtliche Definition einer horizontalen Vereinbarung fehlt demgegenüber. Weder in der Ermächtigungs-VO 2821/71[465] noch in den auf dieser Grundlage durch die Kommission erlassenen Spezialisierungs-GVO 2658/2000[466] und Forschungs- und Entwicklungs-GVO 2659/2000[467] wird eine horizontale Vereinbarung beschrieben.

Die Gruppenfreistellungsverordnungen knüpfen nicht primär an die Unterscheidung horizontal und vertikal an, sondern an die Funktion, die die Wettbewerbsbeschränkung im Rahmen der Absprache erfüllt. Bereits die Titel Forschungs- und Entwicklungs-GVO, Spezialisierungs-GVO, Technologietransfer-GVO und KFZ-GVO geben Aufschluss über die Funktion einer Wettbewerbsbeschränkung im Rahmen der Absprache[468].

III. Horizontale und vertikale Vereinbarungen in der Kommissionspraxis

1. Bekanntmachung über Vereinbarungen von geringer Bedeutung

In der Bagatellbekanntmachung des Jahres 1997[469] wurde zur Konkretisierung der ungeschriebenen Merkmale des Art. 81 I EG, der Spürbarkeit der Wettbewerbsbeschränkung und der Spürbarkeit der Beeinträchtigung des Handels zwischen den Mitgliedstaaten, differenzierende Schwellenwerte für horizontale Vereinbarungen (5% Marktanteil) und vertikale Vereinbarungen (10% Marktanteil) eingeführt. Zusätzlich wurden unterschiedliche Kernbeschränkungen formuliert[470].

Eine horizontale Vereinbarung wurde schlicht als Vereinbarung zwischen Unternehmen derselben Produktions- und Handelsstufe, eine vertikale Vereinba-

---

ment, at a different level of the production or distribution chain [...]" bzw. „[...] qui sont conclus entre deux ou plus de deux entreprises dont chacune opére, aux fins de l'acoord, à un niveau différent de la chaîne de production ou de distribution [...]". Dies spricht dafür, dass es sich lediglich um eine sprachliche Ungenauigkeit der deutschen Fassung ohne sachlichen Unterschied handelt.

465 Ermächtigungs-VO v. 20.12.1971 Nr. 2821/71, ABl.EG 1971 L 285 S. 46.

466 Spezialisierungs-GVO v. 29.11.2000 Nr. 2658/2000, ABl.EG 2000 L 304 S. 3.

467 Forschungs- und Entwicklungs-GVO v. 29.11.2000 Nr. 2659/2000, ABl.EG 2000 L 304 S. 7.

468 Spezialisierungs-GVO v. 29.11.2000 Nr. 2658/2000, ABl.EG 2000 L 304 S. 3; Forschungs- und Entwicklungs-GVO v. 29.11.2000 Nr. 2659/2000, ABl.EG 2000 L 304 S. 7; KFZ-GVO v. 31.7.2002 Nr. 1400/2002, ABl.EG 2002 L 203 S. 30.

469 Bagatellbekanntmachung v. 9.12.1997, ABl.EG 1997 C 372 S. 13.

470 Soweit eine Vereinbarung eine der in der Bekanntmachung aufgelisteten Kernbeschränkungen enthielt, wurde die Wettbewerbsbeschränkung und die Beeinträchtigung des zwischenstaatlichen Handels unabhängig von den differenzierenden Marktanteilsschwellen als spürbar eingestuft, vgl. Bagatellbekanntmachung v. 9.12.1997, ABl.EG 1997 C 372 S. 13 (14 Rz. 11); Emmerich in Dauses, H. I. § 1 Rz. 125.

rung als solche zwischen Unternehmen verschiedener Wirtschaftsstufen beschrieben [471]. Der Begriff der Wirtschaftsstufe wurde nicht definiert.

In der Neufassung der Bekanntmachung wird für die Beurteilung einer Wettbewerbsbeschränkung[472] nicht mehr zwischen horizontalen und vertikalen Vereinbarungen differenziert[473]. Stattdessen wird danach unterschieden, ob die an der Vereinbarung beteiligten Unternehmen auf den von der Vereinbarung betroffenen Märkten in einem Wettbewerbsverhältnis stehen[474]. Es werden jedoch nicht nur die Marktanteilsschwellen, sondern auch die Kernbereichsbeschränkungen neu festgelegt[475]. Soweit eine wettbewerbsbeschränkende Vereinbarung eine der aufgezählten Kernbeschränkungen umfasst, liegt unabhängig vom Marktanteil eine spürbare Wettbewerbsbeschränkung vor. Es gelten dabei für wettbewerbsbeschränkende Vereinbarungen zwischen Wettbewerbern und Nichtwettbewerbern unterschiedliche Kernbeschränkungen[476]. Zusätzlich wird eine dritte Fallgruppe wettbewerbsbeschränkender Absprachen geschaffen[477]. Danach werden vertikale Vereinbarungen im Sinne des Art. 2 I Schirm-GVO zwischen Wettbewerbern an allen Kernbeschränkungen gemessen.

Die Einführung der dritten Gruppe für vertikale Vereinbarungen im Sinne des Art. 2 I Schirm-GVO zwischen Wettbewerbern zeigt, dass sich das Kommissionsverständnis einer vertikalen Vereinbarung weiterentwickelt hat. Unter einer

---

471 Bagatellbekanntmachung v. 9.12.1997, ABl.EG 1997 C 372 S. 13 (14 Rz. 9).

472 Die Neufassung der Bekanntmachung betrifft nicht mehr die Spürbarkeit der Beeinträchtigung des zwischenstaatlichen Handels, vgl. Bagatellbekanntmachung v. 22.12.2001, ABl.EG 2001 C 368 S. 13 (13 Rz. 3).

473 In der Mitteilung der Kommission v. 19.5.2001, ABl.EG 2001 C 149 S. 18 (19f. Rz. 12) über die Neufassung der Bagatellbekanntmachung v. 9.12.1997 wird für die Kernbeschränkungen noch ausdrücklich zwischen horizontalen (Vereinbarungen zwischen Unternehmen, die auf derselben Produktions- oder Vertriebsebene tätig sind) und vertikalen Vereinbarungen (Vereinbarungen zwischen Unternehmen, die auf unterschiedlicher Produktions- oder Vertriebsebene tätig sind) unterschieden.

474 Befinden sich die Unternehmen auf einem der von der Vereinbarung betroffenen Märkten in einem Wettbewerbsverhältnis, so liegt keine spürbare Wettbewerbsbeschränkung vor, wenn der von den an der Vereinbarung beteiligten Unternehmen insgesamt gehaltene Marktanteil auf keinem der von der Vereinbarung betroffenen relevanten Märkten 10% überschreitet, andernfalls 15%, Bagatellbekanntmachung v. 22.12.2001, ABl.EG 2001 C 368 S. 13 (13 Rz. 7). Unzutreffend Schultze/Pautke/Wagener Rz. 245 und Schröter in Schröter/Jakob/Mederer, Art. 81 Einführung Rz. 42, die von *vertikalen Vereinbarungen* zwischen Nicht-Wettbewerbern sprechen.

475 Bagatellbekanntmachung v. 22.12.2001, ABl.EG 2001 C 368 S. 13 (14 Rz. 11).

476 Inhaltlich werden die Kernbeschränkungen für Vereinbarungen zwischen Wettbewerbern aus Art. 5 I Spezialisierungs-GVO und für Vereinbarung zwischen Nichtwettbewerbern aus Art. 4 der Schirm-GVO übernommen.

477 Bagatellbekanntmachung v. 22.12.2001, ABl.EG 2001 C 368 S. 13 (15 Rz. 11.3).

solchen ist nicht einfach eine Vereinbarung zwischen Unternehmen auf verschiedenen Wirtschaftsstufen[478] oder eine Vereinbarung zwischen Nichtwettbewerbern[479] zu verstehen. Es handelt sich vielmehr um eine selbständige Fallgruppe wettbewerbsbeschränkender Vereinbarungen unabhängig vom Bestehen eines Wettbewerbsverhältnisses.

2. Leitlinien über horizontale Zusammenarbeit

In den Leitlinien über horizontale Zusammenarbeit werden durch die Kommission Grundsätze für die Bewertung von Vereinbarungen über die horizontale Zusammenarbeit dargelegt.

Eine horizontale Zusammenarbeit wird als Vereinbarung oder abgestimmte Verhaltensweise zwischen Unternehmen auf derselben Marktstufe beschrieben. Der Schwerpunkt der Leitlinien liege auf der Zusammenarbeit zwischen Wettbewerbern[480].

Eine vertikale Vereinbarung wird als Vereinbarung zwischen Unternehmen, die auf unterschiedlichen Ebenen der Produktions- oder Vertriebskette tätig sind, gesehen. Diese seien grundsätzlich von den Leitlinien über horizontale Zusammenarbeit ausgenommen und würden in der Schirm-GVO geregelt[481]. Der Verweis auf die Schirm-GVO legt nahe, dass die Kommission in der Beschreibung kein abweichendes Verständnis von Art. 2 I Schirm-GVO, sondern lediglich eine verkürzte Fassung der Definition des Art. 2 I Schirm-GVO sieht[482].

3. Leitlinien für vertikale Beschränkungen

In den Leitlinien für vertikale Beschränkungen wird auf die Definition einer vertikalen Vereinbarung des Art. 2 I Schirm-GVO Bezug genommen[483]. Eine

---

478 Vgl. Bagatellbekanntmachung v. 9.12.1997, ABl.EG 1997 C 372 S. 13 (14 Rz. 9).

479 Vgl. Bagatellbekanntmachung v. 22.12.2001, ABl.EG 2001 C 368 S. 13 (13 Rz. 7).

480 Leitlinien über horizontale Zusammenarbeit v. 6.1.2001, ABl.EG 2001 C 3 S. 2 (2f. Rz. 1, 9); der Begriff der „Zusammenarbeit" wird zunächst, wie sich aus Rz. 1 ergibt, als Oberbegriff für eine Vereinbarung oder abgestimmte Verhaltensweise verwendet, dann aber in Rz. 9 durch den Begriff der Vereinbarung als Oberbegriff ersetzt. Sachliche Unterschiede sind damit nicht verbunden. Anders Kulka in Frankfurter Kommentar, EG-Vertrag, Art. 81 Abs. 1, 3 Fallgruppen I. Rz. 14, der den Begriff der Zusammenarbeit in tatsächlich-ökonomischer Weise versteht, den der Vereinbarung demgegenüber im Sinne des Art. 81 I EG. Damit würden jedoch abgestimmte Verhaltensweisen entgegen dem Verständnis der Kommission aus dem Anwendungsbereich der Leitlinien ausgschlossen.

481 Leitlinien über horizontale Zusammenarbeit v. 6.1.2001, ABl.EG 2001 C 3 S. 2 (3 Rz. 11).

482 Im Ergebnis auch Kulka in Frankfurter Kommentar, EG-Vertrag, Art. 81 Abs. 1, 3 Fallgruppen I. Rz. 30 Fn. 1.

483 Leitlinien für vertikale Beschränkungen v. 13.10.2000, ABl.EG 2000 C 291 S. 1 (1 Rz. 1, S. 6 Rz. 23, 21 Rz. 140).

horizontale Wettbewerbsbeschränkung wird demgegenüber als Vereinbarung zwischen Wettbewerbern beschrieben, die identische oder substituierbare Waren oder Dienstleistungen herstellen oder erbringen[484]. Der Begriff der Wirtschaftsstufe wird dabei nicht verwendet.

IV. Ergebnis der Untersuchung

Insgesamt werden horizontale und vertikale Vereinbarungen in der Kommissionspraxis unpräzise beschrieben. Sie werden je nach Gemeinschaftsrechtstext unterschiedlich definiert[485]. Das Verständnis einer vertikalen Vereinbarung konsolidiert sich jedoch auf der Basis des Art. 2 I Schirm-GVO.

B. Vertikale Vereinbarung gemäß Art. 2 Schirm-GVO

Die Kommission legt in Art. 2 I Schirm-GVO ihr Verständnis einer vertikalen Vereinbarung dar. Dieses setzt sich aus zwei grundlegenden Elementen zusammen. Erstens müssen die an der Absprache beteiligten Unternehmen in einer bestimmten Beziehung zueinander stehen. Zweitens muss die Absprache bestimmte Bedingungen betreffen. Ein Wettbewerbsverhältnis zwischen den Beteiligten ist demgegenüber weder eine positive noch eine negative Voraussetzung für eine Vertikalvereinbarung[486].

---

484 Leitlinien für vertikale Beschränkungen v. 13.10.2000, ABl.EG 2000 C 291 S. 1 (20 Rz. 100).

485 Versuche, eine allgemeingültige Definition einer horizontalen und vertikalen Vereinbarung innerhalb des Gemeinschaftsrechts zu gewinnen, müssen diese mangelnde Präzision der Begriffsverwendung der Gemeinschaftspraxis berücksichtigen. Eine Definition, die Allgemeingültigkeit beansprucht, setzt sich zumindest dem Vorwurf aus, weiter zur Begriffsverwirrung beizutragen. Dies gilt insbesondere für den Versuch von Kulka in Frankfurter Kommentar, EG-Vertrag, Art. 81 Abs. 1, 3 Fallgruppen I. Rz. 16 horizontale und vertikale Vereinbarungen danach abzugrenzen, ob die Unternehmen auf derselben oder unterschiedlichen Wirtschaftsstufe tätig sind. Stattdessen ist der Anwendungsbereich einer horizontalen und vertikalen Vereinbarung für jeden Gemeinschaftsrechtstext gesondert zu ermitteln. Anders Veelken in Immenga/Mestmäcker, EG-Kartellrecht, EB GFVO Rz. 26 der dieselbe Definition für die Bagatellbekanntmachung v. 9.12.1997 und die Schirm-GVO verwendet; vgl. die sachlichen Unterschiede unter Gliederungspunkt 4. Kapitel A. III. 1.

486 Dies zeigt sich schon darin, dass Art. 2 IV Schirm-GVO für vertikale Vereinbarungen zwischen Wettbewerbern eine Sonderregelung trifft. Diese werden grundsätzlich nicht durch die Schirm-GVO freigestellt. Mindestens missverständlich Saecker/Jaecks S. 38; Fuchs S. 95 (108): „Aus der Bezugnahme auf die Durchführung der Vereinbarung folgt, daß *selbst* dann eine vertikale Vereinbarung vorliegt, wenn die Beteiligten in *anderer* Beziehung (außerhalb des durch die Vereinbarung geregelten Bereichs) Wettbewerber sind.". Schließlich ist ein Wettbewerbsverhältnis für die Definition der Vertikalvereinbarung irrelevant.

Bisher wird in der Literatur nur vereinzelt der Anwendungsbereich der vertikalen Vereinbarungen näher beschrieben. Fast ausnahmslos wird ohne Erläuterung von vertikalen Vereinbarungen gesprochen oder die Definition des Art. 2 I Schirm-GVO unkritisch zitiert[487].

I. „Zwecks Durchführung der Vereinbarung auf einer unterschiedlichen Produktions- oder Vertriebsstufe tätig ist"

Die Definition des Art. 2 I Schirm-GVO setzt voraus, dass die beteiligten Unternehmen zwecks Durchführung der Absprache auf einer unterschiedlichen Produktions- oder Vertriebsstufe tätig sind.

Eine ausdrückliche Definition einer Produktions- oder Vertriebsstufe erfolgt jedoch weder in der Schirm-GVO noch in den Leitlinien für vertikale Beschränkungen. Stattdessen wird eine Wirtschaftsstufe in letzteren ausschließlich im Zusammenhang mit der Beschreibung „zwecks Durchführung" der Vereinbarung erläutert: „Dies bedeutet z.B., dass ein Unternehmen einen Rohstoff herstellt, den ein anderes als Einsatzgut verwendet, oder dass es sich bei dem ersten Unternehmen um einen Hersteller, dem zweiten um einen Großhändler und dem dritten um einen Einzelhändler handelt. Dabei ist nicht ausgeschlossen, dass ein Unternehmen auf mehr als einer Stufe der Produktions- oder Vertriebskette tätig ist."[488].

Eine allgemeingültige Definition lässt sich dieser Beschreibung nicht entnehmen. Die Formulierung „zwecks Durchführung"[489] zeigt jedoch zumindest, dass es nicht ausreicht, die Wirtschaftsstufe anhand der unternehmerischen Grundfunktion (Hersteller, Großhändler, Einzelhändler u.s.w.) zu bestimmen[490]. Andernfalls könnten die Unternehmen nicht auf mehr als einer Wirtschaftsstufe tätig sein. Die unterschiedliche Produktions- und Vertriebsstufe ist vielmehr entsprechend dem Wortlaut in Bezug zu der Vereinbarung zu bestimmen.

---

487 Wolf, EuZW 1999, 641 (641); Ackermann, EuZW 1999, 741 (742); Pukall, NJW 2000, 1375 (1377); Semler/Bauer, DB 2000, 193 (196f.); Bauer in Bauer/Bronett Rz. 86; Fuchs S. 95 (108); Bunte in Langen/Bunte, 9. Auflage, Art. 81 Fallgruppen Rz. 507f.; Lange in Lange, Kap. 3, Rz. 9.

488 Leitlinien für vertikale Beschränkungen v. 13.10.2000, ABl.EG. 2000 C 291 S. 1 (7 Rz. 24).

489 In der englischen Fassung „for the purposes of the agreement" und in der französischen Fassung „aux fins de l'accord".

490 Im Ergebnis auch Rahlmeyer in Martinek/Semler/Habermeier § 31 Rz. 32; Mestmäcker/Schweitzer § 14 Rz. 9. S. 365; anders aber wohl Nolte, BB 1998, 2429 (2429); Bayreuther, EWS 2000, 106 (108); Polley/Seeliger, WRP 2000, 1203 (1205); dies. WRP, 2001, 494 (496); Roniger Art. 2 Schirm-GVO Rz. 4; es hat sich bereits im deutschen Recht gezeigt, dass eine Definition einer Wirtschaftsstufe nicht einheitlich erfolgt, vgl. Emmerich in Immenga/Mestmäcker, 2. Auflage, § 3 Rz. 69

1. Gegenstand der Vereinbarung und des abgestimmten Verhaltens

Die missverständliche Formulierung „Vereinbarung“ oder „abgestimmte Verhaltensweisen“ des Art. 2 I Schirm-GVO beschreibt nicht die konkrete wettbewerbsbeschränkende Absprache im Sinne des Art. 81 I EG, sondern ein Vertragswerk, welches diese umfasst[491].

Darauf aufbauend zeigt die Unterscheidung zwischen Lieferant und Käufer in den Erwägungsgründen und der Formulierung der Schirm-GVO, dass zwischen den an der Vereinbarung beteiligten Unternehmen ein Austauschverhältnis bzw. eine Lieferbeziehung bestehen muss[492]. Die rechtliche Ausgestaltung dieser Beziehung ist dabei unwesentlich. Es ist weder eine vertragliche noch eine bestimmte Vertragsform für die Ausgestaltung erforderlich[493]. Lediglich ein Austausch von Waren oder Dienstleistungen wird vorausgesetzt[494]. Geistige Eigen-

---

491 Zwar deutet die Übernahme der in Art. 81 EG für die konkrete wettbewerbsbeschränkende Absprache verwendeten Begriffe Vereinbarung und abgestimmte Verhaltensweisen darauf, dass mit der Formulierung „zwecks Durchführung der Vereinbarung“ nur die konkrete wettbewerbsbeschränkende Absprache beschrieben wird. Die Formulierung des Art. 2 I Schirm-GVO „Die Freistellung gilt, soweit diese Vereinbarungen *Wettbewerbsbeschränkungen enthalten*, die unter Artikel 81 I EG fallen“ legt das Verständnis der Kommission offen. Auch Art. 2 III Schirm-GVO und Art. 5 Schirm-GVO unterscheiden zwischen vertikalen Vereinbarungen und den darin enthaltenen Verpflichtungen, im Ergebnis auch Kulka in Frankfurter Kommentar, EG-Vertrag, Art. 81 Abs. 1, 3 Fallgruppen I. Rz. 37; Saecker/Jaecks S. 62. Mehr terminologische als praktische Relevanz hat die Fragestellung, ob das Vertragswerk an den zu Art. 81 I EG entwickelten Voraussetzungen einer Vereinbarung oder einer abgestimmten Verhaltensweise zu messen ist. Der EuGH fasst die Absprachеformen der Vereinbarung und des abgestimmten Verhaltens sehr weit, vgl. dazu Roth/Ackermann in Frankfurter Kommentar, EG-Vertrag, Art. 81 I Grundfragen Rz. 93; Springer WRP 1998, 1058 (1058). Einschränkungen für die Beschreibung eines Vertragswerks würden sich daraus aber nicht ergeben.

492 Vgl. die Unterscheidung in den Erwägungsgründen der Schirm-GVO v. 29.12.1999 Nr. 2790/1999, ABl.EG 1999 L 336 S. 21 (21 Rz. 3, 7, 8); in den Begriffsbestimmungen der Art. 1, 11 Schirm-GVO, in den Art. 2 III, IV Schirm-GVO, in der Marktanteilsschwelle der Art. 3 II, 9 Schirm-GVO, den Kernbeschränkungen der Art. 4, 5 Schirm-GVO und besonders deutlich den Leitlinien für vertikale Beschränkung v. 13.10.2000, ABl.EG 2000 C 291 S. 1 (7 Rz. 24, 26): „Die Vereinbarungen oder abgestimmten Verhaltensweisen regeln die Voraussetzungen, unter denen die Vertragsparteien -der Lieferant und der Käufer- „bestimmte Waren oder Dienstleistungen beziehen, verkaufen oder weiterverkaufen können“. Hierin spiegelt sich der Zweck der Gruppenfreistellungsverordnung wieder, nämlich Bezugs- und Vertriebsvereinbarungen zu erfassen. [...] Miet- und Pachtvereinbarungen als solche fallen jedoch nicht unter die Verordnung, da der Lieferant keine Waren oder Dienstleistungen an der Käufer verkauft“.

493 Whish, CMLR 2000, 887 (900); Veelken in Immenga/Mestmäcker, EG-Kartellrecht, EB GFVO Rz. 60f., 64f.; Schultze/Pautke/Wagener Rz. 226, 233.

494 Vgl. Rahlmeyer in Martinek/Semler/Habermeier § 31 Rz. 6; anders nur Korah/O'Sullivan, Distribution Agreements 3.4.3 S. 132.

tumsrechte dürfen nur unter den einschränkenden Voraussetzungen des Art. 2 III Schirm-GVO[495] den Gegenstand des Austauschverhältnisses bilden[496]. Damit soll die Schirm-GVO von der Technologietransfer-GVO[497] abgegrenzt werden, die stark durch interessierte Kreise geprägt wurde und politische Züge trägt[498]. Es ist verständlich, dass die Kommission die politisch beladene Diskussion nicht erneut entfachen wollte. Das Ergebnis stellt jedoch eine wesentliche Einschränkung des Anwendungsbereichs der Schirm-GVO dar.

2. Erfordernis einer Vertriebskette

Mit der Beschreibung einer Lieferbeziehung oder eines Austauschverhältnisses ist die Formulierung „zwecks Durchführung der Vereinbarung auf unterschiedlicher Wirtschaftsstufe tätig ist“ jedoch nicht abschließend beschrieben[499]. Ansonsten hätte die Definition des Art. 2 I Schirm-GVO nicht durch den mehrdeutigen Begriff der Wirtschaftsstufe beschrieben werden müssen.

Die Erwägungsgründe der Schirm-GVO[500], die Leitlinien für vertikale Beschränkungen und horizontale Zusammenarbeit[501], Art. 1 c) KFZ-GVO[502],

---

495 Vgl. dazu Leitlinien für vertikale Beschränkung v. 13.10.2000, ABl.EG 2000 C 291 S. 1 (8f. Rz. 32ff.).

496 Schultze/Pautke/Wagener Rz. 240; Rahlmeyer in Martinek/Semler/Habermeier § 31 Rz. 9; Mahieu, E.C.L.R. 2002, 172 (173f.); zweifelnd Korah/O'Sullivan, Distribution Agreements 3.4.9 S. 141ff., anders Veelken in Immenga/Mestmäcker, EG-Kartellrecht, EB GFVO Rz. 42ff., der zusätzlich den vorrangigen Anwendungsbereich des Art. 2 III Schirm-GVO auf geistige Eigentumsrechte und Nicht-Vermarktungs-Know-How beschränkt. Eine Vereinbarung über Vermarktungs-Know-How im Sinne des Art. 1 Abs. 3 Lit. f) Franchise-GVO unterfalle damit ausschließlich Art. 2 I Schirm-GVO. Auf diese Weise soll das Masterfranchising und das Kettenfranchising, bei dem der Austausch von Vermarktungs-Know-How nicht nur der Hauptgegenstand, sondern der einzige Gegenstand der Vereinbarung ist, allein durch Art. 2 I Schirm-GVO erfasst werden. Die gemäß Art. 2 V Schirm-GVO vorrangige Technologietransfer-GVO v. 27.4.2004 Nr.772/2004, ABl.EG 2004 L 132 S. 11 greift nicht ein, da sich deren Anwendungsbereich nicht auf Vermarktungs-Know-How bezieht (Erwägungsgrund 8). Diese Aufspaltung widerspricht jedoch der Definition des Art. 1 Lit. f) Schirm-GVO. Zusätzlich stellt die Kommission in Leitlinien für vertikale Beschränkungen v. 13.10.2000, ABl.EG 2000 C 291 S. 1 (10 Rz. 43) klar, dass Franchisevereinbarungen, bei denen es ausschließlich oder in erster Linie um die Vergabe von Lizenzen von Rechten an geistigem Eigentum geht, nicht unter die Gruppenfreistellungsverordnung fallen, aber ähnlich wie die unter die Verordnung fallenden Franchisevereinbarungen behandelt werden sollen. Im Ergebnis auch Schultze/Pautke/Wagener Rz. 139ff., 269; Metzlaff, BB 2000, 1201 (1203).

497 Technologietransfer-GVO v. 27.4.2004 Nr.772/2004, ABl.EG 2004 L 132 S. 11.

498 Vgl. nur Emmerich, Kartellrecht, § 37 10. b).

499 So wohl Whish, CMLR 2000, 887 (900); Kulka in Frankfurter Kommentar, EG-Vertrag, Art. 81 Abs. 1, 3 Fallgruppen I. Rz. 37.

500 Im sechsten Erwägungsgrund der Schirm-GVO v. 29.12.1999 Nr. 2790/1999, ABl.EG 1999 L 336 S. 21 (21 Rz. 8) werden die Erwägungen für eine Freistellung dargestellt:

sowie ein Vergleich mit der englischen und französischen Fassung legen nahe, dass die Vereinbarung Teil einer Vertriebskette sein muss[503].

Die Unternehmen müssen damit nicht nur auf einer unterschiedlichen Produktions- und Vertriebsstufe, sondern auf einer unterschiedlichen Ebene einer Produktions- oder Vertriebskette tätig sein. Eine nähere Konkretisierung der Voraussetzungen einer Produktions- oder Vertriebskette erweist sich jedoch als schwierig.

Veelken fordert, dass der Lieferant im Hinblick auf eine Ware oder Dienstleistung eine Wertschöpfung erbringen müsse, die als Vorleistung in die vom Käufer geschaffene Wertschöpfung eingehe. Dies sei beim Verkauf eines Unternehmens, beim Verkauf von nicht selbst hergestellten Betriebsmitteln oder von Betriebsteilen nicht der Fall[504].

Diese Beschreibung einer Wertschöpfung ist jedoch zweifelhaft. Gerade Betriebsmittel werden von Unternehmen zur Wertschöpfung eingesetzt. Für Betriebe und Betriebsteile kann das gleiche gelten. Es ist vielmehr kaufmännisch zu vermuten, dass ein Gut, das die Unternehmen austauschen, Teil eines Wertschöpfungsprozesses ist. Eine Produktions- und Vertriebskette schafft demgegenüber wirtschaftliche Werte im Wege eines arbeitsteiligen Zusammenwirkens. Diese Zusammenarbeit darf nicht auf einen Einzelfall angelegt sein, sondern muss sich durch eine Beständigkeit bzw. Institutionalisierung derselben auszeichnen. Es darf nicht der einmalige Austausch der Ware oder Dienstleistung im Vordergrund stehen, sondern die Produktions- bzw. Vertriebskette muss zumindest für den regelmäßigen Austausch von Waren oder Dienstleistungen eingerichtet werden. Eine Vereinbarung, in der Bedingungen für einen einmaligen Übergang eines Betriebes oder eines Betriebsteils (beispielsweise ein Wettbewerbsverbot) geregelt werden, fällt dementsprechend nicht unter die

---

„Vertikale Vereinbarungen, die zu den in der Verordnung umschriebenen Gruppe gehören, können die wirtschaftliche Effizienz innerhalb einer Produktions- oder Vertriebskette erhöhen [...]".

501 Leitlinien für vertikale Beschränkung v. 13.10.2000, ABl.EG 2000 C 291 S. 1 (7 Rz. 24); Leitlinien über horizontale Zusammenarbeit v. 6.1.2001, ABl.EG 2001 C 3 S. 2 (3 Rz. 11).

502 KFZ-GVO v. 31.7.2002 Nr. 1400/2002, ABl.EG 2002 L 203 S. 30 (35).

503 Die englische und französische Fassung der Schirm-GVO, aber auch die entsprechenden Leitlinien für vertikale Beschränkungen und horizontale Zusammenarbeit formulieren: „[...] operating at a different level of the production or distribution *chain [...]* " bzw. „[...] à un niveau différent de la *chaîne* de production ou de distribution [...]"; so auch Veelken in Immenga/Mestmäcker, EG-Kartellrecht, EB GFVO Rz. 65; Mestmäcker/Schweitzer § 14 Rz. 9 S. 365.

504 Veelken in Immenga/Mestmäcker, EG-Kartellrecht, EB GFVO Rz. 65f.; vgl. auch Schultze/Pautke/Wagener Rz. 223ff.

Schirm-GVO. Etwas anderes kann jedoch für Betriebsmittel gelten. Es ist anzunehmen, dass diese im Rahmen einer Produktions- oder Vertriebskette ausgetauscht werden, falls Bedingungen für einen regelmäßigen Austausch festgelegt werden.

3. Ergebnis

Im Ergebnis setzt die Formulierung „zwecks Durchführung der Vereinbarung auf einer unterschiedlichen Produktions- oder Vertriebsstufe tätig ist" eine Lieferbeziehung zwischen den an der Vereinbarung beteiligten Unternehmen voraus, die zumindest auf eine Institutionalisierung ausgerichtet ist. Geistige Eigentumsrechte dürfen nur unter sehr eingeschränkten Voraussetzungen Gegenstand des Austauschverhältnisses sein.

II. „Bedingungen betreffen, zu denen die Parteien bestimmte Waren oder Dienstleistungen beziehen, verkaufen oder weiterverkaufen können"

1. Einführung

Die Vereinbarung muss zusätzlich Bedingungen betreffen, zu denen die Parteien bestimmte Waren oder Dienstleistungen beziehen, verkaufen oder weiterverkaufen können.

In den Leitlinien für vertikale Beschränkungen legt die Kommission dar, dass beispielsweise die Einschränkung des Rechts der Vertragsparteien, eigenständige Forschungs- und Entwicklungsarbeiten durchzuführen, nicht erfasst ist[505]. Der Kommission genügt es damit offenbar nicht, dass die Bedingung nur formaler Bestandteil der Vereinbarung ist. Schließlich ließe sich eine Beschränkung, eigenständig zu forschen und zu entwickeln, unproblematisch in das Synallagma eines Liefervertrages einbeziehen. Es wäre damit eine Voraussetzung des Bezugs, Verkaufs oder Weiterverkaufs von Waren.

In der Literatur wird die Beschreibung der Kommission meist nicht vertieft[506]. Einzig Veelken betont, dass aufgrund des umfassenden Anwendungsbereichs der Schirm-GVO grundsätzlich alle bei Vertikalvereinbarungen denkbaren Wettbewerbsbeschränkungen erfasst werden. Der Anwendungsbereich decke jedenfalls sämtliche der in §§ 14, 16 GWB ausdrücklich geregelten Wettbewerbsbeschränkungen ab[507]. Die Vereinbarung über die Beschränkung könne damit vielfältiger Art sein. Es müsse aber ein innerer Zusammenhang mit der zugrundeliegenden Austauschbeziehung erkennbar sein. Diesen notwendigen

---

[505] Leitlinien für vertikale Beschränkungen v. 13.10.2000, ABl.EG 2000 C 291 S. 1 (7 Rz. 25).

[506] Whish, CMLR 2000, 887 (900).

[507] Veelken in Immenga/Mestmäcker, EG-Kartellrecht, EB GFVO Rz. 73f.

Zusammenhang würden die Parteien mit der Vereinbarung indessen selbst herstellen. Sein Fehlen sei kaum vorstellbar[508].

Das Kriterium weist eine besondere Relevanz für die Reichweite der Schirm-GVO auf. Je weiter der innere Zusammenhang zwischen der Vereinbarung und den Bedingungen, zu denen die Parteien Waren oder Dienstleistungen beziehen, verkaufen, oder weiterverkaufen können gesteckt wird, desto weiter reicht der Anwendungsbereich und damit einhergehend die Freistellung durch Art. 2 I Schirm-GVO[509]. Mit der Erweiterung des Anwendungsbereichs ist aber gleichzeitig eine Einschränkung der Freistellung durch die Schirm-GVO verbunden. Die Freistellung gemäß Art. 2 I Schirm-GVO entfällt, soweit sie eine Kernbereichsbeschränkung gemäß Art. 4 Schirm-GVO darstellt. Damit wird jedoch nicht nur die entsprechende Kernbeschränkung, sondern die gesamte vertikale Vereinbarung nicht mehr von Art. 81 I EG freigestellt[510]. Ein weit gefasster innerer Zusammenhang weist insofern eine bedenkliche Kehrseite auf.

Die sachliche Weite des inneren Zusammenhangs zwischen Bedingungen und Vereinbarung erscheint durch die Formulierung des Art. 2 I Schirm-GVO „betreffen" beliebig differenzierbar. Der innere Zusammenhang könnte als formales oder als wertendes Kriterium verstanden werden. Einerseits könnte es genügen, dass die konkrete Wettbewerbsbeschränkung formaler Bestandteil der

[508] Veelken in Immenga/Mestmäcker, EG-Kartellrecht, EB GFVO Rz. 75; vgl. auch Roniger Art. 2 Schirm-GVO Rz. 7.

[509] Die praktische Relevanz zeigt sich exemplarisch in der Reichweite der Freistellung quantitativer Elemente in selektiven Vertriebsverträgen, vgl. dazu Harte-Bavendamm/Kreutzmann, WRP 2003, 682 (682ff.).

[510] Art. 4 und Art. 5 Schirm-GVO formulieren Kernbeschränkungen, die selbst dann nicht durch die Schirm-GVO freigestellt sind, wenn die Marktanteilsschwelle des Art. 3 Schirm-GVO nicht überschritten wird. Mit der Gruppe der Kernbeschränkungen soll, unabhängig von der Intensität des Interbrand-Wettbewerbs, dem Marktintegrationsziel der europäischen Wettbewerbspolitik Rechnung getragen werden (Leitlinien für vertikale Beschränkungen Rz. 49, 114; Veelken in Immenga/Mestmäcker, EG-Kartellrecht, EB GFVO Rz. 160; kritisch daher aufgrund der free rider Problematik Bishop/Ridyard, E.C.L.R. 2002, 35 (36)). Der Unterschied zwischen den Kernbeschränkungen des Art. 4 und Art. 5 Schirm-GVO liegt darin, dass im Falle einer Kernbeschränkung des Art. 4 Schirm-GVO die gesamte vertikale Vereinbarung nicht vom Anwendungsbereich des Art. 81 I EG freigestellt wird, während im Falle einer Kernbeschränkung des Art. 5 Schirm-GVO nur die konkrete Wettbewerbsbeschränkung nicht freigestellt wird. Für Art. 4 Schirm-GVO gilt demnach das sogenannte „Alles-oder-Nichts-Prinzip", Schirm-GVO v. 29.12.1999 Nr. 2790/1999, ABl.EG 1999 L 336 S. 21 (S. 21 Erwägungsgrund 10); Leitlinien für vertikale Beschränkungen v. 13.10.2000, ABl.EG 2000 C 291 S. 1 (11 Rz. 46); Veelken in Immenga/Mestmäcker, EG-Kartellrecht, EB GFVO Rz. 31, 249; Semler/Bauer, DB 2000, 193 (197), zur Kritik vgl. Grünbuch Rz. 37, 252; Veelken, ZVglRWiss 97 (1998) S. 241 (273, 275).

Lieferbeziehung ist, indem sie etwa der Angemessenheit des Leistungsaustauschs dient. Andererseits könnte der innere Zusammenhang erfordern, dass die konkrete Wettbewerbsbeschränkung etwa entsprechend der Entscheidungen „Spielkarten" zur Durchführung der Lieferbeziehung sachlich geboten ist[511].

Zusätzlich wird aus der Beschreibung des Art. 2 I Schirm-GVO nicht deutlich, ob die Bedingungen die ausgetauschten bzw. andere Waren oder unmittelbare bzw. mittelbare Aktionsparameter der Unternehmen betreffen.

2. Systematische Auslegung des Art. 2 I Schirm-GVO

Die Systematik der Schirm-GVO konkretisiert das Erfordernis eines inneren Zusammenhanges zwischen Vereinbarung und Bedingungen, zu denen die Parteien Waren oder Dienstleistungen beziehen, verkaufen oder weiterverkaufen.

a) Kernbeschränkung der Art. 4, 5 Schirm-GVO

Aufschluss über den Zusammenhang geben zunächst die Kernbeschränkungen der Art. 4, 5 Schirm-GVO. Aus den Kernbeschränkungen lässt sich zumindest eingeschränkt der Anwendungsbereich des Art. 2 I Schirm-GVO entwickeln. Die Formulierung einer Kernbeschränkung legt nahe, dass diese Wettbewerbsbeschränkung andernfalls gemäß Art. 2 I Schirm-GVO von Art. 81 I EG freigestellt wäre[512].

Die Unterscheidung in Art. 4 und 5 Schirm-GVO zwischen den Vertragswaren und anderen Waren zeigt, dass die Bedingungen nicht den Bezug, Verkauf oder Weiterverkauf der *ausgetauschten* Vertragswaren betreffen müssen, sondern dass auch Bedingungen, die sich auf *andere* als die ausgetauschten Waren oder Dienstleistungen beziehen, erfasst werden.

Zusätzlich zeigt sowohl die Formulierung des Art. 5 Lit. a) und b) Schirm-GVO als auch die Formulierung des Art. 1 b) Schirm-GVO, dass die Bedingungen des Bezugs, Verkaufs oder Weiterverkaufs unmittelbare und mittelbare marktbezogene Beschränkungen der Aktionsparameter der Beteiligten erfassen. Denn durch Art. 1 b), Art. 5 Lit. a) und b) Schirm-GVO werden unmittelbare und mittelbare Wettbewerbsverbote erfasst.

b) Vertikale Vereinbarungen über geistige Eigentumsrechte

Der Anwendungsbereich des Art. 2 III Schirm-GVO gibt einen weiteren Aufschluss über die Auslegung einer vertikalen Vereinbarung des Art. 2 I Schirm-GVO.

---

[511] WuW/E BGH 2285 (2288) „Spielkarten"; vgl. insb. Gliederungspunkt 3. Kapitel A. III. 3.

[512] Veelken in Immenga/Mestmäcker, EG-Kartellrecht, EB GFVO Rz. 163.

Gemäß Art. 2 III 1 Schirm-GVO werden vertikale Vereinbarungen, die Bestimmungen enthalten, welche die Übertragung geistiger Eigentumsrechte auf den Käufer betreffen, nur unter eingeschränkten Voraussetzungen freigestellt[513].

Auch diese Bestimmungen müssen jedoch Bedingungen betreffen, zu denen die Parteien Waren oder Dienstleistungen beziehen, verkaufen oder weiterverkaufen. Denn mit der gegenüber Art. 2 I Schirm-GVO weitgreifenderen Formulierung des Art. 2 III Schirm-GVO ist eine sachliche Erweiterung des Anwendungsbereichs nicht verbunden. Ansonsten würden durch Art. 2 III Schirm-GVO die durch den Rat gemäß Art. 1 I a) Ermächtigungs-VO 19/65 für eine vertikale Gruppenfreistellungsverordnung gesetzten Grenzen inhaltlich überschritten[514].

Durch die einschränkenden Voraussetzungen des Art. 2 III Schirm-GVO soll sichergestellt werden, dass die Freistellung nur für vertikale Vereinbarungen gilt, mit denen sich die Nutzung, der Verkauf oder der Weiterverkauf von Waren oder Dienstleistungen durch die Übertragung von geistigen Eigentumsrechten *effizienter* gestalten lässt[515]. Die genannten Einschränkungen sollen dafür Sorge tragen, dass die geistigen Eigentumsrechte die Nutzung, den Verkauf bzw. Wiederverkauf von Waren oder Dienstleistungen für den Käufer oder dessen Kunden erleichtern[516].

---

513 Geistige Eigentumsrechte umfassen nach den Leitlinien für vertikale Beschränkungen v. 13.10.2000, ABl.EG 2000 C 291 S. 1 (9 Rz. 37) sowohl gewerbliche Schutzrechte, Urheberrechte, sowie verwandte Schutzrechte gemäß Art. 1 Lit. e) Schirm-GVO, sowie das Know-How des Art. 1 Lit. f) Schirm-GVO. Ein Vergleich mit der englischen und französischen Fassung zeigt, dass die Formulierung „geistige Eigentumsrechte" des Art. 2 III 1 Schirm-GVO und „intellektuelle Eigentumsrechte" des Art. 1 Lit. e) Schirm-GVO sachlich übereinstimmt.

514 Art. 2 I Schirm-GVO übernimmt den durch Art. 1 I a) Ermächtigungs-VO 19/65 gesteckten Rahmen wörtlich. Zwar kann die Kommission gemäß Art. 1 I b) Ermächtigungs-VO 19/65 Art. 81 I EG auch für Gruppen von Vereinbarungen, die Beschränkungen enthalten, die im Zusammenhang mit dem Erwerb oder der Nutzung von gewerblichen Schutzrechten stehen, für nicht anwendbar erklären. Dies gilt jedoch ausschließlich für Vereinbarungen, an denen nur zwei Unternehmen beteiligt sind. Demgegenüber kann eine vertikale Vereinbarung im Sinne des Art. 2 I Schirm-GVO zwischen zwei oder mehr Unternehmen geschlossen werden. Damit auch vertikale Vereinbarungen, die Nebenabreden über die Übertragung oder Nutzung von geistigen Eigentumsrechten zwischen mehr als zwei Unternehmen enthalten, von der Schirm-GVO erfasst werden, muss den Voraussetzungen des Art. 2 I Schirm-GVO entsprochen werden. Anders Korah/O'Sullivan, Distribution Agreements 3.4.9 S. 142ff., die diese zwingende Grenze unbeachtet lassen.

515 Leitlinien für vertikale Beschränkungen v. 13.10.2000, ABl.EG 2000 C 291 S. 1 (8 Rz. 31).

516 Leitlinien für vertikale Beschränkungen v. 13.10.2000, ABl.EG 2000 C 291 S. 1 (9 Rz. 35). Der einschränkenden Formulierung des Art. 2 III Schirm-GVO wurde im Zuge der

Die einschränkenden Voraussetzungen für die Übertragung geistiger Eigentumsrechte des Art. 2 III 1 Schirm-GVO legen nahe, dass die Bedingungen des Art. 2 I Schirm-GVO zur Durchführung der Vereinbarung weder notwendig sein müssen noch diese effizienter gestalten müssen. Ansonsten hätte Art. 2 III Schirm-GVO nicht gegenüber Art. 2 I Schirm-GVO einschränkend formuliert werden müssen.

c) Gesamtkonzeption der Vertikalvereinbarungen

Entscheidend für ein weit gefasstes Verständnis des inneren Zusammenhangs zwischen Bedingungen, zu denen die Parteien bestimmte Waren oder Dienstleistungen beziehen, verkaufen oder weiterverkaufen können, und der Vereinbarung spricht die Gesamtkonzeption der Schirm-GVO.

Es ist zu berücksichtigen, dass aufgrund der Konzeption einer Wettbewerbsbeschränkung des Gemeinschaftsrechts vertikale Wettbewerbsbeschränkungen, die sich für die Durchführung einer Lieferbeziehung als notwendig oder nützlich erweisen, teilweise gar keine Wettbewerbsbeschränkungen gemäß Art. 81 I EG darstellen[517]. Diese müssen daher gar nicht gemäß Art. 81 III EG freigestellt werden.

Darauf aufbauend wird der Anwendungsbereich der Freistellung vertikaler Vereinbarungen des Art. 2 I Schirm-GVO durch ein umfassendes System von Regelungen eingeschränkt. Gemäß Art. 2 IV Schirm-GVO werden grundsätzlich keine vertikalen Vereinbarungen zwischen Wettbewerbern freigestellt. Gerade in diesen sieht die Kommission besonders gefährliche Wettbewerbsbeschränkungen. Sie begründet dies folgendermaßen: „Der Hauptgrund für eine nachsichtigere Behandlung vertikaler Beschränkungen liegt darin, dass horizontale Beschränkungen Vereinbarungen zwischen Wettbewerbern betreffen, die identische oder substituierbare Waren oder Dienstleistungen herstellen bzw. erbringen“[518]. Die besondere Wettbewerbsschädlichkeit liegt danach nicht im Fehlen eines inneren Zusammenhangs zwischen Wettbewerbsbeschränkung und Lieferbeziehung, sondern in einem Wettbewerbsverhältnis zwischen Herstellern oder Dienstleistungserbringern.

Entstehung die Schärfe genommen. Zunächst wurde vorgeschlagen, dass die Übertragung geistiger Eigentumsrechte für die freigestellten Vereinbarungen unerlässlich und *notwendig oder komplementär* sein müssten, vgl. Mitteilung der Kommission v. 26.11.1998, ABl.EG 1998 C 365 S. 3 (22). Im ersten Entwurf musste die Übertragung geistiger Eigentumsrechte für die Durchführung der vertikalen Vereinbarung sogar *notwendig* sein, vgl. Mitteilung nach Artikel 5 der Verordnung Nr. 19/65/EWG des Rates v. 2.3.1965, ABl.EG 1999 C 270 S. 7 (9 Art. 1 III).

517 Vgl. Gliederungspunkt 2. Kapitel C. I. 1. c).

518 Leitlinien für vertikale Beschränkungen v. 13.10.2000, ABl.EG 2000 C 291 S. 1 (20 Rz. 100).

Schließlich wird die Freistellung des Art. 2 I Schirm-GVO durch den wirtschaftlichen Ansatz der Marktanteilsschwelle des Art. 3 Schirm-GVO und die Kernbeschränkungen des Art. 4 und 5 Schirm-GVO weiter korrigierend eingeschränkt.

3. Zusammenfassung

Eine Gesamtwürdigung lässt auf ein weit gefasstes Verständnis des inneren Zusammenhangs zwischen einer wettbewerbsbeschränkenden Absprache und der Lieferbeziehung schließen. Lediglich Beschränkungen zu forschen und zu entwickeln werden nach den Leitlinien nicht erfasst[519]. Die einschränkenden Voraussetzungen für die Nutzung geistiger Eigentumsrechte des Art. 2 III Schirm-GVO legen den Schluss nahe, dass eine Wettbewerbsbeschränkung grundsätzlich nicht im Sinne der Entscheidung „Spielkarten" für die Durchführung der Lieferbeziehung sachlich geboten sein muss. Sie folgt damit einem formalen Ansatz.

III. „gilt nicht für vertikale Vereinbarungen zwischen Wettbewerbern"

Gemäß Art. 2 IV 1. Hs. Schirm-GVO gilt die Freistellung des Art. 2 I Schirm-GVO grundsätzlich nicht für vertikale Vereinbarungen zwischen Wettbewerbern.

Wettbewerber sind gemäß in Art. 1 a) Schirm-GVO tatsächliche oder potenzielle Anbieter im selben Produktmarkt. Der Produktmarkt umfasst Waren oder Dienstleistungen, die vom Käufer aufgrund ihrer Eigenschaften, ihrer Preislage und ihres Verwendungszwecks als mit den Vertragswaren oder –dienstleistungen austauschbar oder durch diese substituierbar angesehen werden.

1. Vertragswaren oder -dienstleistungen

Aus der Formulierung „mit den Vertragswaren oder -dienstleistungen" folgt eine wichtige Einschränkung des relevanten Wettbewerbsverhältnisses. Dieses muss sich auf die Vertragswaren beziehen. Unter diesen sind ausschließlich die in der Lieferbeziehung zwischen den Parteien ausgetauschten Waren zu verstehen[520]. Dies zeigt die tatbestandliche Unterscheidung zwischen Vertragswaren und sonstigen Waren in verschiedenen Vorschriften der Schirm-GVO[521].

---

[519] Leitlinien für vertikale Beschränkungen v. 13.10.2000, ABl.EG 2000 C 291 S. 1 (7 Rz. 25).

[520] Undeutlich Veelken in Immenga/Mestmäcker, EG-Kartellrecht, EB GFVO Rz. 115; Schultze/Pautke/Wagener Rz. 45, 318; letztere leiten die Einschränkung zudem unzutreffenderweise aus der Formulierung des Art. 2 I Schirm-GVO „zwecks Durchführung der Vereinbarung auf einer unterschiedlicher Produktions- oder Vertriebsstufe tätig" ab.

[521] Art. 4 Lit. a) Schirm-GVO schützt die Preisgestaltungsfreiheit für sämtliche Waren und Dienstleistungen, Art. 4 Lit. b) Schirm-GVO betrifft nur Vertragswaren und –dienstleistungen. Zusätzlich beschreibt Art. 2 IV 2. Hs. Lit. c) Schirm-GVO den entsprechenden

2. Austauschbarkeit mit den Vertragswaren oder -dienstleistungen

Die Reichweite des sachlich relevanten Produktmarktes ist grundsätzlich aus der Bekanntmachung der Kommission über die Definition des relevanten Marktes[522] in die Schirm-GVO zu übernehmen[523]. Diese unterscheidet sich jedoch darin, dass die Austauschbarkeit gemäß Art. 1 Lit. a) Schirm-GVO nicht aus der Sicht des Verbrauchers, sondern aus Sicht des Käufers zu beurteilen ist.

Die Formulierung des Art. 1 Lit. a) Schirm-GVO ist jedoch missverständlich. Unter dem Begriff des Käufers ist nicht nur der Käufer im Rahmen der Lieferbeziehung zu verstehen. Andernfalls könnte nicht zwischen dem Hersteller- und dem Händlermarkt differenziert werden[524]. Ob Hersteller und Händler in einem Produktmarkt tätig sind, muss aus der Sicht der Kunden des Händlers beurteilt werden[525].

3. Anbieter im selben Produktmarkt

a) Tatsächliche Anbieter

Ein Unternehmen ist Anbieter auf dem sachlich relevanten Markt, wenn es selbst oder durch ein verbundenes Unternehmen gemäß Art. 11 Schirm-GVO auf dem Markt tätig wird[526]. Fraglich ist, ob darüber hinaus auch eine mittelbare Tätigkeit durch den Einsatz eines Dritten, beispielsweise durch einen Händler, auf dem Markt genügt.

Die Definition des Art. 2 IV 2 Hs. Lit. b) Schirm-GVO deutet darauf, dass das Unternehmen selbst auf dem relevanten Markt tätig werden muss. Der Hersteller muss Hersteller und Händler zugleich sein. Einer Unterscheidung zwischen den Begriffen Hersteller und Händler hätte es nicht bedurft, wenn jeder Hersteller gleichzeitig durch einen Händler auf dem Markt mittelbar tätig würde.

Die Einbeziehung des Begriffs des verbundenen Unternehmens zeigt jedoch, dass der Begriff des Anbieters nicht rein formal zu verstehen ist. Soweit zwar

---

Begriff der „Vertragsdienstleistungen" eindeutig: „[...] der Käufer auf der Wirtschaftsstufe, auf der er die Vertragsdienstleistungen bezieht, keine mit *diesen* im Wettbewerb stehende Dienstleistungen erbringt".

522 Bekanntmachung relevanter Markt v. 9.12.1997, ABl.EG 1997 C 372 S. 5 (6 Rz. 7).

523 Schultze/Pautke/Wagener Rz. 36.

524 Die Notwendigkeit der Unterscheidung folgt aus Art. 2 IV Lit. b) Schirm-GVO, vgl. Leitlinien für vertikale Beschränkungen v. 13.10.2000, ABl.EG 2000 C 291 S. 1 (8 Rz. 27).

525 Besondere Relevanz hat insofern der Direktvertrieb des Herstellers über das Internet gewonnen. Nur aus der Sicht des Kunden des Händlers kann beurteilt werden, ob die Produkte austauschbar sind und Hersteller und Händler auf einem Markt tätig werden.

526 Schultze/Pautke/Wagener Rz. 43; Veelken in Immenga/Mestmäcker, EG-Kartellrecht, EB GFVO Rz. 116; im Entwurf der Leitlinien v. 24.9.1999 wurde die Einbeziehung verbundener Unternehmen noch ausdrücklich klargestellt, ABl.EG 1999 C 270 S. 7 (11 Art. 11).

ein Unternehmen unmittelbar auf dem Markt tätig ist, jedoch ein anderes Unternehmen sämtliche wirtschaftlichen Risiken trägt und unternehmerischen Grundentscheidungen beeinflussen kann, ist auch dieses Unternehmen Anbieter auf dem Markt. Dies gilt insbesondere für die Einschaltung echter Handelsvertreter gemäß den Leitlinien für vertikale Beschränkungen[527].

b) Potenzielle Anbieter

Wettbewerber sind gemäß Art. 1 a) Schirm-GVO nicht nur tatsächliche, sondern auch potenzielle Anbieter im selben Produktmarkt. Der Begriff des potenziellen Wettbewerbs wird in den Leitlinien für vertikale Beschränkungen und in den Leitlinien über horizontale Zusammenarbeit unterschiedlich definiert. Nach den Leitlinien für vertikale Beschränkungen muss das betreffende Unternehmen in der Lage sein, die erforderlichen zusätzlichen Investitionen zu tätigen, um den Markt innerhalb eines Jahres zu bedienen[528].

In den Leitlinien über horizontale Zusammenarbeit werden in Einzelfällen ausdrücklich auch Fristen von mehr als einem Jahr berücksichtigt. Diese gelten auch im Rahmen der Schirm-GVO[529]. Die Grundsätze der Beurteilung eines potenziellen Wettbewerbsverhältnisses wurden im 13. Wettbewerbsbericht der Kommission entwickelt und in der Entscheidung Elopak/Metal Box-Odin angewandt[530]. Sowohl in den Leitlinien für vertikale Beschränkungen als auch über horizontale Zusammenarbeit wird auf diese Grundsätze verwiesen. Dies lässt darauf schließen, dass die Kommission von einem einheitlichen Anwendungsbereich eines potenziellen Wettbewerbers ausgeht. Dies erleichtert die Leitlinien abzugrenzen.

c) Räumlich relevanter Markt

Gemäß Art. 1 a) Schirm-GVO sind Wettbewerber tatsächliche oder potenzielle Anbieter im selben Produktmarkt. Sie müssen nach den Leitlinien nicht im selben geographischen Markt miteinander konkurrieren[531]. Ein Wettbewerbsver-

---

527 Leitlinien für vertikale Beschränkungen v. 13.10.2000, ABl.EG 2000 C 291 S. 1 (5 Rz. 15).

528 Leitlinien für vertikale Beschränkungen v. 13.10.2000, ABl.EG 2000 C 291 S. 1 (7 Rz. 26).

529 Leitlinien über horizontale Zusammenarbeit v. 6.1.2001, ABl.EG 2001 C 3 S. 2 (29 Fn. 9).

530 Kommission, 13. Wettbewerbsbericht 1983, Rz. 55; Entscheidung v. 13.7.1990 -Elopak/Metal Box-Odin, ABl.EG 1990 L 209 S. 15 (18ff.); vgl. auch Bekanntmachung relevanter Markt v. 9.12.1997, ABl.EG 1997 C 372 S. 5 (8 Rz. 24).

531 Leitlinien für vertikale Beschränkungen v. 13.10.2000, ABl.EG 2000 C 291 S. 1 (7 Rz. 26); im Ergebnis auch Whish, CMLR 2000, 887 (905f.); Bauer/Bronett Rz. 208; Schultze/Pautke/Wagener Rz. 41; Rahlmeyer in Martinek/Semler/Habermeier § 31 Rz. 35; Korah/O'Sullivan, Distribution Agreements 3.4.4 S. 135; Mahieu, E.C.L.R. 2002, 172

hältnis wird dadurch weit gefasst und der Anwendungsbereich der Schirm-GVO damit eingeschränkt. Andererseits wird zur Bestimmung des relevanten Marktes auf die Bekanntmachung der Kommission über die Definition des relevanten Marktes zurückgegriffen[532]. Für einen Ausschluss der Freistellung durch die Schirm-GVO jenseits der räumlichen und zeitlichen Marktgrenzen sei kein Grund ersichtlich. Auch in den Leitlinien für vertikale Beschränkungen werde auf die Bekanntmachung verwiesen[533].

Gegen eine Berücksichtigung des räumlich relevanten Marktes spricht die eindeutige Formulierung der Leitlinien für vertikale Beschränkungen. Die Leitlinien verweisen nicht für die Beurteilung des potenziellen Wettbewerbsverhältnisses auf die Bekanntmachung der Kommission über die Definition des relevanten Marktes. Dieser Verweis dient lediglich der Beurteilung des Marktanteils eines Unternehmens gemäß Art. 3 Schirm-GVO. Im Ergebnis ist daher zur Beurteilung eines Wettbewerbsverhältnisses der räumliche Markt nicht zu berücksichtigen[534].

---

(176); Klotz in Schröter/Jakob/Mederer, Art. 81 –Fallgruppen Liefer- und Bezugsvereinbarungen Rz. 36.

532 Bekanntmachung relevanter Markt v. 9.12.1997, ABl.EG 1997 C 372 S. 5.

533 Veelken in Immenga/Mestmäcker, EG-Kartellrecht, EB GFVO Rz. 115 Fn. 402 unter Verweis auf Leitlinien für vertikale Beschränkungen v. 13.10.2000, ABl.EG 2000 C 291 S. 1 (18 Rz. 88, 90f.); wohl auch Roniger Art. 1 Schirm-GVO Rz. 2. Für die Berücksichtigung des räumlichen Marktes spricht, dass in Art. 2 Nr. 6 der Spezialisierungs-GVO und in den Leitlinien für horizontale Zusammenarbeit v. 6.1.2001, ABl.EG 2001 C 3 S. 2 (S. 5 Rz. 27, S. 7 Rz. 44, S. 12 Rz. 82, S. 18 Rz. 120, 122, S. 21 Rz. 142, S. 24 Rz. 161, S. 26 Rz. 182, S. 29 Fn. 8) zur Beurteilung eines Wettbewerbsverhältnisses der räumliche Markt ausdrücklich einbezogen wird. Zusätzlich wird in den Erwägungsgründen der Spezialisierungs-GVO dargelegt, dass Vereinbarungen über eine einseitige Spezialisierung, die zwischen nicht konkurrierenden Unternehmen geschlossen werden, von der Schirm-GVO profitieren sollen. Deshalb sei der Anwendungsbereich der Spezialisierungs-GVO für Vereinbarungen über eine einseitige Spezialisierung auf Vereinbarungen zwischen *konkurrierenden* Unternehmen beschränkt (vgl. Art. 1 a) Spezialisierungs-GVO). Ohne eine Berücksichtigung des räumlichen Marktes in der Schirm-GVO kann die Spezialisierungs-GVO jedoch -entgegen dem Willen der Kommission- nicht randscharf von der Schirm-GVO und die Leitlinien für vertikale Beschränkungen nicht von den Leitlinien über horizontale Zusammenarbeit abgegrenzt werden.

534 Einseitige Spezialisierungsabsprachen zwischen Unternehmen, die zwar auf dem sachlichen, nicht aber auf dem räumlichen Markt miteinander im Wettbewerb stehen, können damit weder durch die Spezialisierungs-GVO, noch durch die Schirm-GVO freigestellt werden. Die praktischen Auswirkungen der Diskussion sind entgegen Schultze/Pautke/Wagener Rz. 321 vernachlässigbar. Eine vertikale Vereinbarung gemäß Art. 2 I Schirm-GVO setzt ein Wettbewerbsverhältnis bezüglich der ausgetauschten Waren voraus. Lohnt sich ein solches Austauschgeschäft für die beteiligten Unternehmen, so deutet dies darauf, dass die Unternehmen zumindest nicht nur im sachlichen, sondern auch im räumlichen Markt miteinander im Wettbewerb stehen.

4. Ergebnis

Eine vertikale Vereinbarung zwischen Wettbewerbern liegt vor, wenn die Unternehmen tatsächliche oder potenzielle Anbieter auf dem Markt der ausgetauschten Waren oder Dienstleistungen sind.

IV. Nichtwechselseitige Vereinbarungen zwischen Wettbewerbern

Gemäß Art. 2 IV 2. Hs. Schirm-GVO gilt die Freistellung jedoch für bestimmte nichtwechselseitige vertikale Vereinbarungen zwischen Wettbewerbern.

1. Umsatzgröße des Käufers geringer als 100 Millionen Euro

Nach Art. 2 IV 2. Hs. Lit. a) Schirm-GVO ist die Freistellung nicht ausgeschlossen, wenn der jährliche Gesamtumsatz des Käufers 100 Mio. Euro nicht überschreitet. Die Vorschrift entspricht Art. 3 Lit. b) der abgelösten Alleinvertriebs-GVO und Alleinbezugs-GVO[535]. Entgegen diesen ist in Art. 2 IV 2. Hs. Lit. a) Schirm-GVO allein der Umsatz des Käufers maßgeblich. Dies führt besonders im Bereich von Zulieferverträgen zu einer sachlichen Einschränkung des Anwendungsbereichs gegenüber der Alleinbezugs-GVO[536]. Diese Einschränkung wird aus wettbewerbspolitischer Sicht kritisiert. Es sei nicht ersichtlich, dass eine größere Gefahr der Marktaufteilung bestünde, wenn zwar der Käufer, nicht aber der Lieferant die Umsatzschwelle überschreite[537].

2. Zweigleisiger Vertrieb

Gemäß Art. 2 IV 2. Hs. Lit. b) Schirm-GVO wird die Freistellung des Art. 2 I Schirm-GVO auf nichtwechselseitige Vereinbarungen zwischen Wettbewerbern angewandt, soweit ein Lieferant zugleich Hersteller und Händler von Waren, der Käufer dagegen ein Händler ist, der keine mit den Vertragswaren im Wettbewerb stehende Waren herstellt.

Nach den Leitlinien für vertikale Vereinbarungen soll mit dieser Bestimmung der zweigleisige Vertrieb erfasst werden. Dies sind Fälle, in denen der Hersteller seine Waren im Wettbewerb mit unabhängigen Vertriebshändlern auch selbst vertreibt.

Die Reichweite der Freistellung des Art. 2 IV 2. Hs. Lit. b) Schirm-GVO hängt entscheidend von der Auslegung der Begriffe Hersteller und Händler ab. Rein begrifflich ist die Vorschrift zwischen einem Großhändler und einem Einzel-

---

535 Alleinvertriebs-GVO v. 22.6.1983 Nr. 1983/83, ABl.EG 1983 L 173 S. 1; Alleinbezugs-GVO v. 22.6.1983 Nr. 1984/83, ABl.EG 1983 L 173 S. 5.

536 Subiotto/Amato, World Competition 2000/2, 5 (9); Pukall, NJW 2000, 1375 (1377); Veelken in Immenga/Mestmäcker, EG-Kartellrecht, EB GFVO Rz. 118; Schultze/Pautke/Wagener Rz. 327; Pick, E.C.L.R. 2002, 154 (157f.); Noack S. 293.

537 Subiotto/Amato, World Competition 2000/2, 5 (9); Schultze/Pautke/Wagener Rz. 328.

händler oder zwischen einem Zulieferer und einem Weiterverarbeiter nicht anwendbar[538].

In den Leitlinien für vertikale Beschränkungen wird der Begriff des Herstellers eng, der des Händlers weit gefasst. Ein Vertriebshändler, der einem Hersteller Spezifikationen nennt, damit dieser bestimmte Artikel unter einer Marke des Händlers herstellt, wird nicht als Hersteller angesehen[539]. In der Literatur wird ergänzt, dass eine gewisse Bearbeitung eines Produktes nicht dazu führt, dass ein Händler als konkurrierender Hersteller anzusehen ist. Die Grenze sei anhand einer Schwerpunktbetrachtung zu ziehen[540]. Diese erweist sich jedoch ohne eine Konkretisierung der Kriterien als wenig hilfreich. Keinesfalls kann der Schwerpunkt in der tatsächlichen Produktion liegen. Diese kann aufgrund anderer Umstände (Marke, Know-How, Vertriebsleistung) zu vernachlässigen sein[541].

Von anderer Seite wird der Begriff des Herstellers sehr weit ausgelegt. Ein Händler, der in der Lage ist Konkurrenzprodukte zu vertreiben, wird als Hersteller angesehen. Von diesem ginge nahezu dieselbe Gefahrenlage aus wie von einem konkurrierenden Hersteller[542].
Damit erschöpfen sich jedoch die Beschreibungen der Begriffe Hersteller und Händler. Weitere Anhaltspunkte könnten sich aus den Vorläufern der Schirm-GVO, insbesondere der Alleinvertriebs-GVO und der Alleinbezugs-GVO, ergeben[543].

Durch letztere wurde eine Vereinbarung freigestellt, in der sich der ein Vertragspartner dem anderen gegenüber verpflichtete, „zum Zwecke des Weiterverkaufs" bestimmte Waren nur an ihn zu liefern. Dieses Kriterium diente der

538 Veelken in Immenga/Mestmäcker, EG-Kartellrecht, EB GFVO Rz. 122; Schultze/Pautke/Wagener Rz. 332.

539 Leitlinien für vertikale Beschränkungen v. 13.10.2000, ABl.EG 2000 C 291 S. 1 (8 Rz. 27); zustimmend Veelken in Immenga/Mestmäcker, EG-Kartellrecht, EB GFVO Rz. 122.

540 Metzlaff, BB 2000, 1201 (1204); Veelken in Immenga/Mestmäcker, EG-Kartellrecht, EB GFVO Rz. 122.

541 Exemplarisch zeigt dies die Praxis der Markentextilindustrie, die Waren nach ihren Spezifikationen anfertigen lässt und diese lediglich mit ihrer Marke auszeichnet.

542 Lohse S. 106ff. (Fn. 187). Entgegen Lohse S. 106 bleibt nicht unklar, ob Alleinvertriebsvereinbarungen mit fremdvertreibenden Händlern ausschließlich durch Art. 2 IV Lit. a) Schirm-GVO erfasst werden sollen. Soweit sogar ein Händler, der einem Hersteller Spezifikationen nennt, damit dieser bestimmte Artikel unter einem Markennamen des Händlers herstellt, als Händler im Sinne des Art. 2 IV Lit. b) Schirm-GVO angesehen wird (Leitlinien für vertikale Beschränkungen S. 8 Rz. 27), ist dies erst Recht bei einem „nur" fremdvertreibenden Händler der Fall; im Ergebnis auch Veelken in Immenga/Mestmäcker, EG-Kartellrecht, EB GFVO Rz. 123.

543 Alleinvertriebs-GVO v. 22.6.1983 Nr. 1983/83, ABl.EG 1983 L 173 S. 1; Alleinbezugs-GVO v. 22.6.1983 Nr. 1984/83, ABl.EG 1983 L 173 S. 5.

Abgrenzung zum Verbrauch und zur Weiterverarbeitung, durch die Ware innerhalb der Gemeinschaft nicht verbessert verteilt wird. Es handelte sich damit um eine integrationsspezifische Einschränkung des Anwendungsbereichs der Alleinvertriebs-GVO[544].

Ein Weiterverkauf setzte voraus, dass die Waren von dem beziehenden Vertragspartner gegen Entgelt an Dritte veräußert wurden. Der Vertragspartner musste als Eigenhändler auftreten. Kommissionäre und Handelsvertreter fielen nicht in den Anwendungsbereich der Alleinvertriebs-GVO. Weiterhin mussten die vom Wiederverkäufer vertriebenen Waren mit den Waren übereinstimmen, die ihm zu diesem Zweck geliefert wurden (wirtschaftliche Identität). Ein nur geringfügiger Wertzuwachs stand einer wirtschaftlichen Identität der betreffenden Waren nicht entgegen. Bei der Abgrenzung im Einzelfall wurde insbesondere die Verkehrsauffassung berücksichtigt[545]. Sogenannte OEM-Verträge fielen danach nicht unter die Alleinvertriebs-GVO. Der Abnehmer der bezogenen Produkte geriere sich nicht als Händler, sondern als Hersteller[546].

Durch die Alleinvertriebs-GVO wurden gemäß Art. 3 nicht wechselseitige Alleinvertriebsvereinbarungen über konkurrierende Waren zwischen Herstellern freigestellt. Die Kommission verstand unter einem Hersteller auch ein Unternehmen, das Vertragswaren von einem Zulieferer herstellen ließ und dann unter eigenem Namen oder eigener Handelsmarke vertrieb[547].

---

544 Veelken in Immenga/Mestmäcker, EG-Kartellrecht I, GFVO B Rz. 25; Kirchhoff WuW 1995, 361 (363); von Stoephasius in Langen/Bunte, 9. Auflage, Art. 81 Fallgruppen Rz. 352. Die Einschränkung auf Zwecke des Weiterverkaufs resultierte aus Art. 1 I a) Ermächtigungs-VO 19/65.

545 Vgl. Bekanntmachung der Kommission zur Alleinvertriebs-GVO Nr. 1983/83 und Alleinbezugs-GVO Nr. 1984/83 v. 22.6.1983, ABl.EG 1983 C 355 S. 7 (8 Rz. 9f.); Veelken in Immenga/Mestmäcker, EG-Kartellrecht I, GFVO B Rz. 24; von Stoephasius in Langen/Bunte, 9. Auflage, Art. 81 Fallgruppen Rz. 352.

546 Bekanntmachung Kommission, ABl.EG 1986 C 210 S. 3 (4); Kommission, 12. Wettbewerbsbericht 1982, Rz. 81; 16. Wettbewerbsbericht 1986, Rz. 72; zustimmend Gleiss/Hirsch, Art. 85 Rz. 1054; Bunte/Sauter, VO Nr. 1983/83 Rz. 21; Veelken in Immenga/Mestmäcker, EG-Kartellrecht I, GFVO B Rz. 25; Ritter/Braun/Rawlinson Chapter IV B. 5. (b); von Stoephasius in Langen/Bunte, 9. Auflage, Art. 81 Fallgruppen Rz. 352; ablehnend Wiedemann, GVO 1983/83 Rz. 9; Rahlmeyer in Martinek/Semler§ 30 Rz. 96.

547 Kommission 21. Wettbewerbsbericht 1991, Rz. 114; zustimmend Veelken in Immenga/Mestmäcker, EG-Kartellrecht I, GFVO B Rz. 61; vgl. auch Technologietransfer-GVO v. 31.1.1996 Nr. 240/96, ABl.EG 1996 L 31 S. 2 (3 Rz. 8), vgl. auch schon Art. 1 V Know-How-GVO v. 30.11.1988 Nr. 556/89, ABl.EG 1989 L 61 S. 1 (6) und Art. 1 II Patentlizenz-GVO v. 23.7.1984 Nr. 2349/84, ABl.EG 1984 L 219 S. 15 (19); als unzulässige Analogie ablehnend Rahlmeyer in Martinek/Semler § 30 Rz. 75.

Die für die Formulierungen zu Zwecken des Weiterverkaufs und des Herstellers entwickelten Grundsätze des Alleinvertriebs können nur eingeschränkt in die Schirm-GVO übernommen werden[548].

Durch die Formulierungen „Händler“ und „zu Zwecken des Weiterverkaufs“ werden identische Fragen der Abgrenzung aufgeworfen. Ein Händler muss ebenfalls begrifflich von einem Verbraucher oder Weiterverarbeiter unterschieden werden. Dieses marktspezifische Element bleibt damit in der Schirm-GVO erhalten. Die Grundsätze der wirtschaftlichen Identität gelten fort.

Andererseits sind Kommissionäre und Handelsvertreter gemäß Art. 1 g) Schirm-GVO nicht mehr aus dem Anwendungsbereich auszuschließen. Sehr problematisch ist, ob ein Vertriebshändler, der einem Hersteller Spezifikationen nennt, damit dieser bestimmte Artikel unter einem Markennamen des Händlers herstellt, unter den Begriff des Herstellers fällt[549].

Alleinvertriebsvereinbarungen zwischen Herstellern konkurrierender Waren werden grundsätzlich negativ beurteilt. Mit ihnen ist eine Einschränkung des Interbrand-Wettbewerbs verbunden. Der mit Konkurrenzerzeugnissen belieferte Hersteller wird sich meist nicht uneingeschränkt sowohl für die Absatzförderung der Konkurrenzerzeugnisse als auch für seine eigenen Erzeugnisse einsetzen[550].

Diese Interessenlage gilt auch für den beschriebenen Vertriebshändler. Dieser ist grundsätzlich nicht daran interessiert, sowohl den Vertrieb des eigenen als auch das Produkt des Herstellers zu fördern. Vielmehr besteht die Gefahr, dass er die Pflege der eigenen Marke favorisiert. Diese Gefahrenlage ist mit derjenigen eines klassischen Herstellers identisch. Für die Beurteilung eines Herstellers müssen daher auch die gleichen Maßstäbe angelegt werden. Es ist kein Grund ersichtlich den Vertriebshändler darüber hinaus zu privilegieren[551].

---

548 Vgl. auch Veelken in Immenga/Mestmäcker, EG-Kartellrecht, EB GFVO Rz. 114.

549 Aufgrund der Abgrenzungsschwierigkeiten des Kriteriums der Spezifikation kritisch Subiotto/Amato, World Competition 2000/2, 5 (9) und Schultze/Pautke/Wagener Rz. 334.

550 Veelken in Immenga/Mestmäcker, EG-Kartellrecht, EB GFVO Rz. 121f.; Entwurf einer Änderungsverordnung VO Nr. 67/67, ABl.EG 1978 C 31 S. 2 (3); bereits zur Alleinvertriebs-GVO Veelken in Immenga/Mestmäcker, EG-Kartellrecht I, GFVO B 60; Mestmäcker § 24 IV 1 S. 330, Kirchhoff in Wiedemann, Handbuch des Kartellrechts, § 10 Rz. 121.

551 Es ist einzelfallabhängig, ob der Vertriebshändler durch seine Leistungen (Marke, Serviceleistungen) eine erhebliche Wertsteigerung erbringt.

Im Ergebnis zeigt sich, dass der zweigleisige Vertrieb, bei dem Hersteller und Händler auf dem Händlermarkt in einem Wettbewerbsverhältnis stehen, aus marktintegrationsspezifischen Gründen freigestellt ist.

V. „gilt nicht für vertikale Vereinbarungen, deren Gegenstand in den Geltungsbereich einer anderen Gruppenfreistellung fällt"

Gemäß Art. 2 V Schirm-GVO ist der Anwendungsbereich der Schirm-GVO auf vertikale Vereinbarungen beschränkt, deren Gegenstand nicht in den Geltungsbereich einer anderen Gruppenfreistellungsverordnung fällt.

Vertikale Vereinbarungen können insbesondere in den Anwendungsbereich der Technologietransfer-GVO[552] und der Spezialisierungs-GVO[553] fallen. Gemäß den Erwägungsgründen der Spezialisierungs-GVO setzt eine Spezialisierung voraus, dass eines der beteiligten Unternehmen (einseitige Spezialisierung) oder jedes der beteiligten Unternehmen (gegenseitige Spezialisierung) zugunsten eines anderen auf die Herstellung bestimmter Erzeugnisse oder die Erbringung bestimmter Dienstleistungen verzichtet[554]. Die Spezialisierungs-GVO gilt nur für Produkte. Ein Produkt stellt gemäß Art. 2 Nr. 4 Spezialisierungs-GVO eine Ware und/oder eine Dienstleistung in Form eines Zwischen- oder Endprodukts dar. Dies gilt jedoch nicht für Vertriebs- und Mietleistungen. Damit fallen Spezialisierungsformen, die den Vertrieb betreffen, nicht in den Anwendungsbereich der Spezialisierungs-GVO. Im Bereich der Spezialisierung zwischen Wettbewerbern über eine Zulieferung kann es jedoch zu Überschneidungen kommen. Allerdings ist dies nur dann der Fall, wenn sich gemäß Art. 1 I Lit. a) Spezialisierungs-GVO eine Vertragspartei dazu verpflichtet, die Produktion bestimmter Waren oder Dienstleistungen einzustellen. Ansonsten ist der Anwendungsbereich der Spezialisierungs-GVO nicht eröffnet, so dass Art. 2 IV Lit. a) Schirm-GVO auch weiterhin –wenn auch geringe- Bedeutung aufweist.

C. Zusammenfassung der Konzeption des Gemeinschaftsrechts

Der EG-Vertrag unterscheidet nicht zwischen horizontal und vertikal wettbewerbsbeschränkenden Absprachen. Im Sekundärrecht werden durch die Gruppenfreistellungsverordnungen wettbewerbsbeschränkende Absprachen primär aufgrund ihrer Funktion freigestellt. In der Schirm-GVO müssen diese in einem inneren Zusammenhang zu einer Lieferbeziehung stehen. Dagegen spielt es lediglich eine zweitrangige Rolle, ob die Unternehmen bezwecken oder bewirken den Wettbewerb untereinander zu beschränken.

---

552 Technologietransfer-GVO v. 27.4.2004 Nr.772/2004, ABl.EG 2004 L 132 S. 11, vgl. dazu schon Gliederungspunkt 4. Kapitel B. II. 2. b).

553 Spezialisierungs-GVO v. 29.11.2000 Nr. 2658/2000, ABl.EG 2000 L 304 S. 3.

554 Spezialisierungs-GVO v. 29.11.2000 Nr. 2658/2000, ABl.EG 2000 L 304 S. 3.

Der Anwendungsbereich einer vertikalen Wettbewerbsbeschränkung wird durch die Schirm-GVO sehr formal und vorsichtig beschrieben. Das Erfordernis eines inneren Zusammenhangs zwischen der wettbewerbsbeschränkenden Vereinbarung und der Lieferbeziehung ist weit gefasst. Es weist mangels näherer Konkretisierung eine deutliche Rechtsunsicherheit auf. Der Vertrieb geistiger Eigentumsrechte wird aus politisch motivierten Gründen nur unter sehr eingeschränkten Voraussetzungen freigestellt. Zulieferverträge werden durch die einschränkenden Voraussetzungen der Art. 2 IV, V Schirm-GVO weitgehend aus dem Anwendungsbereich ausgeschlossen. Lediglich klassische Vertriebsvereinbarungen gemäß Art. 2 IV 2. Hs. Lit. b), in denen die Verteilung der Ware in der Gemeinschaft im Vordergrund steht, werden auf Grund der positiven Erwartungen für die Marktintegration großzügig freigestellt. Aus dem wirtschaftlichen Ansatz der Marktanteilsschwelle des Art. 3 Schirm-GVO und den durch marktintegrationsspezifische Zielsetzungen geprägten Kernbeschränkungen der Art. 4, 5 Schirm-GVO ergeben sich weitere Einschränkungen für vertikale Wettbewerbsbeschränkungen. Mit Hilfe der Kernbeschränkungen sollen vor allem schädliche Einflüsse der Absprachen auf die Marktintegration vermieden werden.

Im Folgenden wird unter Einbeziehung dieser Grundsätze eine Gesamtkonzeption wettbewerbsbeschränkender Absprachen für das GWB entwickelt.

5. Kapitel: Neukonzeption des Systems der wettbewerbsbeschränkenden Absprachen des GWB

A. Einführung

Die Regelungssysteme des Gemeinschaftsrechts und des GWB weisen bemerkenswerte Gemeinsamkeiten auf. Es wird jeweils danach differenziert, ob eine wettbewerbsbeschränkende Absprache bezweckt oder bewirkt, den Wettbewerb untereinander zu beschränken und ob die Wettbewerbsbeschränkung eine bestimmte Funktion erfüllt.

Diese Gemeinsamkeiten können jedoch nicht über die signifikanten Unterschiede hinwegtäuschen. Diese sind sowohl in der abweichenden Systematik als auch in der unterschiedlichen Gewichtung der Beurteilungskriterien begründet.

Das System des GWB teilt über das zentrale Kriterium der „miteinander im Wettbewerb stehenden Unternehmen" wettbewerbsbeschränkende Absprachen in die verbotenen Kartellabsprachen und die nur teilweise geregelten Nichtkartellabsprachen ein[555]. Erst darauf aufbauend wird der Funktion der wettbewerbsbeschränkenden Absprachen über die Formel des anzuerkennenden Interesses Beachtung geschenkt[556].

Das System des Gemeinschaftsrechts verbietet dagegen in einem ersten Schritt sämtliche wettbewerbsbeschränkenden Absprachen. In einem zweiten Schritt werden einzelne Absprachen durch Gruppenfreistellungsverordnungen freigestellt. Diese bewerten die wettbewerbsbeschränkenden Absprachen primär anhand ihrer Funktion[557]. Schließlich wird danach differenziert, ob die Absprachen den Wettbewerb untereinander beschränken. In diesem Fall werden sie nur unter strengeren Maßstäben freigestellt[558].

Aus dem Gesichtspunkt eines umfassenden Schutzes des Wettbewerbs vor wettbewerbsbeschränkenden Absprachen erweist sich das System des Gemein-

---

[555] Vgl. Gliederungspunkt 3. Kapitel B.

[556] Vgl. Gliederungspunkt 3. Kapitel B. und C.

[557] Vgl. Gliederungspunkt 4. Kapitel A. II.

[558] Vgl. Gliederungspunkt 4. Kapitel B. III.; Leitlinien über horizontale Zusammenarbeit v. 6.1.2001, ABl.EG 2001 C 3 S. 2 (2f. Rz. 1, 9); Leitlinien für vertikale Beschränkungen v. 13.10.2000, ABl.EG 2000 C 291 S. 1 (20 Rz. 100); Spezialisierungs-GVO v. 29.11.2000 Nr. 2658/2000, ABl.EG 2000 L 304 S. 3 (4, Erwägungsgrund 10, Art. 1 a); Forschungs- und Entwicklungs-GVO v. 29.11.2000 Nr. 2659/2000, ABl.EG 2000 L 304 S. 7 (8, Erwägungsgrund 15, Art. 4); KFZ-GVO v. 31.7.2002 Nr. 1400/2002, ABl.EG 2002 L 203 S. 30 (37, Art. 2 III); Bagatellbekanntmachung v. 22.12.2001, ABl.EG 2001 C 368 S. 13 (13 Rz. 7).

schaftsrechts dem des GWB deutlich überlegen. Freizustellende Wettbewerbsbeschränkungen können gezielt beschrieben werden, ohne dass dies zu Schutzlücken führt[559].

B. Neukonzeption des Kartellverbotes des GWB

Das Kriterium der „miteinander im Wettbewerb stehenden Unternehmen" ist als zentrales Abgrenzungskriterium im Kartellverbot unzutreffend eingeordnet, beschrieben und gewichtet. Es ist nicht geeignet vertikale Wettbewerbsbeschränkungen zu beschreiben[560]. Lediglich Nichtkartellabsprachen werden aus dem Anwendungsbereich des Kartellverbotes ausgegrenzt. Die unterschiedlichen Ansätze erzeugen entweder erhebliche Schutzlücken[561] oder verstoßen gegen den Wortlaut, die Systematik und den Willen des Gesetzgebers[562]. De lege ferenda ist das Kriterium aus dem Tatbestand des Kartellverbotes zu streichen.

De lege lata ist es von seiner Funktion zu befreien, das Kartellverbot von den vertikalen Wettbewerbsbeschränkungen abzugrenzen. Diese Funktion ist allein den Vertikalvereinbarungen zuzuweisen[563]. Die Funktion des Kartellverbotes liegt ausschließlich im Schutz des Wettbewerbs[564]. Das Kriterium der „miteinander im Wettbewerb stehenden Unternehmen" ist deshalb nicht einschränkend, sondern erweiternd auszulegen. Die Begriffe Anbieter und Nachfrager auf dem Markt sind nicht formal, sondern wertend zu beurteilen. Es wird nicht nur ein Unternehmen erfasst, das unmittelbar selbst auf dem Markt tätig ist, sondern auch eines, das mit Hilfe eines anderen auf dem Markt tätig ist bzw. werden kann. Im Ergebnis werden damit auch mittelbare Wettbewerbsverhältnisse im Kartellverbot berücksichtigt[565]. Der Anwendungsbereich des Kartellverbotes wird erheblich erweitert. Signifikante Schutzlücken werden geschlossen.

C. Neukonzeption der Vertikalvereinbarungen des GWB

Das weite Verständnis des Kartellverbotes wirkt sich auf die Auslegung der Vertikalvereinbarungen aus. Sie beschreiben gezielt privilegierte vertikale

---

559 Vgl. zur Problematik Gliederungspunkt 3. Kapitel B. V. und 4. Kapitel A. und B.

560 Vgl. Gliederungspunkt 3. Kapitel A. II. und C.

561 Vgl. Gliederungspunkt 3. Kapitel B. V.

562 Vgl. Gliederungspunkt 3. Kapitel B. II. und III.

563 Vgl. Gliederungspunkt 3. Kapitel D.

564 Vgl. Gliederungspunkt 1. Kapitel A. und 3. Kapitel B. V.

565 So auch im Ergebnis Wolter in Frankfurter Kommentar, GWB 1999, § 16 Rz. 30; vor der Neufassung Huber/Baums in Frankfurter Kommentar, § 1 Rz. 460; vgl. auch die Entscheidung BGH WuW/E DE-R 487 (491) „Zahnersatz aus Manila", in der für den Begriff des Nachfragers von Zahnersatzleistungen für die Beurteilung von Preisbindungsverträgen gemäß § 14 GWB wertend bestimmt wird. Nachfrager ist nicht der unmittelbar am Markt auftretende Kunde, sondern die Krankenkasse, die die Kostentragungspflicht trifft.

Wettbewerbsbeschränkungen. Diesen ist gegenüber dem Kartellverbot Vorrang einzuräumen, damit sie nicht unter das Verbot des § 1 GWB fallen. Aufgrund des dominierenden Verbietbarkeitsprinzips des § 16 GWB werden dadurch Vertikalvereinbarungen überwiegend freigestellt. Die Systematik des GWB wird an das Gemeinschaftsrecht angenähert.

Zum Zweck der Privilegierung sind die Vertikalvereinbarungen wettbewerbsfunktional auszulegen[566]. Die Formulierung „Vereinbarungen über Waren oder gewerbliche Leistungen" beschreibt dabei keinen Vertragstyp, sondern eine konkrete wettbewerbsbeschränkende Vereinbarung[567].

Eine Auslegung der Vertikalvereinbarungen der §§ 14, 16 GWB hat ergeben, dass die wettbewerbsbeschränkende Vereinbarung in einem inneren Zusammenhang mit einer Lieferbeziehung stehen muss[568].

Die Beschreibung dieses Zusammenhangs erweist sich jedoch als schwierig[569]. Es sind jedoch nicht die -positiven wie negativen- Wertungen der Schirm-GVO in das GWB zu übernehmen[570]. Der in der Schirm-GVO -insbesondere den Kernbeschränkungen- zum Ausdruck kommende Marktintegrationsgedanke gewänne entgegen dem Willen des Gesetzgebers zu stark Einfluss in das GWB[571]. Zusätzlich würden politische Erwägungen -wie die eingeschränkte Freistellung des Vertriebs geistiger Eigentumsrechte- in das GWB übertragen[572]. Damit würde der Anwendungsbereich einer vertikalen Wettbewerbsbeschränkung zu stark eingeschränkt. Das Regelungssystem der Vertikalvereinbarungen liefe weitgehend ins Leere. Eine Preis- und Konditionenbindung des § 14 GWB fiele regelmäßig aufgrund der Kernbeschränkung des Art. 4 Lit. a) Schirm-GVO unter das Kartellverbot. Eine nach § 16 GWB für das Einschreiten der Kartellbehörde erforderliche wesentliche Wettbewerbsbeschränkung wäre regelmäßig aufgrund der dann gemäß Art. 3 Schirm-GVO überschrittenen Marktanteilsschwelle von 30 % durch § 1 GWB verboten.

Stattdessen ist der Aussage der Regierungsbegründung, dass Wettbewerbsbeschränkungen in Vertriebsvereinbarungen „durchweg unproblematisch sind" Beachtung zu schenken[573]. Es gilt Wettbewerbsbeschränkungen in Vertriebsver-

---

566 Im Ergebnis ähnlich Baums, JuS 1990, 608 (610).
567 Vgl. Gliederungspunkt 2. Kapitel C. II. 2.; anders noch jüngst OLG Düsseldorf WuW/E DE-R 187 (190) „Überlange Sozietätsbindung".
568 Vgl. Gliederungspunkt 3. Kapitel C. II.-V.
569 Vgl. Gliederungspunkt 3. Kapitel C. V.
570 Anders Saecker/Jaecks S. 49.
571 Vgl. Gliederungspunkt 2. Kapitel C. II. 2. c).
572 Vgl. Gliederungspunkt 4. Kapitel B. I. 1. und II. 2. b).
573 Vgl. Gliederungspunkt 3. Kapitel C. IV.1.

einbarung zu beschreiben. Dazu genügt es nicht, dass die Wettbewerbsbeschränkung lediglich formaler Bestandteil einer Vertriebsvereinbarung ist. Jeder Vertragstyp, unabhängig davon ob Gesellschafts- oder Austauschvertrag, kann zur Kartellierung eingesetzt werden[574]. Es ist auszuschließen, dass eine Wettbewerbsbeschränkung über den Vertriebszweck hinausgehend zu wettbewerbsbeschränkenden Zwecken instrumentalisiert wird. Um dies zu vermeiden, muss die Wettbewerbsbeschränkung für die Lieferbeziehung eine dienende Funktion erfüllen. Eine exakte Beschreibung dieser löst jedoch eine Maß- und Gradfrage aus[575].

Hinter der Fassade der Formulierung des anzuerkennenden Interesses hat die Rechtsprechung eine überzeugende Grundlage herausgearbeitet. Eine vertikale Wettbewerbsbeschränkung liegt jedenfalls dann vor, wenn die Wettbewerbsbeschränkung zur Durchführung der Lieferbeziehung sachlich geboten ist[576]. Allein damit wird die dienende Funktion jedoch zu vorsichtig beschrieben. Die unternehmerische Entscheidungsautonomie zur Gestaltung des Vertriebs wird zu stark eingeschränkt. Es muss genügen, dass die Wettbewerbsbeschränkung den Vollzug der Lieferbeziehung effizienter gestaltet. Auch durch diese Formulierung ist sicher gestellt, dass die Wettbewerbsbeschränkung keinen Zwecken dient, die über den Vertriebszweck hinausgehen[577].

Zusätzlich ist zu berücksichtigen, dass die Kommission durch die Formulierung des Art. 2 I, IV Schirm-GVO eine übertragenswerte Definition einer vertikalen Wettbewerbsbeschränkung entwickelt hat. Diese Definition kann das wertende Kriterium des inneren Zusammenhangs zwischen Wettbewerbsbeschränkung und Lieferbeziehung ergänzen. Eine wettbewerbsbeschränkende Absprache genügt dem inneren Zusammenhang mit einer Lieferbeziehung, wenn sie eine

574 Vgl. Gliederungspunkt 3. Kapitel A. II. und III, sowie WuW/E BGH 1313 (1315) „Stromversorgunggenossenschaft"; WuW/E BGH 1495 (1496) Autoruf-Genossenschaft"; WuW/E BGH 1901 (1903f) „Transportbeton-Vertrieb II"; Straub S. 72.

575 Vgl. Gliederungspunkt 3. Kapitel C. V.

576 BGH WuW/E 3115 (3119) „Druckgussteile"; BGH WuW/E 3124 (3126) „Bedside-Testkarten"; BGH WuW/E 3137 (3138f.) „Sole"; vgl. auch BGH WuW/E 1458 (1462) „Fertigbeton"; WuW/E BGH 2285 (2288) „Spielkarten"; OLG Hamburg WuW/E OLG 1724 (1728f.) „Miniaturgolfanlagen"; LG Mannheim WuW/E DE-R 298 (300f.) „Stromversorgung"; Baums, JuS 1990, 608 (610).

577 In der Entscheidung BGH WuW/E DE-R 1119 (1123) „Verbundnetz II"stellt der BGH klar, dass nicht lediglich funktionsnotwendige Wettbewerbsbeschränkungen erfasst werden: „Dabei ist die Abgrenzungsformel so gefasst, dass nicht allein die für das Austauschverhältnis funktionsnotwendigen Wettbewerbsbeschränkungen –wie die erwähnten Beispiele des Wettbewerbsverbots im Unternehmenskaufvertrag und die Kundenschutzklausel im Subunternehmervertrag- ein anzuerkennendes Interesse begründen können, sondern auch beschränkende Abreden, mit denen ein berechtigtes und mit der Zielrichtung des Gesetzes nicht in Konflikt stehendes Interesse verfolgt wird.".

vertikale Vereinbarung gemäß Art. 2 I, IV Schirm-GVO darstellt. Durch diesen formalen Ansatz wird für klassische Vertriebsbindungen die Rechtssicherheit erhöht. Im Rahmen des formalen Konzeptes wird indirekt über Art. 2 IV Schirm-GVO das Kriterium der horizontalen Wettbewerbsbeschränkung -wenn auch nicht in dem Gewicht des Kartellverbotes- berücksichtigt. Durch die Übernahme der Definition einer vertikalen Vereinbarung wird sicher gestellt, dass kleine und mittlere Unternehmen, deren Absprachen keine grenzüberschreitenden Auswirkungen entfalten, nicht benachteiligt werden[578]. Die Kombination beider Ansätze vermeidet, dass der Anwendungsbereich auf den eingeschränkten Bereich der Schirm-GVO zurückgestuft wird.

Im Ergebnis wertet dies den Anwendungsbereich der Vertikalvereinbarungen erheblich auf. Damit wird der gesetzgeberischen Entscheidung, vertikale Wettbewerbsbeschränkung nur für verbietbar zu erklären, entsprochen[579]. Es wird vermieden, dass mit Hilfe der im Ausgangspunkt wettbewerbspolitisch konturenlosen Formel der Entscheidungen „Druckgussteile", „Bedside-Testkarten" und „Sole" untersucht wird, ob im Hinblick auf die Freiheit des Wettbewerbs ein anzuerkennendes Interesse an der Wettbewerbsbeschränkung besteht[580].

D. Konzeption einer Wettbewerbsbeschränkung des GWB

Dieser Ansatz wirkt sich auf die Auslegung des Kriteriums der „Verhinderung, Einschränkung oder Verfälschung des Wettbewerbs" des Kartellverbotes aus. Es wurde dargelegt, dass durch ein Einbeziehen des rechtlichen und wirtschaftlichen Kontextes der Absprache nicht die systematische Unterscheidung zwischen Kartellverbot und Vertikalvereinbarungen unterlaufen werden darf[581]. Falls jedoch keine vertikale Wettbewerbsbeschränkung vorliegt, spricht nichts gegen eine wertende Beurteilung einer Wettbewerbsbeschränkung. Wettbewerbsbeschränkungen in Arbeitsgemeinschaften, Unternehmensveräußerungsverträgen, Genossenschaften und Gesellschaftsverträgen stellen damit unter den im Gemeinschaftsrecht entwickelten Voraussetzungen keine relevanten „Verhinderungen, Einschränkungen oder Verfälschungen des Wettbewerbs" dar[582].

---

578 In Einzelfällen –beispielsweise quantitative selektive Vertriebssysteme- werden wettbewerbsbeschränkende Absprachen zwar durch die Schirm-GVO, nicht aber durch ein wertendes System des GWB freigestellt.

579 Ansatzweise auch K. Schmidt, FS Sandrock, S. 833 (846); Kühne, RdE 2002, 104 (104).

580 In den Entscheidungen OLG Düsseldorf WuW/E DE-R 854 (857f.); OLG Stuttgart RdE 2002, 182 (185) werden beispielsweise die Zielsetzungen des Engergiewirtschaftsgesetzes, die Monopolstellung der Unternehmer der Gaswirtschaft aufzubrechen, in die Bewertung des anzuerkennenden Intersses einbezogen; in der Entscheidung BGH WuW/E DE-R 1119 (1123) „Verbundnetz II"genügt die Verfolgung eines berechtigten und mit den Zielsetzungen des Gesetzes nicht in Konflikt stehendes Interesse.

581 Vgl. Gliederungspunkt 2. Kapitel C. II. 1. b).

582 Vgl. Gliederungspunkt 2. Kapitel C. I. 1. c).

Demgegenüber dürfen außerwettbewerbliche Zielsetzungen nicht in das GWB einfließen[583]. Im Ergebnis bedarf es aufgrund dieser wertenden Beurteilung der Wettbewerbsbeschränkung keines außertatbestandlichen Korrekturkriteriums in Form des Immanenzgedankens mehr.

E. Zusammenfassung der Konzeption des GWB

Zusammenfassend ist eine wettbewerbsbeschränkende Absprache wie folgt zu beurteilen:

Es ist zunächst zu untersuchen, ob eine privilegierte Vertikalvereinbarung vorliegt, die vom differenzierenden System der §§ 14, 16 GWB erfasst wird. Dafür muss die wettbewerbsbeschränkende Absprache in einem inneren Zusammenhang mit einer Lieferbeziehung stehen. Um dies zu beurteilen kann inhaltlich auf eine erweiterte Formel des anzuerkennenden Interesses zurückgegriffen werden. Es genügt, dass die Wettbewerbsbeschränkung die Durchführung der Lieferbeziehung effizienter gestaltet. Jedenfalls besteht ein ausreichender innerer Zusammenhang, wenn eine vertikale Vereinbarung im Sinne des Art. 2 I, IV Schirm-GVO vorliegt.

Falls keine vertikal wettbewerbsbeschränkende Absprache getroffen wurde, ist im Rahmen des Kartellverbotes zu untersuchen, ob die Wettbewerbsbeschränkung den Wettbewerb unter den an der Absprache Beteiligten beschränkt. Dieses Wettbewerbsverhältnis ist jedoch sehr weit gefasst. Der Begriff des Anbieters und des Nachfragers auf dem Markt ist wertend zu beurteilen. Ein mittelbares oder indirektes Wettbewerbsverhältnis genügt. Schließlich ist bei der Beurteilung des Kartellverbotes wie im Gemeinschaftsrecht der rechtliche und wirtschaftliche Kontext der Absprache zu berücksichtigen.

[583] Vgl. Gliederungspunkt 2. Kapitel C. II. 1. c).

6. Kapitel: Ausblick auf die 7. Novelle des GWB

A. Überblick über die 7. Novelle des GWB

Im Frühjahr 2003 hat das Bundesministerium für Wirtschaft und Arbeit Eckwerte einer 7. Novelle des GWB vorgestellt. Inzwischen hat die Bundesregierung einen Entwurf eines Siebten Gesetzes zur Änderung des GWB in den Bundesrat eingebracht[584].

Hintergrund der Novelle ist das in Kraft treten der EG-Kartellverfahrens-VO 1/2003[585] zum 1. Mai 2004[586]. Diese führt zu einem Systemwechsel in der Anwendung des europäischen Wettbewerbsrechts. Die bislang bestehende Anmelde- und Genehmigungspflicht für wettbewerbsbeschränkende Vereinbarungen wird in ein System der Legalausnahme überführt. Wettbewerbsbeschränkende Vereinbarungen gelten danach als automatisch freigestellt, wenn sie die Freistellungsvoraussetzungen des Art. 81 III EG erfüllen. Gleichzeitig wird der Vorrang des Gemeinschaftsrechts ausgeweitet[587].

Ziel der Novelle ist die weitere Angleichung des GWB an das Gemeinschaftsrecht. Damit soll insbesondere eine Benachteiligung kleinerer und mittlerer Unternehmen vermieden werden. Regionale Sachverhalte dürften nicht anders beurteilt werden, als solche mit grenzüberschreitenden Auswirkungen. Nur in Ausnahmefällen sei es gerechtfertigt, spezifische Regelungen des deutschen Wettbewerbsrechts aufrecht zu erhalten[588]. Die Bundesregierung beurteilt die bisherige Systematik der wettbewerbsbeschränkenden Absprachen als wettbewerbspolitisch sachgerecht. Sie führe zu praktisch befriedigenden Ergebnissen. Trotzdem wird vorgeschlagen die speziellen Freistellungstatbestände des Kar-

---

584 BRat-Drs. v. 28.5.2004, 441/04.

585 Kartellverfahrens-VO v. 16.12.2002, ABl.EG 2003 L 1 S. 1; für eine Rechtwidrigkeit der Kartellverfahrens-VO 1/2003: Monopolkommission, 28. Sondergutachten, Rz. 13ff., 72; Wissenschaftlicher Beirat des BMWi, WuW 2000, 1096 (1100f.); Paulweber/Kögel, AG 1999, 500 (507f., 515); Mestmäcker, EuZW 1999, 523 (525ff.); ders./Schweitzer § 13 Rz. 10ff. S. 334; Deringer EuZW 2000, 5 (6); Rittner, EuZW 2000, 129 (129); Möschel, JZ 2000, 61 (62); ders., CMLR 2000, 495 (499); Wißmann, World Competition 2000/2, 123 (139f.); Emmerich, WRP 2000, 858 (862); stark zweifelnd Weyer, ZHR 164 (2000) S. 611 (615); Jaeger, WuW 2000, 1062 (1066); unentschieden Bartosch, EuZW 2001, 101 (103); gegen eine Rechtswidrigkeit Schaub/Dohms, WuW 1999, 1055 (1059, 1065f.); Ehlermann, CMLR 2000, 537 (559); Deselaers/Obst, EWS 2000, 41 (42f.); Geiger, EuZW 2000, 165 (166f.); Appeldoorn, E.C.L.R. 2001, 400 (401f.); zusammenfassend Schütz in GK 5. Auflage, EG-Kartellverfahrensrecht, Einf. Rz. 34ff.

586 BRat-Drs. v. 28.5.2004, 441/04.

587 BRat-Drs. v. 28.5.2004, 441/04 S. 35; BMWA, WuW 2003, 379 (379).

588 BRat-Drs. v. 28.5.2004, 441/04 S. 38; BMWA, WuW 2003, 379 (379).

tellverbotes durch eine Art. 81 III EG entsprechende Generalklausel zu ersetzen und das europäische Modell für vertikale Wettbewerbsbeschränkungen zu übernehmen. Horizontale und vertikale Wettbewerbsbeschränkungen sollen grundsätzlich gleich behandelt werden[589]. Es ist geplant, die vertikalen Wettbewerbsbeschränkungen in die allgemeine Regelung des § 1 GWB einzubeziehen und die speziellen Vorschriften der §§ 16ff. GWB aufzuheben. Demgegenüber sollen das Verbot der Preis- und Konditionenbindung des § 14 GWB (§ 4 GWB-E) und die Ausnahme der Preisbindung bei Zeitungen und Zeitschriften des § 15 GWB (§ 30 GWB-E) aufgrund ihrer wichtigen Signalfunktion in entsprechender Weise beibehalten werden. Zusätzlich ist beabsichtigt, die zu Art. 81 III EG ergangenen Gruppenfreistellungsverordnungen in ihrer Substanz über eine dynamische Verweisung in das deutsche Recht zu übernehmen (§ 2 Abs. 2 GWB-E)[590].

B. Gleichbehandlung horizontaler und vertikaler Vereinbarungen

Kurz nach der Veröffentlichung der Eckwerte durch das Bundesministerium für Wirtschaft und Arbeit folgte die erste Kritik.

Einerseits wurde eine grundsätzliche Gleichbehandlung horizontaler und vertikaler Vereinbarungen begrüßt. Der Unterscheidung im deutschen Recht käme schon bisher keine praktische Bedeutung zu[591]. Mit einer Gleichbehandlung bräuchte in Zukunft nicht entschieden werden, ob eine Vereinbarung geeignet ist, den zwischenstaatlichen Handel zu beeinträchtigen. Zusätzlich entspräche es dem Gebot einer sinnvollen Allokation von Ressourcen, dass für die wenigen Fälle, in denen das GWB anwendbar bliebe, keine eigenen Rechtsnormen aufrecht erhalten werden, die gesondert ausgelegt werden müssten[592].

Andererseits lösten die Eckwerte heftigen Widerstand aus[593]. Aus wettbewerbspolitischer Sicht sei die Aufgabe der Unterscheidung ein Schritt zurück ins 19. Jahrhundert. Spezifische Zielsetzungen des Gemeinschaftsrechts, wie die sogenannte Marktintegrationsfunktion des Art. 81 EG, liefen innerhalb Deutschlands ins Leere. Die Gestaltung der Gruppenfreistellungsverordnungen sei nicht selten Teil eines politischen Gesamtpaketes. Dieses stelle ein wettbewerbspolitisch zwielichtiges Umfeld dar[594]. In jedem Falle könnten die Gruppenfreistellungsverordnungen nicht ohne große Verrenkungen übernommen werden. Ihre Kriterien, wie zum Beispiel der Marktanteil, seien auf den Bin-

[589] BRat-Drs. v. 28.5.2004, 441/04 S. 40; BMWA, WuW 2003, 379 (380).
[590] BMWA, WuW 2003, 379 (380).
[591] Bechtold, DB 2004, 235 (235).
[592] Weitbrecht, EuZW 2003, 69 (73).
[593] Rittner, WuW 2003, 451 (451); Möschel, WuW 2003, 571 (571).
[594] Möschel, WuW 2003, 571 (571).

nenmarkt zugeschnitten[595]. Zusätzlich hätten sich die Gruppenfreistellungsverordnungen keineswegs bewährt. Sie würden nach jüngsten Verlautbarungen weder verlängert noch ersetzt[596].

Die bisher an den Eckwerten geübte Kritik überrascht nicht. Schließlich stellt die Unterscheidung in horizontale und vertikale Wettbewerbsbeschränkungen einen der Glaubenssätze des deutschen Wettbewerbsrechts dar[597]. Aus dem Blickwinkel dieser Untersuchung erinnert die Kritik jedoch an den Glaubenssatz Wider den Richtgeist[598]. Es hat sich gezeigt, dass das System des Gemeinschaftsrechts dem nationalen Recht überlegen ist. Im Zuge der Reform würden zentrale Schwächen des GWB beseitigt:

Erstens würden Schutzlücken geschlossen, die sich daraus ergeben, dass *nicht* horizontale Wettbewerbsbeschränkungen grundsätzlich keiner Regelung unterliegen[599]. Zweitens würde das Kartellverbot aus dem Dilemma befreit, einerseits eine horizontale und andererseits eine vertikale Wettbewerbsbeschränkung zu beschreiben[600]. Drittens zwänge die Gleichbehandlung den Gesetzgeber dazu, sich im Rahmen der Vertikalvereinbarungen vom Denken in Vertragstypen zu befreien und eine vertikale Wettbewerbsbeschränkung präzise zu definieren[601].

Bei der Definition einer vertikalen Wettbewerbsbeschränkung zeigen sich jedoch in den Eckwerten und im Entwurf der Bundesregierung Unsicherheiten. Einerseits ist beabsichtigt, die Regelungen der §§ 14, 15 GWB -in entsprechender Weise- in den §§ 4, 30 GWB-E beizubehalten. Andererseits sollen die zu Art. 81 III EG ergangenen Gruppenfreistellungsverordnungen durch § 2 Abs. 2 GWB-E in ihrer Substanz übernommen werden. Entgegen diesem Vorschlag ist es ratsam, sich für ein einheitliches System vertikaler Wettbewerbsbeschränkungen zu entscheiden. Inhaltlich stellt sich die Frage der Fortführung des wertenden Systems des GWB, des formalen Systems der Schirm-GVO oder einer Kombination beider Systeme[602].

Gegen eine Übernahme des formalen Systems der Schirm-GVO lässt sich einwenden, dass dieses die bisherige Rechtslage teilweise verschärfen würde[603].

---

595 Möschel, WuW 2003, 571 (571).
596 Rittner, WuW 2003, 451 (451).
597 Vgl. insofern die Diskussion um die 6. Novelle, Gliederungspunkt 1. Kapitel C. III.
598 Evangelium nach Matthäus 7/3; Evangelium nach Lukas 41: „Was siehest du aber den Splitter in deines Bruders Auge und wirst nicht gewahr des Balkens in deinem Auge?".
599 Vgl. Gliederungspunkt 3. Kapitel B. V. 2.
600 Vgl. Gliederungspunkt 3. Kapitel B. I. b).
601 Vgl. Gliederungspunkt 2. Kapitel B. II. und 3. Kapitel C. I.
602 Vgl. Gliederungspunkt 5. Kapitel C.
603 Vgl. Gliederungspunkt 4. Kapitel B.

Vertikale Wettbewerbsbeschränkungen werden in der Schirm-GVO an Kriterien gemessen, die durch politische und marktintegrative Gesichtspunkte geprägt sind[604]. Zusätzlich spielt die Marktanteilsschwelle bei der Bewertung einer Wettbewerbsbeschränkung eine entscheidende Rolle. Unter dem Deckmantel einer höheren Eigenverantwortung der Unternehmen käme auf sie ein erhöhter juristischer und ökonomischer Beratungsbedarf zu. Das Ziel des Bundesministeriums, kleine und mittlere Unternehmen nicht zu benachteiligen, ist daher ein zweischneidiges Schwert[605]. Auf der einen Seite werden alle Unternehmen gleich behandelt. Auf der anderen Seite erfolgt dies auf Kosten derjenigen Unternehmen, die bisher von einer wertenden Auslegung des GWB profitiert haben. Insofern sprechen gute Gründe für eine Kombination aus dem formalen System der Schirm-GVO und dem bisherigen wertenden System des GWB.

Andererseits wird durch die Neuregelung ein „level playing field" geschaffen, der für die Unternehmen mit erheblichen Vorteilen verbunden ist. Es muss grundsätzlich nicht mehr entschieden werden, ob eine Absprache geeignet ist, den zwischenstaatlichen Handel zu beeinträchtigen[606]. Zusätzlich werden damit die bisherigen Unsicherheiten bei der Beurteilung einer Wettbewerbsbeschränkung im nationalen Recht beseitigt[607]. Die bisherige Formel des anzuerkennenden Interesses findet eine Parallele in der wertenden Feststellung einer Wettbewerbsbeschränkung im Gemeinschaftsrecht[608]. Bestimmte Wettbewerbsbeschränkungen in Unternehmensveräußerungsverträgen, Arbeitsgemeinschaften, Genossenschaften und Gesellschaftsverträgen stellen schon bisher keine relevanten Wettbewerbsbeschränkungen im Sinne des § 1 GWB dar. Nunmehr zwingt auch nicht mehr die Unterscheidung in horizontale und vertikale Wettbewerbsbeschränkungen bestimmte Wettbewerbsbeschränkungen in Vertriebsverträgen als wettbewerbsbeschränkend einzustufen[609]. Dies schafft eine enorme Vereinfachung der Rechtsanwendung und Stärkung der Rechtssicherheit[610]. Die Angleichung an das Gemeinschaftsrecht ist daher im Ergebnis zu begrüßen.

C. Notwendigkeit einer ausdrücklichen Auslegungsregelung

In den Eckwerten der 7. Novelle des GWB wurde noch nicht ausdrücklich klargestellt, ob das freiwillig an das Gemeinschaftsrecht angeglichene Recht auch

604 Vgl. 4. Kapitel.
605 BMWA, WuW 2003, 379 (379).
606 BRat-Drs. v. 28.5.2004, 441/04 S. 38; Monopolkommission, 41. Sondergutachten, S. 17.
607 Vgl. Gliederungspunkt 2. Kapitel C. II.
608 Bahr WuW 2004, 259 (262f); zur Wettbewerbskonzeption des Gemeinschaftsrechts, vgl. Gliederungspunkt 2. Kapitel C. I.
609 Vgl. Gliederungspunkt 2. Kapitel C. I.
610 Vgl. auch Bahr WuW 2004, 259 (261).

zwingend identisch auszulegen ist. Das Bundesministerium für Wirtschaft und Arbeit beabsichtigte für die Freistellung horizontaler Wettbewerbsbeschränkungen von der Auslegung des Art. 81 III EG abzuweichen: Es müsse in geeigneter Weise verdeutlicht werden, dass auch weiterhin die vorhandene nationale Entscheidungspraxis der Kartellbehörden und der Gerichte verwertet werden könne[611]. Die Bundesregierung schlägt nunmehr mit § 23 GWB-E eine ausdrückliche Auslegungsregelung vor. Danach sind die Grundsätze des europäischen Wettbewerbsrechts bei der Anwendung der §§ 1-4, 19 GWB-E maßgeblich zu Grunde zu legen. Dagegen soll die bisherige Verwaltungs- und Rechtsprechungspraxis der deutschen Kartellbehörden und Zivilgerichte nur dann eine wichtige Auslegungshilfe darstellen, soweit nicht einschlägige Grundzüge des Gemeinschaftsrechts entgegenstehen[612]. Fraglich ist, ob durch die entsprechend dem italienischen und britischen Wettbewerbsgesetz[613] geschaffene Auslegungsregelung drohende Auslegungsunsicherheiten vermieden werden. Bei der Auslegung des freiwillig an das Gemeinschaftsrecht angeglichenen Wettbewerbsrechts stellen sich drei grundsätzliche Fragen: Erstens, ob das nationale Wettbewerbsrecht in der Weise auszulegen ist, wie das entsprechende europäische Recht angewendet wird (in dessen rechtlichen und wirtschaftlichen Kontext). Zweitens, ob und in welcher Weise die nationalen Rechtsanwender die Entscheidungspraxis der Kommission berücksichtigen müssen. Drittens ist zu beantworten, ob und unter welchen Voraussetzungen eine Vorlagemöglichkeit und Vorlagepflicht einer Auslegungsfrage zum EuGH besteht.

I. Kerngehalt der Auslegungsregelung

Gemäß § 23 GWB-E sollen die „Grundsätze des europäischen Wettbewerbsrechts“ bei der Anwendung der §§ 1 bis 4 und 19 GWB-E „maßgeblich zugrundegelegt“ werden. Der Umfang der Grundsätze des europäischen Rechts sowie der Grad und das Maß des Zugrundelegens bleiben bei dieser Formulierung vage. Nach der Regierungsbegründung soll § 23 GWB-E bewirken, „dass sich die Auslegung der gesetzlichen Regelungen des *europäischen Wettbewerbsrechts* nach den gleichen Maßstäben richtet, wie sie im europäischen Wettbewerbsrecht *durch* die Entscheidungen des Gerichtshofs bzw. des Europäischen Gerichts erster Instanz und die Beschlusspraxis der Kommission einschließlich Mitteilungen und Bekanntmachungen verbindlich sind.“[614]. Die Formulierung der Gesetzesbegründung ist zuerst dahingehend zu korrigieren, dass das *nationale* Wettbewerbsrecht (§§ 1-4, 19 GWB-E) und nicht das *europäische*

---

[611] BMWA, WuW 2003, 379 (380).

[612] BRat-Drs. v. 28.5.2004, 441/04 S. 54.

[613] Vgl. 1. Kapitel.

[614] BRat-Drs. v. 28.5.2004, 441/04 S. 53, Hervorhebung durch den Verfasser.

Wettbewerbsrecht nach den Vorgaben des § 23 GWB-E auszulegen ist[615]. Die Wortwahl „*durch* die Entscheidungen [...] verbindlich sind“ statt „*für* die Entscheidungen [...] verbindlich sind“ scheint dagegen von den Verfassern beabsichtigt. Offenbar soll der Rechtsanwender das nationale Wettbewerbsrecht in der Weise auslegen, wie es in der Entscheidungspraxis der „europäischen Institutionen“ verstanden wird. Die missverständliche Regierungsbegründung setzt damit unausgesprochen voraus, dass das nationale Recht so zu verstehen ist, wie das europäische Recht. Der Anwender hat bei der Anwendung des nationalen Wettbewerbsrechts bildlich gesprochen das GWB zur Seite zu legen und zum EG-Vertrag zu greifen. Andernfalls ergäbe eine Ausrichtung an die Entscheidungspraxis der europäischen Institutionen keinen Sinn. Dies ist der unausgesprochene Kerngehalt der europafreundlichen Anwendungsregelung des § 23 GWB-E. Die missverständliche Formulierung des Entwurfs liegt darin begründet, dass die Verfasser über die Formulierung der Grundsätze des europäischen Wettbewerbsrechts offenbar nicht nur das Recht, sondern auch die Entscheidungspraxis der Kommission berücksichtigt wissen wollten. Diese äußerst unglückliche Formulierung nötigt deshalb nicht dazu, eine fruchtlose Diskussion über den Umfang der Grundsätze des europäischen Wettbewerbsrechts bzw. die Ausnahmen zu führen[616].

Praktisch wird die derart verstandene Anwendungsregelung des § 23 GWB-E beispielsweise bei der Auslegung der übereinstimmenden Formulierung der „Verhinderung, Einschränkung oder Verfälschung des Wettbewerbs“. Bisher ist diese vornehmlich aus drei Gründen nicht identisch mit dem Gemeinschaftsrecht auszulegen:

Erstens wird im GWB tatbestandlich in Kartellverbot und Vertikalvereinbarungen unterschieden. Diese Systematik durfte durch eine Übertragung der wertenden Wettbewerbskonzeption des Gemeinschaftsrechts nicht unterlaufen werden. Zweitens ist durch die Formulierung der Ministererlaubnis des § 8 GWB klargestellt, dass außerwettbewerbliche Aspekte weder in den Verbots- noch in den Freistellungsvorschriften zu berücksichtigen sind. Drittens entspricht es nicht dem Willen des Gesetzgebers, außerwettbewerbliche Gesichtspunkte in das GWB zu übernehmen[617]. Mit der Gleichbehandlung hori-

615 Als mindestens missverständlich erweist sich die Formulierung der Begründung BRat-Drs. v. 28.5.2004, 441/04 S. 53: „Es handelt sich vielmehr um eine Anwendungsregel [...], die *vor allem* für den nicht zwischenstaatlich relevanten Bereich, in dem es keinen Vorrang des europäischen Wettbewerbsrechts [...] *gilt.*“ Schließlich soll die Vorschrift als Auslegungsregelung für das gesamte in Bezug genommene nationale Wettbewerbsrecht gelten und nicht zwischen Wettbewerbsbeschränkungen mit und ohne zwischenstaatliche Auswirkungen differenzieren.

616 Anders Bechtold, DB 2004, 235 (237).

617 Näher zu den Gründen Gliederungspunkt 2. Kapitel C. II. 1.

zontaler und vertikaler Wettbewerbsbeschränkungen und der Streichung der Ministererlaubnis entfallen mit der Neufassung zwei dieser Gründe[618]. Unklar bleibt lediglich, ob auch außerwettbewerbliche Zielsetzungen bei der Auslegung des GWB berücksichtigt werden sollen. Die Bundesregierung weist bei der Einbeziehung vertikaler Wettbewerbsbeschränkungen in das Kartellverbot auf die unterschiedlichen Zielsetzungen des nationalen und europäischen Rechts hin, meint aber, dass sich das deutsche Recht aufgrund des erweiterten Vorrangs des europäischen Rechts der systematischen Einordnung vertikaler Wettbewerbsbeschränkungen nicht entziehen könne[619].

Gegen eine Berücksichtigung außerwettbewerblicher Zielsetzungen spricht, dass die Aufgaben der Gemeinschaft stetig erweitert und vertieft werden. Die Bedeutung des Systems des Art. 3 Lit. g) EG, das den Wettbewerb innerhalb des Binnenmarktes vor Verfälschungen schützt, droht sich damit abzuschwächen[620]. Mit der Einführung einer Pflicht zur identischen Auslegung könnte damit die Effektivität des deutschen Kartellrechts leiden.

Die überzeugenderen Gründe sprechen für eine identische Auslegung. Nur so kann vermieden werden, dass sich das GWB und das Gemeinschaftsrecht dauerhaft auseinanderentwickeln[621]. Die Gefahr einer unterschiedlichen Entwicklung droht vor allem durch die in Kraft getretene Kartellverfahrens-VO 1/2003. Bislang wurde zur Beurteilung einer Wettbewerbsbeschränkung des Art. 81 I EG der rechtliche und wirtschaftliche Kontext einbezogen[622]. Diese Wertungsebene könnte sich von Art. 81 I EG auf Art. 81 III EG verlagern. Bisher verbarg sich hinter der materiellen Auslegungsfrage des Art. 81 I EG zugleich eine Problematik der Kompetenzverteilung zwischen Kommission, nationalen Kartellbehörden und nationalen Gerichten. Das Verbot wettbewerbsbeschränkender Absprachen des Art. 81 I EG galt in den Mitgliedstaaten unmittelbar[623]. Für dessen Anwendung waren neben der Kommission, die Gerichte der Mitgliedstaaten und grundsätzlich gemäß Art. 9 III Kartellverfahrens-VO 17/62 i.V.m. Art. 84 EG auch die Kartellbehörden der Mitgliedstaaten zuständig[624]. Demgegenüber war gemäß Art. 9 I Kartellverfahrens-VO 17/62 die Kommission für die Anwendung des Art. 81 III EG -vorbehaltlich der Nachprüfung durch den

618 BRat-Drs. v. 28.5.2004, 441/04 S. 39, 46; BMWA, WuW 2003, 379 (379f.).
619 BRat-Drs. v. 28.5.2004, 441/04 S. 40.
620 Vgl. Gliederungspunkt 2. Kapitel C. I. 2.
621 Vgl. auch BRat-Drs. v. 28.5.2004, 441/04 S. 53f.
622 Vgl. Gliederungspunkt 2. Kapitel C. I 1. c).
623 Emmerich, Kartellrecht, § 36 6.
624 Falls jedoch die Kommission ein Verfahren nach Art. 2, 3 oder 6 Kartellverfahrens-VO 17/62 einleitet, ist diese ausschließlich zuständig.

EuGH- ausschließlich zuständig[625]. Dieser Bereich der exklusiven Zuständigkeit wurde durch eine enge Fassung des Anwendungsbereichs des Art. 81 I EG kleiner[626]. Die ausdrückliche Kompetenz der Kommission wurde durch eine wertende Beurteilung einer Wettbewerbsbeschränkung eingeschränkt.

Durch die Kartellverfahrens-VO 1/2003 werden die Kompetenzen neu verteilt. Das bisherige Anmelde- und Freistellungssystem ist abgeschafft. Gemäß Art. 5, 6 Kartellverfahrens-VO 1/2003 sind die nationalen Wettbewerbsbehörden und Gerichte grundsätzlich für die Anwendung des gesamten Art. 81 EG zuständig. In Zukunft spielt die Kompetenzverteilung für die Beurteilung des Tatbestandes des Art. 81 EG keine Rolle mehr. Damit erscheint eine Verlagerung der wertenden Beurteilung von Art. 81 I EG auf Art. 81 III EG wahrscheinlich[627]. Schließlich beinhaltet Art. 81 III EG ein ausdrücklich formuliertes Instrumentarium zur Berücksichtigung positiver Wirkungen wettbewerbsbeschränkender Absprachen[628].

Die ausdrückliche Auslegungsregelung des § 23 GWB-E wird sicherstellen, dass das GWB an dieser ungewissen Entwicklung des Gemeinschaftsrechts teilnimmt. Die Formulierungen sind mit dem Gemeinschaftsrecht identisch auszulegen. Nur so kann das Reformziel erreicht werden, dass nicht entschieden werden muss, ob eine Vereinbarung geeignet ist, den zwischenstaatlichen Handel zu beeinträchtigen und dass Unternehmen, deren Absprachen nicht geeignet sind, den zwischenstaatlichen Handel zu beeinträchtigen, nicht benachteiligt werden[629].

II. Berücksichtigung von Entscheidungen der Kommission

Darüber hinaus ist fraglich, ob der Rechtsanwender des nationalen Wettbewerbsrechts an die Entscheidungspraxis der Kommission gebunden ist. Diese Pflicht wäre von besonderer Bedeutung. Es ist offen, in welche Richtung sich der Anwendungsbereich des weitgehend unerforschten Freistellungstatbe-

---

625 Gemäß Art. 6 I 2 Kartellverfahrens-VO 17/62 können wettbewerbsbeschränkende Absprachen nur bis zum Tage ihrer Anmeldung rückwirkend freigestellt werden.

626 Vgl. Ulmer, RIW 1985, 517 (523); Ackermann S. 109.

627 Vgl. auch Bechtold, ZHR 164 (2000) S. 200 (201f.); sowie Weißbuch der Kommission zur Modernisierung der Vorschriften des Art. 85 und 86 EG, ABl.EG 1999 C 132 S. 1 (17 Rz. 57), in dem eine Einführung einer Rule of Reason innerhalb des Art. 81 I EG als paradox abgelehnt wird. Damit würde Art. 81 III EG, der alle Voraussetzungen einer Rule of Reason enthält jeder Substanz beraubt. Kritisch dazu Wesseling, E.C.L.R. 1999, 420 (423), der zwischen einer ökonomischen und außerökonomischen Rule of Reason unterscheidet; Schütz in GK 5. Auflage, EG-Kartellverfahrensrecht, Art. 1 Rz. 9 scheint davon auszugehen, dass sich an der Interpretation des Art. 81 I EG nichts verändern wird.

628 Vgl. nur Emmerich, Kartellrecht, § 37 7.

629 BMWA, WuW 2003, 379 (379).

standes des Art. 81 III EG entwickelt[630]. Die Entscheidungspraxis der Kommission nimmt bei der Fortentwicklung eine herausragende Stellung ein. Bisher steht ihr dazu ein Beurteilungsspielraum zu. Die Überprüfung der Entscheidungen durch den EuGH beschränkt sich darauf, ob die Verfahrens- und Begründungsregeln beachtet wurden, ob der Tatbestand richtig festgestellt wurde und ob kein offenkundiger Beurteilungsfehler oder Ermessensfehlgebrauch vorliegt[631]. Es ist zweifelhaft, ob dieser Beurteilungsspielraum weiterhin Bestand haben kann[632]. Die Regelung des Art. 29 Kartellverfahrens-VO 1/2003 zeigt, dass die Kommission –zumindest für die Formulierung der Gruppenfreistellungsverordnungen- auch weiterhin einen Beurteilungsspielraum für sich in Anspruch nimmt. Andernfalls könnte eine Wettbewerbsbeschränkung, die durch eine Gruppenfreistellungsverordnung erfasst wird, nicht gleichzeitig gegen Art. 81 III EG verstoßen. Tendenziell führt eine unmittelbare Anwendbarkeit des Art. 81 III EG gemäß Art. 1 II Kartellverfahrens-VO 1/2003 jedoch zu einer Einschränkung des Beurteilungsspielraums[633]. In der Entwicklungsphase der Kartellverfahrens-VO 1/2003 hat die Kommission betont, dass außerwettbewerbliche Zielsetzungen in den Freistellungstatbestand des Art. 81 III EG nicht einfließen dürfen. Dies steht im Widerspruch zur bisherigen Rechtsprechung des EuGH[634]. Insofern droht ein konkreter Konflikt zwischen Kommission auf der einen und nationalen Behörden und Gerichten auf der anderen Seite.

Gemäß § 23 GWB-E sollen die Grundsätze des europäischen Wettbewerbsrechts –und nicht die europäische Entscheidungspraxis- bei der Anwendung der §§ 1-4, 19 GWB-E maßgeblich zugrunde gelegt werden. Getreu der Regierungsbegründung soll § 23 GWB-E bewirken, „dass sich die Auslegung der gesetzlichen Regelungen des europäischen Wettbewerbsrechts nach den gleichen Maßstäben richtet, wie sie im europäischen Wettbewerbsrecht *durch* die Entscheidungen des Gerichtshofs bzw. des Europäischen Gerichts erster Instanz und die Beschlusspraxis der Kommission einschließlich Mitteilungen und Bekanntmachungen verbindlich sind. § 23 schreibt dabei keine unmittelbare normative Bindung an die Entscheidungspraxis der europäischen Institutionen vor."[635]. Es wird ergänzt, dass „[...] eine Anknüpfung an die Entscheidungspraxis der Kommission und der europäischen Gerichte zu einer weitgehenden

---

630 Ehlermann, CMLR 2000, 537 (577).

631 EuGH v. 13.7.1966 Rs. 56 u. 58/64 - Grundig/Consten, Slg. 1966, 321 (396); EuGH v. 25.10.1977 Rs. 26/76 - Metro/Kommission, Slg. 1977, 1875 (1916f. Rz. 45, 50), EuG v. 22.10.1997 Rs. T-213/95 u. T-18/96 - SCK und FNK, Slg. 1997, II-1739 (1810 Rz. 190); Weyer, ZHR 164 (2000) S. 611 (617ff.).

632 Dazu insbesondere Weyer, ZHR 164 (2000) S. 611 (617ff.).

633 So auch Weyer, ZHR 164 (2000) S. 611 (618); Ehlermann/Atanasiu, E.C.L.R. 2002, 72 (74); Bechtold, WuW 2003, 343 (343).

634 Vgl. Gliederungspunkt 2. Kapitel C. I. 2.

635 BRat-Drs. v. 28.5.2004, 441/04 S. 53, Hervorhebung durch den Verfasser.

„Synchronisierung“ der Auslegung und Anwendung der deutschen und europäischen Wettbewerbsvorschriften [führt].“[636]. Ausweislich der Regierungsbegründung soll sich die Auslegung des nationalen Rechts also auch an der europäischen Entscheidungspraxis ausrichten. Diese Entscheidungspraxis zählt offenbar zu den „Grundsätzen des europäischen Rechts“ im Sinne des § 23 GWB-E. Bei dieser -aus der Sicht der Gewaltenteilung bedenklichen Auslegung- bleibt der Grad der Bindung im Entwurf jedoch unklar. Während die Regierungsbegründung zurückhaltend formuliert, dass der Rechtsanwender nicht *unmittelbar* normativ gebunden wird, drückt der Gesetzestext durch die vorsichtige Formulierung *maßgeblich zugrundezulegen* eine Bindung aus, ohne den genauen Umfang festzulegen.

Die Bindungswirkung könnte über Art. 16 Kartellverfahrens-VO 1/2003 konkretisiert werden. Gemäß Art. 16 Kartellverfahrens-VO 1/2003 müssen nationale Behörden und Gerichte im Anwendungsbereich des Gemeinschaftsrechts bestrebt sein, keine Entscheidungen in derselben Sache zu treffen, die geplanten oder getroffenen Entscheidungen der Kommission zuwiderlaufen[637]. Um eine Synchronisierung zu erreichen ist die Formulierung *maßgeblich zugrundezulegen* zunächst -soweit dasselbe Verfahren vor der Kommission anhängig ist oder war- im Sinne des Art. 16 Kartellverfahrens-VO 1/2003 auszulegen. Soweit nicht dasselbe Verfahren vor der Kommission anhängig ist oder war, kann für die Auslegung des § 23 GWB-E ebenfalls auf die Grundsätze des Art. 16 Kartellverfahrens-VO 1/2003 zurückgegriffen werden. Dessen Formulierung erweist sich als griffiger und vermeidet, dass die nationalen Gerichte zwar die Entscheidungspraxis berücksichtigen, nicht aber ihre Entscheidung darauf stützen. Über diese Auslegung kann sichergestellt werden, dass nationales und europäisches Wettbewerbsrecht entsprechend dem Willen des Gesetzgebers synchron bzw. identisch ausgelegt werden.

III. Vorlagemöglichkeit und Vorlagepflicht zum EuGH

Die rechtspolitisch beladene Diskussion über eine Pflicht zur überschießenden richtlinienkonformen Auslegung der handelsrechtlichen und steuerrechtlichen Buchführungsvorschriften zeigt, dass es sinnvoll eine Vorlagemöglichkeit und Vorlagepflicht ausdrücklich zu regeln[638]. Weder im Entwurf noch in der Regierungsbegründung wird dazu Stellung bezogen. Fraglich ist, ob sich eine solche Pflicht trotzdem aus dem nationalen Recht ableiten lässt. Für diese Pflicht spricht, dass nur so effektiv vermieden werden kann, dass sich die Auslegung der Rechtsvorschriften unterschiedlich ausbildet. Die Entwicklung des Gemeinschaftsrechts -insbesondere des unmittelbar anwendbaren Freistellungstatbe-

---

636 BRat-Drs. v. 28.5.2004, 441/04 S. 53f.

637 Bornkamm, Rolle des Zivilrichters, S. 19.

638 Vgl. Gliederungspunkt 1. Kapitel C.

standes des Art. 81 III EG- ist offen. Es werden sich daher in Zukunft verstärkt Fragen zu dessen Auslegung stellen. Zusätzlich kann nur damit –entsprechend dem Willen des Gesetzgebers- die schwierige Frage unbeantwortet bleiben, ob eine Vereinbarung den Handel zwischen den Mitgliedstaaten beeinträchtigt. Andernfalls müsste zur Klärung einer Vorlagepflicht gemäß Art. 234 EG beurteilt werden, ob die Absprache geeignet ist, den zwischenstaatlichen Handel zu beeinträchtigen. Damit wird eine Pflicht zur identischen Auslegung auch konsequent verfahrensrechtlich umgesetzt[639].

IV. Regelung der Beweislastverteilung

In den Eckwerten der 7. Novelle des GWB wird entgegen dem Gemeinschaftsrecht eine ausdrückliche Regelung einer Beweislast nicht erwähnt. In der Regierungsbegründung wird betont, dass auch die Beweislastverteilung im Grundsatz dem europäischen Recht folgt. Danach trage die Beweislast für eine Zuwiderhandlung gegen das Kartellverbot des § 1 die Partei oder die Behörde, die diesen Vorwurf erhebt. Die Beweislast dafür, dass die Freistellungsvoraussetzungen des neuen § 2 vorliegen, obliege den Unternehmen, die sich auf diese Bestimmung berufen[640]. Die ausdrückliche Beweislastregelung des Art. 2 Kartellverfahrens-VO 1/2003 gilt im Sinne eines non liquet nur für das Verwaltungsverfahren der Kommission[641]. Trotzdem wird die Bedeutung der Beweislastverteilung in Zukunft zunehmen. Das Gemeinschaftskartellrecht vertraut -wie das amerikanische Recht- zunehmend auf eine Durchsetzung durch Private[642]. Bei der Verteilung der Beweislast wird sich überwiegend an Art. 2 Kartellverfahrens-VO 1/2003 orientiert. Danach obliegt die Beweislast für eine Zuwiderhandlung gegen Art. 81 I EG demjenigen, der den Vorwurf erhebt und für die Ausnahme des Art. 81 III EG, demjenigen, der sich darauf beruft[643]. Danach müsste derjenige, der den Vorwurf des Verstoßes gegen Art. 81 I EG erhebt, grundsätzlich auch beweisen, dass eine spürbare Wettbewerbsbeschränkung unter Berücksichtigung des rechtlichen und wirtschaftlichen Kontextes

---

639 Vgl. zur Vorlagemöglichkeit und –pflicht das 1. Kapitel.

640 BRat-Drs. v. 28.5.2004, 441/04 S. 39.

641 Schütz in GK 5. Auflage, EG-Kartellverfahrensrecht, Art. 2 Rz. 1.

642 Kartellverfahrens-VO v. 16.12.2002, ABl.EG 2003 L 1 S. 1 (2 Erwägungsgrund 7); Kommission, Vorschlag einer Kartellverfahrens-VO (Kom) 582 v. 27.9.2000 S. 10; Weitbrecht, EuZW 2003, 69 (72); vgl. auch die Kritik des wissenschaftlichen Beirats des BMWi, WuW 2000, 1096 (1098); zurückhaltend Ehlermann, CMLR 2000, 537 (587); ders./Atanasiu, E.C.L.R. 2002, 72 (78).

643 Vgl. Rahlmeyer in Martinek/Semler/Habermeier § 31 Rz. 94; Schütz in GK 5. Auflage, EG-Kartellverfahrensrecht, Art. 2 Rz. 8; Hossenfelder/Lutz, WuW 2003, 118 (119f); kritisch zur Formulierung der Zuwiderhandlung Fikentscher, WuW 2001, 446 (448ff.); kritisch zur Beweislastverteilung Monopolkommission, 32. Sondergutachten S. 25, 53ff.

der Absprache vorliegt[644]. Davon abweichend betont die Kommission, dass jeder die für ihn günstigen Umstände beweisen muss[645]. Fikentscher ergänzt: „Umstände zur Rechtswidrigkeit, wie Immanenzgesichtspunkte bei ancillary restraints, Abwägungen von Interessen, Rechtfertigungsgründe wie Einwilligung oder übergesetzlicher Notstand, gesetzliche oder behördliche Auflagen oder Weisungen, Rule of Reason Kriterien aller Art, unrechtsausschließende Pflichtenkollisionen und dgl. braucht der Kläger nicht in den Prozessstoff einzuführen"[646]. Es besteht damit eine Unsicherheit darüber, ob eine Partei den Tatbestand einer ihr günstigen Rechtsnorm, oder nur die ihr günstigen Umstände beweisen muss. Durch die Regelung der europafreundlichen Anwendung des § 23 GWB-E wird diese Unsicherheit aufgefangen. Auch die Regelung der Beweislast des Art. 2 Kartellverfahrens-VO 1/2003 zählt zu den „Grundsätzen des europäischen Wettbewerbsrechts"[647]. Sie ist deshalb auch bei der Anwendung der §§ 1-4, 19 GWB-E maßgeblich zu berücksichtigen.

D. Ergebnis

Im Ergebnis ist die 7. Novelle des GWB zu begrüßen. Dies gilt insbesondere für eine grundsätzliche Gleichbehandlung horizontaler und vertikaler Wettbewerbsbeschränkungen. Die Regelung zur europafreundlichen Anwendung des § 23 GWB-E ist im Ausgangspunkt uneingeschränkt zu begrüßen. Leider fehlt dem Gesetzgeber einerseits der Mut, ausdrücklich zur Frage der Vorlagepflicht nationaler Gerichte Stellung zu beziehen, andererseits ist die Formulierung derart unglücklich, dass der Kerngehalt der Regelung erst mühsam herausgeschält werden muss.

---

644 Vgl. auch Weißbuch der Kommission zur Modernisierung der Vorschriften des Art. 85 und 86 EG, ABl.EG 1999 C 132 S. 1 (21 Rz. 78), in dem die Kommission klarstellt, dass in Art. 81 I EG ein stärkerer wirtschaftlicher Ansatz als bisher verfolgt werden solle, wodurch sich der Anwendungsbereich dieser Vorschrift auf Unternehmen mit gewisser Marktmacht beschränke.

645 Kommission, Vorschlag einer Kartellverfahrens-VO (Kom) 582 v. 27.9.2000 S. 15f.

646 Fikentscher, WuW 2001, 446 (449f.), es ist jedoch missverständlich wenn Fikentscher betont, dass der Kläger „nur" die Wettbewerbsbeschränkung beweisen muss, denn für den Begriff der Wettbewerbsbeschränkung stellt sich gerade die Frage, ob dieser wertend zu bestimmen ist. Zusätzlich verwendet er für die Beweislastverteilung undifferenziert den Begriff des Klägers. Dies deckt sich jedoch nur teilweise mit der Beweislastregelung, denn auch der Beklagte kann sich auf einen Verstoß gegen Art. 81 I EG berufen; vgl. auch Schütz in GK 5. Auflage, EG-Kartellverfahrensrecht, Art. 2 Rz. 8, der darauf hinweist, dass die von den immanenten Einschränkungen und der rule of reason profitierende Partei näher dran ist.

647 Im Ergebnis auch Bechtold, DB 2004, 235 (238).

Literaturverzeichnis

Ackermann, Thomas, Die neuen EG-Wettbewerbsregeln für vertikale Beschränkungen, EuZW 1999, 741

Ackermann, Thomas, Art. 85 Abs. 1 EGV und die rule of reason, Köln, Berlin, Bonn, München, 1997

Ahmann, Karin-Renate, Die Bilanzrichtlinie und die steuerliche Gewinnermittlung - Eine Zwangsehe?, in: Festschrift für Ludwig Schmidt, München, 1993, S. 269

Appeldoorn, Jochen F., Are the Proposed Changes Compatible with Article 81 (3) E.C.?, E.C.L.R. 2001, 400

Arndt, Hans-Wolfgang/ Wiesbrock, Michael, Der EuGH als gesetzlicher Richter in ertragsteuerlichen Rechtsstreitigkeiten?, DStR 1999, 350

Baden Fuller, Charles W.F., Economic Issues Relating to Property Rights in Trademarks: Export Bans, Differentia Pricing, Restrictions on Resale and Repacking, Eur.L.Rev. 6 (1981), S. 162

Baden Fuller, Charles W.F., Price Variations - The Distillers Case and Article 85 EEC, I.C.L.Q. 28 (1979), S. 128

Bael, Ivo van, Heretical Reflections on the Basic Dogma of EEC Antitrust: Single Market Integration, Rev.suisse.dr.int.concurr. 10 (1980), S. 39

Bahr, Christian, Die Behandlung von Vertikalvereinbarungen nach der 7. GWB-Novelle, WuW 2004, 259

Bahr, Christian, Verbundgruppenfranchising und Kartellverbot, Baden-Baden, 2002

Bahr, Christian, Das Erfordernis freien Zugangs zu B2B-Marktplätzen nach EG-Kartellrecht, WuW 2002, 230

Bahr, Christian, Die Verhinderung, Einschränkung oder Verfälschung des Wettbewerbs in § 1 GWB, WuW 2000, 954

Ballerstedt, Kurt, Handlungsunwert oder Erfolgsunwert im Gesetz gegen Wettbewerbsbeschränkungen, in: Festschrift für Franz Böhm, Karlsruhe 1965, S. 179

Bartholomeyczik, Horst, Wann aktualisiert sich der potentielle Wettbewerb für die Rechtsanwendung?, WuW 1971, 764

Bartosch, Andreas, Von der Freistellung zur Legalausnahme: Der Vorschlag der EG-Kommission für eine neue Verordnung Nr. 17, EuZW 2001, 101

Basedow, Jürgen, Zielkonflikte und Zielhierarchien im Vertrag über die Europäische Gemeinschaft, in: Festschrift für Ulrich Everling, Baden-Baden, 1995, S. 49

Bauer, Michael/ Bronett, Georg-Klaus de, Die EU-Gruppenfreistellungsverordnung für vertikale Beschränkungen, Köln, 2001

Baumbach, Adolf/ Hefermehl, Wolfgang, Wettbewerbs- und Warenzeichenrecht, 22. Auflage, München, 2001; 8. Auflage, München, 1960
Baums, Theodor, GWB-Novelle und Kartellverbot, ZIP 1998, 233
Baums, Theodor, Kartellverbot und Gemeinsamer Zweck, JuS 1990, 608
Baur, Jürgen F., Kartellrecht und Politik, in: Festschrift für Bernhard Großfeld, Heidelberg, 2002, S. 73
Bayreuther, Frank, Die Reform der EG-Wettbewerbspolitik gegenüber vertikalen Wettbewerbsbeschränkungen, EWS 2000, 106
Bechtold, Rainer, Grundlegende Umgestaltung des Kartellrechts: Zum Referentenentwurf der 7. GWB-Novelle, DB 2004, 235
Bechtold, Rainer, Maßstäbe der „Selbstveranlagung" nach Art. 81 Abs. 3 EG, WuW 2003, 343
Bechtold, Rainer, Kartellgesetz - Gesetz gegen Wettbewerbsbeschränkungen, 3. Auflage, München 2002; 1. Auflage, München, 1993 (zitiert: Bechtold)
Bechtold, Rainer, Die Entwicklung des deutschen Kartellrechts 1999 bis 2001, NJW 2001, 3159
Bechtold, Rainer, Literaturrezension, ZHR 164 (2000), S. 200
Bechtold, Rainer, Das neue Kartellgesetz, NJW 1998, 2769
Bechtold, Rainer, Zum Referenten-Entwurf der 6. GWB-Novelle, BB 1997, 1853
Bechtold, Rainer, Die Entwicklung des deutschen Kartellrechts 1995-1997, NJW 1997, 1959
Bechtold, Rainer, Die Entwicklung des deutschen Kartellrechts seit Mitte 1986, NJW 1990, 481
Bechtold, Rainer/ Uhlig, Torsten, Die Entwicklung des deutschen Kartellrechts 1997-1999, NJW 1999, 3526
Beisse, Heinrich, „True and fair view" in der Steuerbilanz?, DStZ 1998, 310
Beisse, Heinrich, Grundsatzfragen der Auslegung des neuen Bilanzrechts, BB 1990, 2007
Beisse, Heinrich, Die steuerrechtliche Bedeutung der neuen deutschen Bilanzgesetzgebung, StVj 1989, 295
Beisse, Heinrich, Die Generalnorm des neuen Bilanzrechts, in: Festschrift für Georg Döllerer, Düsseldorf, 1988, S. 25
Belke, Rolf, Grundfragen des Kartellverbots, ZHR 143 (1979), S. 74
Belke, Rolf, Die vertikalen Wettbewerbsbeschränkungsverbote nach der Kartellgesetznovelle 1973, ZHR 139 (1975), S. 51
Belke, Rolf, Die vertikalen Wettbewerbsbeschränkungsverbote nach der Kartellgesetznovelle 1973, ZHR 138 (1974), S. 227
Bellamy, Christopher/ Child, Graham, European Community Law of Competition, 5. Auflage, London, 2001
Betlem, Gerrit, Case C-346/93, Kleinwort Benson Ltd. v. City of Glasgow District Council, [1995] ECR I-615, CMLR 1996, 137

Beuthin, Volker, Kartellverbot und abgestimmtes Verhalten, in: Festschrift für Gunther Hartmann, Köln, Berlin, Bonn, München, 1976, S. 51

Biedenkopf, Kurt H., Vertragliche Wettbewerbsbeschränkungen und Wirtschaftsverfassung, Heidelberg, 1958

Bishop, Eva Maria, Kleinwort Benson: A good Example of Judical Self-restraint?, Eur.L.Rev. 1995, 495

Bishop, Simon/ Ridyard, Derek, E.C., Vertical Restraints Guidelines: Effects-Based or Per Se Policy?, E.C.L.R. 2002, 35

Bock, Matthias, Entsorgung von Verkaufsverpackungen und Kartellrecht, WuW 1996, 187

Bock, Matthias, Umweltrechtliche Prinzipien in der Wettbewerbsordnung der Europäischen Gemeinschaft, EuZW 1994, 47

Borchardt, Knut/ Fikentscher, Wolfgang, Wettbewerb, Wettbewerbsbeschränkung, Marktbeherrschung, Stuttgart, 1957

Bornkamm, Joachim, Das Kartellverbot in der neueren Rechtsprechung des Bundesgerichtshofs, in: Festschrift für Karlmann Geiß, Köln, 2000, S. 539

Bornkamm, Joachim, Die Rolle des Zivilrichters bei der Durchsetzung des Kartellrechts nach der Verordnung Nr. 1/2003 und nach der 7. GWB-Novelle, in: Nr. 139 Zentrum für europäisches Wirtschaftsrecht, Vorträge und Berichte Nr. 139, Bonn 2003

Bosch, Wolfgang, Zur Anwendbarkeit des § 15 GWB auf durchgereichte Vertriebs- und Verwendungsbeschränkungen in mehrstufigen Vertriebs- und Lizenzsystemen, BB 1996, 1513

Brechmann, Winfried, Die richtlinienkonforme Auslegung, München, 1994

Brühl, Raimund, Das kartellrechtliche Preis- und Konditionenbindungsverbot, Berlin, 1982

Büdenbender, Ullrich, Die kartellrechtliche Zulässigkeit von Gesamtbedarfsdeckungsklauseln, ET 2000, 359

Bunte, Hermann-Josef, Kartellrecht, München, 2003 (zitiert: Bunte, Kartellrecht)

Bunte, Hermann-Josef, „carpartner" und die Folgen, NJW 1999, 93

Bunte, Hermann-Josef, Die 6. Novelle - Das neue Gesetz gegen Wettbewerbsbeschränkungen, DB 1998, 1748

Bunte, Hermann-Josef, Abschied vom „gemeinsamen Zweck" und den „gleichgerichteten Interessen"?, WuW 1997, 857

Bunte, Hermann-Josef, Regulierungsabkommen zwischen Leistungserbringern und Versicherungsunternehmen auf dem Prüfstand des Kartellrechts, VersR 1997, 1429

Bunte, Hermann-Josef, Wettbewerbs- und Kartellrecht, München, Wien, 1980 (zitiert: Bunte, Wettbewerbs- und Kartellrecht)

Bunte, Hermann-Josef/ Sauter, Herbert, EG-Gruppenfreistellungsverordnungen, München, 1988

Bydlinski, Franz, Juristische Methodenlehre und Rechtsbegriff, 2. Auflage, Wien, New-York, 1991

Callies, Christian/ Ruffert, Matthias, Kommentar zu EU-Vertrag und EG-Vertrag, 2. Auflage, Neuwied-Kriftel, 2002

Chard, J.S., The Economics of the Application of Article 85 to Selective Distribution Systems, Eur.L.Rev. 7 (1982), S. 83

Dauses, Manfred A., Handbuch des EU-Wirtschaftsrechts, Loseblattsammlung, 13. Lieferung, München, 2004

Deringer, Arved, Stellungnahme zum Weißbuch der Europäischen Kommission über die Modernisierung der Vorschriften zur Anwendung der Art. 85 und 86 EG-Vertrag (Art. 81 und 82 EG), EuZW 2000, 5

Deringer, Arved, Das Wettbewerbsrecht der Europäischen Wirtschaftsgemeinschaft, Düsseldorf, 1965

Deselaers, Wolfgang/ Obst, Silke, Weißbuch zum Europäischen Kartellrecht - Rechtssicherheit ade?, EWS 2000, 41

Dreher, Meinrad, Der Rang des Wettbewerbs im europäischen Gemeinschaftsrecht, WuW 1998, 656

Dreher, Meinrad, Das deutsche Kartellrecht vor der Europäisierung, WuW 1995, 881

Ebenroth, Thomas/ Parche, Ulrich, Die kartell- und zivilrechtlichen Schranken bei der Umstrukturierung von Absatzmittlungsverhältnissen, BB 1988, Beilage Nr. 10 S. 1

Ebel, Hans-Rudolf, Kartellrecht GWB und EG-Vertrag, Loseblattsammlung, 41. Lieferung, Neuwied, 2003

Ehle, Dietrich, Der Empfehlungs- und Umgehungstatbestand in § 38 II 2 GWB, WuW 1964, 308

Ehle, Dietrich, Die Einbeziehung des Umweltschutzes in das Europäische Kartellrecht, Köln, Berlin, Bonn, München, 1996

Ehlermann, Claus-Dieter, The Modernisation of EC Antitrust Policy: A legal and cultural Revolution, CMLR 2000, 537

Ehlermann, Claus-Dieter, Industriepolitik aus europäischer Sicht, in: Industriepolitik im Widerstreit mit der Wettbewerbspolitik, Hrsg. Peter Oberender, Berlin, 1994, S. 107

Ehlermann, Claus-Dieter/ Atanasiu, Isabela, The Modernisation of E.C. Antitrust Law: Consequences for the Future Role and Function of the E.C. Courts, E.C.L.R. 2002, 72

Ehrenberg, Victor, Handbuch des gesamten Handelsrechts, Erster Band, Leipzig, 1913

Ehricke, Ulrich, Die richtlinienkonforme Auslegung nationalen Rechts vor Ende der Umsetzungsfrist, EuZW 1999, 553

Ehricke, Ulrich, Die richtlinienkonforme und die gemeinschaftsrechtskonforme Auslegung nationalen Rechts, RabelsZ 159 (1995), S. 598

Emmerich, Volker, Kartellrecht, 9. Auflage, München, 2001 (zitiert: Emmerich, Kartellrecht)

Emmerich, Volker, Fälle zum Wettbewerbsrecht, 4. Auflage, München, 2000 (zitiert: Emmerich, Fälle zum Wettbewerbsrecht)

Emmerich, Volker, Anmerkungen zu der „neuen" Wettbewerbspolitik der Europäischen Kommission, WRP 2000, 858

Engisch, Karl, Einführung in das juristische Denken, 9. Auflage, Stuttgart, Berlin, Köln, 1997

Esch, Bastiaan van der, EC Rules on undistorted Competition and U.S. Antitrust Laws: The Limits of Comparability, 1988 Fordham Cor. L. Inst. 18-1

Euler, Roland, Steuerbilanzielle Konsequenzen der internationalisierten Rechnungslegung, StuW 1998, 15

Everling, Ulrich, Zur Auslegung angeglichenen nationalen Rechts, ZGR 1992, 376

Everling, Ulrich, Zur Wettbewerbskonzeption in der neueren Rechtsprechung des Gerichtshofs der Europäischen Gemeinschaften, WuW 1990, 995

Everling, Ulrich, Zur neueren EuGH-Rechtsprechung zum Wettbewerbsrecht, EuR 1982, 301

Ewald, H., Sind Einkaufsgenossenschaften Kartelle?, WuW 1956, 253

Fikentscher, Wolfgang, Das Unrecht einer Wettbewerbsbeschränkung, Kritik an Weißbuch und VO-Entwurf zu Art. 81, 82 EG-Vertrag, WuW 2001, 446

Fikentscher, Wolfgang, Wirtschaftsrecht, Band II, München, 1983

Fikentscher, Wolfgang, „Sonstige Verträge" im Gesetz gegen Wettbewerbsbeschränkungen, in: Festschrift für Alfred Hueck, München, Berlin, 1959, S. 543

Flume, Werner, Allgemeiner Teil des Bürgerlichen Rechts, Zweiter Band, Das Rechtsgeschäft, 4. Auflage, Berlin, 1992

Fritzsche, Jörg, Die Auslegung des § 1 GWB und die Behandlung von Einkaufsgenossenschaften im Kartellrecht, Köln, Berlin, Bonn, München, 1993

Fuchs, Andreas, Die Modernisierung des europäischen Kartellrechts im Bereich vertikaler Vereinbarungen, in: Entwicklungen im deutschen und europäischen Wirtschaftsrecht, Hrsg. Hans-Peter Schwintowski, Baden-Baden, 2001, S. 95

Fuchs, Andreas, Kartellrechtliche Immanenztheorie und Wettbewerbsbeschränkungen in Genossenschaftssatzungen, BB 1993, 1893

Gabriel, Siegfried L., Zum Begriff der „Wettbewerbsbeschränkung“ im GWB, MA 1960, 247

Gamm, Otto-Friedrich Freiherr v., Kartellrecht, 2. Auflage, Köln, Berlin, Bonn, München, 1990

Gasse, Dirk, Die Bedeutung der Querschnittsklauseln für die Anwendung des Gemeinschaftskartellrechts, Frankfurt am Main, 2000

Geiger, Andreas, Das Weißbuch der EG-Kommission zu Art. 81, 82 EG - eine Reform, besser als ihr Ruf, EuZW 2000, 165

Gellermann, Martin, Die Beeinflussung des bundesdeutschen Rechts durch Richtlinien der EG, Köln, Berlin, Bonn, München, 1994

Gemeinschaftskommentar, Gesetz gegen Wettbewerbsbeschränkungen und Europäisches Kartellrecht, 5. Auflage, 1. Lieferung: § 1 GWB, Köln, Berlin, Bonn, München, 1999, 9. Lieferung: EG-Kartellverfahrensrecht VO 1/2003, Köln, Berlin, Bonn, München, 2004 (zitiert: Bearbeiter in GK 5. Auflage); 4. Auflage, 1. Lieferung 1980: §§ 1-4 GWB, 11. Lieferung 1987: §§ 15-19 GWB, 6. Lieferung 1982: §§ 34-39 GWB, Köln, Berlin, Bonn, München (zitiert: Bearbeiter in GK 4. Auflage); 3. Auflage, 1. Lieferung: §§ 1-4 GWB, 3. Lieferung: Europäisches Kartellrecht, Köln, Berlin, Bonn, München, 1972 (zitiert: Bearbeiter in GK 3. Auflage); 1. Auflage, Köln, Berlin, 1958 (zitiert: Bearbeiter in GK 1. Auflage)

Gent, Kai, Die Rechtmäßigkeit typischer Nebenabreden in Stromlieferverträgen mit Gewerbekunden, WRP 2000, 706

Glassen, Helmut/ Hahn, Helmuth von/ Kersten, Hans-Christian/ Rieger Harald, Frankfurter Kommentar zum Kartellrecht, Loseblattsammlung, 54. Lieferung, Köln, 2004

Gleiss, Alfred/ Hirsch, Martin/ Burkert, Thomas O.J., Kommentar zum EG-Kartellrecht, 4. Auflage, Heidelberg, 1993

Goodmann, Shaun, The Competition Act, Section 60 - The Governing Principles Clause, E.C.L.R. 1999, 73

Goerdeler, Reinhard, Überlegungen zum künftigen Gesellschaftsrecht in der EG, in: Festschrift für Ernst Steindorff, Berlin, New-York, 1990, S. 1211

Grabitz, Eberhard/ Hilf, Meinhard, Kommentar zur Europäischen Union, Loseblattsammlung, 23. Lieferung, München, 2004

Groger, Thomas/ Janicki, Thomas, Weiterentwicklung des Europäischen Wettbewerbsrechts, WuW 1992, 991

Groh, Manfred, Der Fall Tomberger - Nachlese und Ausblick, DStR 1998, 813

Groh, Manfred, Bilanzrecht vor dem EuGH, DStR 1996, 1206

Groeben, Hans von der/ Schwarze, Jürgen, Vertrag über die Europäische Union und Vertrag zur Gründung der Europäischen Gemeinschaft, 6. Auflage, Band 1, Art. 1-53 EU, Art. 1-80 EGV, Band 2, Art. 81-97 EGV, Baden-Baden, 2003

Günther, Eberhard, Einkaufsvereinigungen und Kartellgesetzentwurf, MA 1957, 35

Habersack, Matthias, Europäisches Gesellschaftsrecht, 1. Auflage, München, 1996; 2. Auflage, München, 2003

Habersack, Matthias/ Mayer, Christian, Die überschießende Umsetzung von Richtlinien, JZ 1999, 913

Hailbronner, Kay/ Klein, Eckard/ Magiera, Siegfried/ Müller-Graff, Peter-Christian, Handkommentar zum Vertrag über die Europäische Union (EUV/EGV), Loseblattsammlung, 7. Lieferung, Köln, 1998 (zitiert: Bearbeiter in Hailbronner/Klein /Magiera/Müller-Graff)

Haager, Christian Bernd, Preisempfehlungen in Franchise- und anderen Vertriebssystemen, DStR 1999, 1153

Haneklaus, Winfried, Direktwirkungen von Richtlinien zu Lasten einzelner?, DVBl 1993, 129

Harte-Bavendamm, Henning/ Kreutzmann, Alix, Neue Entwicklungen in der Beurteilung selektiverVertriebssysteme, WRP 2003, 682

Hayek, A.F. von, Die Anmaßung von Wissen, ORDO 26 (1975), S. 12

Hefermehl, Wolfgang, Informationsverträge und Kartellrecht, in: Kooperative Marktinformation, Hrsg. Wolfgang Hefermehl, Ernst Rudolf Huber, Köln, Berlin, Bonn, München, 1967

Hefermehl, Wolfgang, Das Prokrustesbett „Wettbewerbsverhältnis", in: Festschrift für Max Kummer, Bern, 1980, S. 345

Hennrichs, Joachim, Der steuerrechtliche sog. Maßgeblichkeitsgrundsatz gem. § 5 EStG, StuW 1999, 138

Hennrichs, Joachim, Die Bedeutung der EG-Bilanzrichtlinie für das deutsche Handelsbilanzrecht, ZGR 1997, 66

Holl, Volker H., Kehrtwende in der Rechtsprechung des EuGH zur Auslegungszuständigkeit im Vorabentscheidungsverfahren?, IPRax 1996, 174

Hommelhoff, Peter, Die Rolle der nationalen Gerichte bei der Europäisierung des Privatrechts, in: 50 Jahre Bundesgerichtshof, Band II, München 2000, S. 889

Hoppmann, Erich, Die sogenannten Bagatellkartelle der „neuen Wettbewerbspolitik", DB 1970, 93

Hoppmann, Erich, Zum Schutzobjekt des GWB, in: Wettbewerb als Aufgabe, Hrsg. Ernst-Joachim Mestmäcker, Bad-Homburg, Berlin, Zürich, 1968, S. 61

Hossenfelder, Silke/ Lutz, Martin, Die neue Durchführungsverordnung zu den Artikeln 81 und 82 EG-Vertrag, WuW 2003, 118

Huber, Ernst Rudolf, Wirtschaftsverwaltungsrecht, Band I, 2. Auflage, Tübingen, 1953 (zitiert: Huber, Wirtschaftsverwaltungsrecht)

Huber, Ulrich/ Börner, Bodo, Gemeinschaftsunternehmen im deutschen und europäischen Wettbewerbsrecht, Köln, Berlin, Bonn, München, 1978 (zitiert: Bearbeiter in Huber/Börner)

Immenga, Ulrich, Die Befreiung des Kartellverbotes nach § 1 GWB von der Kartellformenlehre, in: 50 Jahre Bundesgerichtshof, Band II, München 2000, S. 699 (zitiert: Immenga, FS 50 Jahre BGH, Band II)

Immenga, Ulrich, Wettbewerbspolitik contra Industriepolitik nach Maastricht, EuZW 1994, 14

Immenga, Ulrich, Bietergemeinschaften im Kartellrecht - ein Problem potentiellen Wettbewerbs, DB 1984, 385

Immenga, Ulrich, Begriffliches zur Wettbewerbsbeschränkung, ZHR 148 (1984), S. 268

Immenga, Ulrich/ Fuchs, Andreas, Art. 85 EWG-Vertrag als Grenze für Unternehmensbeteiligungen?, NJW 1988, 3052

Immenga, Ulrich/ Mestmäcker, Ernst-Joachim, Gesetz gegen Wettbewerbsbeschränkungen, 3. Auflage, München, 2001; 2. Auflage, München, 1992; 1. Auflage, München, 1981 (zitiert: Bearbeiter in Immenga/Mestmäcker)

Immenga, Ulrich/ Mestmäcker, Ernst-Joachim, EG-Wettbewerbsrecht, Band I, München, 1997, Band II, München, 1997, Ergänzungsband 2001 (zitiert: Bearbeiter in Immenga/Mestmäcker, EG-Kartellrecht)

Ipsen, Hans-Peter, Europäisches Gemeinschaftsrecht, Tübingen, 1972

Isay, Rudolf/ Tschierschky, Siegfried, Kartellverordnung, Mannheim, 1925

Jaeger, Wolfgang, Die möglichen Auswirkungen einer Reform des EG-Wettbewerbsrechts für die nationalen Gerichte, WuW 2000, 1062

Jänich, Volker M., Anmerkung zu „Preisbindung durch Franchisegeber", LM § 15 GWB Nr. 20 Blatt 9

Jakobsen, Peter Stig/ Broberg, Morton, The Concept of Agreement in Articel 81 E.C.: On The Manufactures´s Right to Prevent Parallel Trade Within the European Community, E.C.L.R. 2002, 127

Jarass, Hans D., Richtlinienkonforme bzw. EG-rechtskonforme Auslegung, Europarecht 1991, 211

Johannes, Hartmut, Zum Begriff der Wettbewerbsbeschränkung in Art. 85 I des EWG-Vertrages, AWD-BB 1968, 409

Joliet, René, The Rule of Reason in Antitrust Law, Liège, 1967

Kahlenberg, Harald, Novelliertes deutsches Kartellrecht, BB 1998, 1593

Kallmeyer, Harald, Umwandlungsgesetz, Kommentar, 2. Auflage, Köln, 2001 (zitiert: Bearbeiter in Kallmeyer)

Kartte, Wolfgang/ Kulka, Michael, Vertikale Wettbewerbsbeschränkungen im deutschen und US-amerikanischen Kartellrecht, in: Festschrift für Ernst C. Stiefel, München, 1987, S. 381

Kerls, Kathrin, Die Anpassung des deutschen Kartellverbots und seiner Ausnahmen an das Europäische Recht, Stuttgart, 1997

Keul, Thomas, Kartellverbot und Lieferverträge, Regensburg, 2000

Kipp, Theodor, Über Doppelwirkungen im Recht, in: Festschrift für Ferdinand Martitz, Berlin, 1911, S. 211

Kirchhoff, Wolfgang, Die Beurteilung von Bezugsverträgen nach europäischem Kartellrecht, WuW 1995, 361

Kirchhoff, Wolfgang, Die kartellrechtliche Beurteilung vertikaler Vertriebsverträge, Köln, Berlin, Bonn, München, 1990

Klawitter, Christian, Einkaufsgemeinschaften zwischen Kartellaufsicht und Angebotswettbewerb, BB 1985, 1093

Kleim, Hans-Helmut, Gemeinschaftsunternehmen und Funktionsgemeinschaften im Verhältnis zum Gesetz gegen Wettbewerbsbeschränkungen, Köln, Berlin, Bonn, München, 1966

Koenigs, Folkmar, Einige Probleme des § 18 GWB, in: Wettbewerb als Aufgabe, Hrsg. Ernst-Joachim Mestmäcker, Bad-Homburg, Berlin, Zürich, 1968, S. 301

Köhler, Helmut, Zulässigkeit von Wettbewerbsbeschränkungen beim Energievertrieb, WuW 1999, 445

Köhler, Helmut, Zulässigkeit von Wettbewerbsbeschränkungen beim Energievertrieb, in: Energiewirtschaft – Der neue energie- und kartellrechtliche Rahmen, Hrsg. Jürgen Baur, Baden-Baden 1999, S. 51

Köhler, Helmut, Zur Reform des GWB, WRP 1996, 835

Köhler, Helmut, Wettbewerbsverbote bei Veräußerung und Stillegung von Unternehmen in kartellrechtlicher Sicht, ZHR 148 (1984), S. 487

Köhler, Helmut, Wettbewerbsbeschränkung durch Nachfrager, München, 1977 (zitiert: Köhler, Wettbewerbsbeschränkung)

Koppensteiner, Hans-Georg, Österreichisches und europäisches Wettbewerbsrecht, 3. Auflage, Wien, 1997

Korah, Valentine, The Future of Vertical Agreements under E.C. Competition Law, E.C.L.R. 1998, 506

Korah, Valentine, "Goodbye," Red Label: Condemnation of dual pricing by Distillers, Eur.L.Rev. 3 (1978), S. 62

Korah, Valentine,/ O`Sullivan, Denis, Distribution Agreements under the EC Competition Law, Oxford-Portland, Oregon, 2002

Kropff, Bruno, Phasengleiche Gewinnvereinnahmung aus Sicht des Europäischen Gerichtshofs, ZGR 1997, 115

Kühne, Gunther, Anmerkung zu OLG Düsseldorf Urteil v. 7.11.2001 – U (Kart) 31/00-, RdE 2002, 104

Lammel, Siegbert, Vertragsfreiheit oder Wirtschaftsfreiheit, Zur Teilnichtigkeit von Wettbewerbsabreden, AcP 189 (1989), S. 244

Lange, Knut Werner, Handbuch zum deutschen und europäischen Kartellrecht, Heidelberg, 2001 (zitiert: Bearbeiter in Lange)

Lange, Ulrich, Ausschließlichkeitsbindungen im Treibstoffvertrieb, Berlin, 1979 (zitiert: Lange, Ausschließlichkeitsbindungen)

Langen, Eugen, Kommentar zum Kartellgesetz, 3. Auflage, Neuwied, 1958; 2. Auflage, Neuwied, 1958

Langen, Eugen/ Bunte, Hermann-Josef, Kommentar zum deutschen und europäischen Kartellrecht, 9. Auflage, Neuwied, 2001; 8. Auflage, Neuwied, 1998 (zitiert: Bearbeiter in Langen/Bunte)

Langenfeld, Christine, Zur Direktwirkung von EG-Richtlinien, DÖV 1992, 955

Larenz, Karl, Methodenlehre der Rechtswissenschaft, 6. Auflage, Berlin, 1991

Larenz, Karl/ Canaris, Claus-Wilhelm, Methodenlehre der Rechtswissenschaft, 3. Auflage, Berlin, 1995

Larenz, Karl/ Wolf, Manfred, Allgemeiner Teil des deutschen Bürgerlichen Rechts, 9. Auflage, München, 2004

Lauth, Bernd, Endgültiger Abschied von der Einheitsbilanz?, DStR 2000, 1365

Leible, Stefan/ Sosnitza, Olaf, Richtlinienkonforme Auslegung vor Ablauf der Umsetzungsfrist und vergleichende Werbung, NJW 1998, 2507

Lenz, Carl-Otto, Entwicklung und unmittelbare Geltung des Gemeinschaftsrechts, DVBl 1990, 903

Leo, Hans-Christoph, Zum Begriff der Schutzvorschrift in § 35 GWB, WuW 1959, 485

Loewenheim, Ulrich/ Belke, Rolf, Gesetz gegen Wettbewerbsbeschränkungen, Loseblattsammlung, 14. Lieferung, Herne, Berlin, 1993

Lohse, Andrea, Kartellverbot und Schirm-GVO, Heidelberg, 2001

Lohse, Andrea, Diskussionsbericht zum Vierten Symposion zu Fragen des Kartell- und Energierechts zu Ehren von Herrn Prof. Dr. Kurt Markert, AG 1998, 578

Lukes, Rudolf, Der Kartellvertrag, München, Berlin, 1959

Lutter, Marcus, Umwandlungsgesetz, 2. Auflage, Band I: §§ 1- 151, Köln, 2000; 1. Auflage, Band I: §§ 1-151, Köln, 1996 (zitiert: Bearbeiter in Lutter, UmwG)

Lutter, Marcus, Die Auslegung angeglichenen Rechts, JZ 1992, 593

Luttermann, Claus, Lizenzverträge im Recht gegen Wettbewerbsbeschränkungen, in: Festschrift für Sandrock, Heidelberg, 2000, S. 631

Maasch, Beate, Die Zulässigkeit von Bietergemeinschaften, ZHR 150 (1986), S. 657

Mahieu, Katinka, How ICT Agreements Fit into the Scope of the Block Exemption for Vertical Restraints, E.C.L.R. 2002, 172

Markert, Kurt, Langfristige Energiebezugsbindungen als Kartellrechtsverstoß, WRP 2003, 356

Markert, Kurt, Langfristige Bezugsbindungen für Strom und Gas nach deutschem und europäischem Kartellrecht, EuZW 2000, 427

Martinek, Michael, Franchising, Heidelberg, 1987

Martinek, Michael/ Semler, Franz-Jörg, Handbuch des Vertriebsrechts, 1. Auflage, München, 1996 (zitiert: Bearbeiter in Martinek/Semler)

Martinek, Michael/ Semler, Franz-Jörg/ Habermeier, Jürgen, Handbuch des Vertriebsrechts, 2. Auflage, München, 2003 (zitiert: Bearbeiter in Martinek/Semler/Habermeier)

Meilicke, Wienand, Zur Vorlagepflicht des BFH in Bilanzierungsfragen von Personengesellschaften und Einzelunternehmen, BB 2001, 40

Meilicke, Wienand, Anmerkung zu EuGH v. 14.9.1999 Rs. C-275/97 DE+ES Bauunternehmung GmbH, DB 2000, 2035

Meilicke, Wienand, Zur Vorlagepflicht des BFH in Bilanzierungsfragen, BB 1999, 890

Meilicke, Wienand, Zur Bedeutung der richtlinienkonformen Auslegung für das deutsche Steuerrecht, BB 1992, 969

Meessen, Karl M., Industriepolitisch wirksamer Wettbewerb im EWG Fusionskontrollrecht, in: Festschrift für Alfred-Carl Gaedertz, München, 1992, S. 417

Mestmäcker, Ernst-Joachim, Versuch einer kartellpolitischen Wende in der EU, EuZW 1999, 523

Mestmäcker, Ernst-Joachim, Fusionskontrolle im Gemeinsamen Markt zwischen Wettbewerbspolitik und Industriepolitik, EuR 1988, 349

Mestmäcker, Ernst-Joachim, Europäisches Wettbewerbsrecht, München, 1974

Mestmäcker, Ernst-Joachim, Offene Märkte im System des unverfälschten Wettbewerbs in der Europäischen Wirtschaftsgemeinschaft, in: Festschrift für Franz Böhm, Karlsruhe, 1965, S. 345

Mestmäcker, Ernst-Joachim/ Schweitzer, Heike, Europäisches Wettbewerbsrecht, 2. Auflage, München, 2004

Metzlaff, Karsten, Franchisesysteme und EG-Kartellrecht – neueste Entwicklungen, BB 2000, 1201

Meyer-Arndt, Lüder, Die Zuständigkeit des Europäischen Gerichtshofs für das Bilanzrecht, BB 1993, 1623

Meyer-Cording, Ulrich, Die Grundbegriffe des Wettbewerbsrechts, WuW 1962, 461

Miert, Karel van, Die Wettbewerbspolitik der neuen Kommission, WuW 1995, 553

Monopolkommission, Das allgemeine Wettbewerbsrecht in der Siebten GWB-Novelle, 41. Sondergutachten, Baden-Baden, 2004

Monopolkommission, Folgeprobleme der europäischen Kartellverfahrensreform, 32. Sondergutachten, Baden-Baden, 2002

Monopolkommission, Kartellpolitische Wende in der Europäischen Union?, 28. Sondergutachten, Baden-Baden, 1999

Monopolkommission, XII. Hauptgutachten 1996/1997, Marktöffnung umfassend verwirklichen, Baden-Baden, 1998

Monopolkommission, XI. Hauptgutachten 1994/1995, Wettbewerbspolitik in Zeiten des Umbruchs, Baden-Baden, 1996

Monopolkommission, IX. Hauptgutachten 1990/1991, Wettbewerbspolitik oder Industriepolitik, Baden-Baden, 1992

Möschel, Wernhard, Die 7. GWB-Novelle ante portas, WuW 2003, 571

Möschel, Wernhard, Guest Editorial: Change of Policy in European Competition Law, CMLR 2000, 495

Möschel, Wernhard, Systemwechsel im Europäischen Wettbewerbsrecht?, JZ 2000, 61

Möschel, Wernhard, Die deutsche Fusionskontrolle auf dem Prüfstand des europäischen Rechts: „Überflügelung" oder Harmonisierung?, AG 1998, 561

Möschel, Wernhard, Anpassung des GWB an das europäische Wettbewerbsrecht, EuZW 1995, 817

Möschel, Wernhard, EG-Industriepolitik nach Maastricht, ORDO 43 (1992), S. 415

Möschel, Wernhard, Recht der Wettbewerbsbeschränkungen, Köln, Berlin, Bonn, München, 1983

Moxter, Adolf, Zum Umfang der Entscheidungskompetenz des Europäischen Gerichtshofes im Bilanzrecht, BB 1995, 1463

Müller, Heinz/ Gries, Gerhard, Kommentar zum Gesetz gegen Wettbewerbsbeschränkungen, 1. Auflage, Frankfurt am Main, 1958

Müller, Heinz/ Gießler, Peter/ Scholz, Ulrich, Wirtschaftskommentar, Kommentar zum Gesetz gegen Wettbewerbsbeschränkungen, 4. Auflage, Band 1: Erläuterungen zu den §§ 1-24, Band 2: Erläuterungen zu den §§ 25-109; Frankfurt am Main, 1981; 3. Auflage, Frankfurt am Main, 1979 (zitiert: Bearbeiter in Müller/Gießler/Scholz)

Müller-Henneberg, Hans, Zu den Begriffen Kartell und Wettbewerbsbeschränkung, WuW 1963, 877

Nelißen, Bernd, Die Abgrenzung „horizontaler" und „vertikaler" Wettbewerbsbeschränkungen nach der 6. GWB Novelle, Frankfurt am Main, 2001

Neu, Norbert, Die Aktivierung von Dividendenforderungen in Handels- und Steuerbilanz, BB 1995, 399

Niederleithinger, Ernst, Der gemeinsame Zweck des § 1 GWB in der Rechtsprechung des Bundesgerichtshofes, in: Festschrift für Werner Benisch, Köln, 1989, S. 277

Noack, Britta, Industrielle Zulieferverträge und Art. 81 EGV, Frankfurt am Main, 2004

Nolte, Steffen, Reform des EG-Kartellrechts für Vertriebs- und Zulieferverträge, BB 1998, 2429

Odudu, Okeoghene, Interpreting Article 81 (1): demonstrating restrictive effect, Eur.L.Rev. 26 (2001), S. 261

Ohly, Ansgar, Anmerkung zum BGH-Urteil v. 5.2.1998 - I ZR 211/95 „Testpreisangebot", GRUR 1998, 828

Oser, Peter, Zum Saldierungsbereich bei Rückstellungen für drohende Verluste aus schwebenden Dauerschuldverhältnissen, BB 1997, 2367

Palandt, Otto, Bürgerliches Gesetzbuch, 63. Auflage, München, 2004

Paschke, Marian, Der Zusammenschlußbegriff des Fusionskontrollrechts, Heidelberg, 1989

Paulweber, Michael/ Kögel, Rainer, Das europäische Wettbewerbsrecht am Scheideweg, AG 1999, 500

Peeperkorn, Luc, E.C. Vertical Restraints Guidelines: Effects-Based or Per Se Policy? - A Reply, E.C.L.R. 2002, 38

Pernice, Ingolf, Rechtlicher Rahmen der europäischen Unternehmenskooperation im Umweltbereich unter besonderer Berücksichtigung von Art. 85 EWVG, EuZW 1992, 139

Pescher, Michael, Der äußere Kartellzwang, Baden-Baden, 1984

Peters, Joachim, Ausschließlichkeitsbindungen und Kartellverbot, Köln, 1990

Petersmann, Ernst-Ulrich, Thesen zur Wirtschaftsverfassung der EG, EuZW 1993, 593

Pickel, Walter, Aktuelles und Grundsätzliches zur Wirksamkeit des Kartellverbots, DB 1968, 295

Pick, Tom S., Sub-contracting Agreements Under E.U. Competition Law – Applicability of Articel 81 E.C., E.C.L.R. 2002, 154

Polley, Romina/ Seeliger, Daniela, Das neue EG-Kartellrecht für Vereinbarungen über horizontale Zusammenarbeit, WRP 2001, 494

Polley, Romina/ Seeliger, Die neue Gruppenfreistellungsverordnung für Vertikalverträge Nr. 2790/1999 -Ihre praktische Anwendung-, WRP 2000, 1203

Pukall, Kirstin, Neue EU-Gruppenfreistellungsverordnung für Vertriebsbindungen, NJW 2000, 1375

Rasch, Harold, Wettbewerbsbeschränkungen, 1. Auflage, Herne, Berlin, 1957
Rasch, Harold/ Westrick, Klaus, Wettbewerbsbeschränkungen, Kartell- und Monopolrecht, 3. Auflage, Herne, Berlin, 1966
Rebmann, Kurt/ Säcker, Franz Jürgen, Münchener Kommentar zum Bürgerlichen Gesetzbuch, Band I, 4. Auflage, München, 2001 (zitiert: Bearbeiter in MünchKo)
Reinhart, Gert, Die vorsätzliche Zuwiderhandlung gegen das Kartellverbot, Köln, Berlin, Bonn, München, 1963
Riesenkampff, Alexander, Die private Abfallentsorgung und das Kartellrecht, BB 1995, 833
Ritter, Lennart/ Braun David W./ Rawlinson, Francis, European Competition Law: A Practioner's Guide, Second Edition, The Hague, London, Boston, 2000
Rittner, Fritz, Vertikalvereinbarungen und Kartellverbote in der 7. GWB-Novelle, WuW 2003, 451
Rittner, Fritz, Maßstäbe der „Selbstveranlagung" nach Art. 81 Abs. 3 EG, WuW 2003, 343
Rittner, Fritz, Schlusswort: Keine Doppelkontrolle für Vertikalvereinbarungen, WuW 2000, 1204
Rittner, Fritz, Keine Doppelkontrolle für Vertikalvereinbarungen!, WuW 2000, 696
Rittner, Fritz, Kartellpolitik und Gewaltenteilung in der EG, EuZW 2000, 129
Rittner, Fritz, Zurück zum Mißbrauchsprinzip im EG-Kartellrecht?, DB 1999, 1485
Rittner, Fritz, Wettbewerbs- und Kartellrecht, 6. Auflage, Heidelberg, 1999 (zitiert: Rittner, Wettbewerbs- und Kartellrecht)
Rittner, Fritz, Das Handelsvertreterverhältnis im (GWB – u. EG-) Kartellrecht und die Figur der unternehmensbedingten Abhängigkeit, WuW 1993, 592
Rittner, Fritz, Das Wettbewerbsverbot des Handelsvertreters und § 18 GWB, DB 1989, 2587
Rittner, Fritz, Die Ausschließlichkeitsbindungen in dogmatischer und rechtspolitischer Betrachtung, Düsseldorf, 1957 (zitiert: Rittner, Ausschließlichkeitsbindungen)
Roniger, Rainer, Das neue Vertriebskartellrecht, Wien, München, 2000
Rook, Kersten, Umweltschutz und Wettbewerb im EG-Recht, Osnabrück, 1997
Roth, Wulf-Henning, Die Europäisierung des Bürgerlichen Gesetzbuchs, in: Das neue Schuldrecht in der Praxis, Hrsg. Barbara Dauer-Lieb, Horst Konzen, Karsten Schmidt, Köln, Berlin, Bonn, München, 2003 (zitiert: Roth, Europäisierung des BGB)
Roth, Wulf-Henning, Europäisches und nationales Recht, in: 50 Jahre Bundesgerichtshof, Band II, München, 2000, S. 847 (zitiert: Roth, FS 50 Jahre BGH, Band II)

Roth, Wulf-Henning, „Video"-Nachlese oder das (immer noch) vergessene Gemeinschaftsrecht, ZIP 1992, 1054
Rüffler, Friedrich, Richtlinienkonforme Auslegung nationalen Rechts, ÖJZ 1997, 121

Sack, Rolf, Die Berücksichtigung der Richtlinie 97/55/EG über irreführende und vergleichende Werbung bei der Anwendung der §§ 1 und 3 UWG, WRP 1998, 241
Sack, Rolf, Wettbewerbliche Folgen von Richtlinien der Europäischen Union, VersR 1994, 1383
Sacksofsky, Eike, Wettbewerbliche Probleme der Entsorgungswirtschaft, WuW 1994, 320
Säcker, Franz-Jürgen, Zielkonflikte und Koordinationsprobleme im deutschen und europäischen Kartellrecht, Düsseldorf, 1971
Säcker, Franz-Jürgen,/ Jaecks, Jörg, Langfristige Energielieferverträge und Wettbewerbsrecht, Berlin, 2002
Sandrock, Otto, Grundbegriffe des Gesetzes gegen Wettbewerbsbeschränkungen, München, 1968
Sandrock, Otto, Die zweite Kartellnovelle, BB 1973, 101
Satzky, Horst, Gemeinschaftsunternehmen und das Kartellverbot des § 1 GWB, Frankfurt am Main, 1990
Schäfer, Carsten, Kartellverbot und Ausschließlichkeitsbindungen bei Alleinvertriebsvereinbarungen nach der sechsten Kartellrechtsnovelle, in: Festschrift für Peter Ulmer, Berlin, 2003, S. 991
Schanze, Berthold, Die europaorientierte Auslegung des Kartellverbots, Frankfurt am Main, 2003
Schaub, Alexander/ Dohms, Rüdiger, Das Weißbuch der Europäischen Kommission über die Modernisierung der Vorschriften zur Anwendung der Art. 81 und 82 EG-Vertrag, WuW 1999, 1055
Scherzberg, Arno, Die innerstaatlichen Wirkungen von EG-Richtlinien, Jura 1993, 225
Scheuing, Dieter H., Umweltschutz auf der Grundlage der Einheitlichen Europäischen Akte, EuR 1989, 152
Schluep, Walter R., Über den Begriff der Wettbewerbsverfälschung, in: Festgabe für Max Kummer, Bern, 1980, S. 487
Schmidt, André, Die europäische Wettbewerbspolitik nach dem Vertrag von Amsterdam, WuW 1999, 133
Schmidt, Ingo, Europäische Industriepolitik - Ein Widerspruch zur Wettbewerbsordnung?, WuW 1995, 971
Schmidt, Karsten, Doppelkontrolle für Vertikalvereinbarungen nach dem GWB?, WuW 2000, 1199

Schmidt, Karsten, Ausschließlichkeitsbindung, Kartellverbot und Immanenztheorie - Zum Verhältnis zwischen § 16 GWB und § 1 GWB, in: Festschrift für Sandrock, Heidelberg, 2000, S. 833

Schmidt, Karsten, „Altes" und „neues" Kartellverbot, AG 1998, 551

Schmidt, Karsten, Konzentrationsprivileg und Gleichordnungsvertragskonzern, in: Festschrift für Fritz Rittner, München 1991, S. 561 (zitiert: K. Schmidt, FS Rittner)

Schmidt, Karsten, Vertragliche Wettbewerbsverbote im deutschen Kartellrecht - Gemeinsamer Zweck und Immanenztheorie in der Praxis und Theorie zu § 1 GWB, ZHR 149 (1985), S. 1

Schmidt, Karsten, Wettbewerbsverbot und Kartellverbot - Kritische Bemerkungen zur jüngsten BGH-Praxis, BB 1979, 1173

Schmidt, Karsten, Kartellverbot und „sonstige Wettbewerbsbeschränkungen", Köln, Berlin, Bonn, München, 1978 (zitiert: K. Schmidt, Kartellverbot)

Schmidt, Karsten, Kartellverfahrensrecht - Kartellverwaltungsrecht - Bürgerliches Recht, Köln, 1977 (zitiert: K. Schmidt, Kartellverfahrensrecht)

Schmidt, Ludwig, Einkommensteuergesetz, 22. Auflage, München, 2003 (zitiert: Bearbeiter in L. Schmidt)

Schmitz, Stefan, Doch eine Rule of Reason im deutschen Kartellrecht, WuW 2002, 6

Schnorbus, York, Autonome Harmonisierung in den Mitgliedsstaaten durch die Inkorporation von Gemeinschaftsrecht, RabelsZ 2001, 654

Schnorbus, York, Grundlagen zur Auslegung des Allgemeinen Teils des UmwG, WM 2000, 2321

Schön, Wolfgang, Gemeinschaftsrechtskonforme Auslegung und Fortbildung des nationalen Steuerrechts -unter Einschluß des Vorlageverfahrens nach Art. 177 EGV, in: Steuerrecht im europäischen Binnenmarkt, Hrsg. Moris Lehner, Köln, 1996, S. 177 (zitiert: Schön DStJG 19 (1996))

Schön, Wolfgang, Steuerliche Einkünfteermittlung, Maßgeblichkeitsprinzip und Europäisches Bilanzrecht, in: Festschrift für Hans Flick, Köln, 1997, S. 573 (zitiert: Schön, FS Flick)

Schötz, Franz, Wettbewerbsabreden beim Unternehmensverkauf, München, Florenz, 1982

Schröter, Helmuth/ Jakob, Thinam/ Mederer Wolfgang, Kommentar zum Europäischen Wettbewerbsrecht, 1. Auflage, Baden-Baden, 2003

Schultze, Jörg-Martin/ Pautke, Stephanie/ Wagener, Dominique S., Die Gruppenfreistellungsverordnung für vertikale Vereinbarungen, Heidelberg, 2001

Schulze, Reiner, Auslegung Europäischen Privatrechts und angeglichenen Rechts - Einführung, in: Auslegung europäischen Privatrechts und angeglichenen Rechts, Hrsg. Reiner Schulze, Baden-Baden, 1999, S. 9

Schulze-Osterloh, Joachim, Phasengleiche Aktivierung von Dividendenansprüchen, ZGR 2001, 497
Schulze-Osterloh, Joachim, Handels- und Steuerbilanz, ZGR 2000, 594
Schulze-Osterloh, Joachim, Deutsches Bilanzrecht und Ertragssteuerrecht vor dem Europäischen Gerichtshof, DStZ 1997, 281
Schulze-Osterloh, Joachim, Vorabentscheidungen des Europäischen Gerichtshofs zum Handelsbilanzrecht, ZGR 1995, 170
Schumann, Christoph, Empfehlungen im deutschen und EG-Kartellrecht, Berlin, 1998
Schüppen, Matthias, Die „Zuweisung von Gewinnen im Jahresabschluß" – Delphisches Orakel oder Salomonische Lösung?, DB 1996, 1481
Schwartz, Gustav, Meinungsstreit um die Empfehlung von Wiederverkaufspreisen, MA 1958, 505
Schwarz, Günter-Christian, Konvergenz des nationalen und des europäischen Kartellrechts, EWS 2001, 565
Schwarz, Günter-Christian, Europäisches Gesellschaftsrecht, Baden-Baden, 2000 (zitiert: Schwarz, Europäisches Gesellschaftsrecht)
Schwarz, Günter-Christian, Kartellvertrag und sonstige wettbewerbsbeschränkende Verträge, Köln, Berlin, Bonn, München, 1984 (zitiert: Schwarz, Kartellvertrag)
Schwarz, Hans-Detlef, Das neue Umwandlungsrecht, DStR 1994, 1694
Schwarze, Jürgen, EU-Kommentar, 1. Auflage, Baden-Baden, 2000
Schwintowski, Hans-Peter, Umweltschutz und Wettbewerb -zwei Seiten derselben Medaille. Eine Erwiderung auf Paul Kirchhof, ZNER 2001, 82
Schwintowski, Hans-Peter,/ Klaue, Siegfried, Anwendbarkeit des Kartellrechts auf Energielieferungsverträge - die deutsche und europäische Sicht, BB 2000, 1901
Semler, Franz-Jörg/ Bauer, Michael, Die neue EU-Gruppenfreistellungsverordnung für vertikale Wettbewerbsbeschränkungen - Folgen für die Rechtspraxis, DB 2000, 193
Speckmann, Gerhard, Wettbewerbsrecht, 3. Auflage, Köln, Berlin, Bonn, München, 2000
Springer, Ulrich, Die „Volkswagen"-Entscheidung der Kommission - Das Ende des selektiven Vertriebs durch VW und Audi?, WRP 1998, 1058
Steinbeck, Anja Verena, Umweltvereinbarungen und europäisches Wettbewerbsrecht, WuW 1998, 554
Steindorff, Ernst, Industriepolitik der EG, in: Festschrift für Arved Deringer, Baden-Baden, 1993, S. 175 (zitiert: Steindorff, FS Deringer)
Steindorff, Ernst, Die Wettbewerbsbeschränkung in § 1 GWB als offener Tatbestand, in: Festschrift für Werner Benisch, Köln, Berlin, Bonn, München, 1989, S. 255 (zitiert: Steindorff, FS Benisch)

Steindorff, Ernst, Bezugsbindungen und gemeinsamer Zweck in § 1 GWB, BB 1981, 377
Steindorff, Ernst, Bezugsbindungen und Konzentrationsrabatte im Bereiche der Handelsgenossenschaften, BB 1979, Beilage Nr. 3, S. 1
Steindorff, Ernst, Sind Handelsgenossenschaften Kartelle?, Heidelberg, 1978 (zitiert: Steindorff, Handelsgenossenschaften)
Steindorff, Ernst, Gesetzeszweck und gemeinsamer Zweck des § 1 GWB, BB 1977, 569
Steindorff, Ernst, Zur Novellierung des Kartellrechts, BB 1970, 824
Stiftung Marktwirtschaft Kartellrecht in der Reform, Frankfurt a. M., 1996
Straub, Wolfgang, § 15 GWB als Generalklausel des Rechts gegen vertragliche Wettbewerbsbeschränkungen, München, 1986
Subiotto, Romano/ Amato, Fillipo, Preliminary Analysis of the Commission's Reform Concerning Vertical Restraints, World Competition 2000/2 S. 5

Ulmer, Peter, Wettbewerbsverbote in Unternehmensveräußerungsverträgen, NJW 1979, 1585
Ulmer, Peter, Die kartellrechtliche Beurteilung von Wettbewerbsverboten bei Unternehmensveräußerung, NJW 1982, 1975
Ulmer, Peter, Rule of Reason im Rahmen von Artikel 85 EWGV, RIW 1985, 517
Ulmer, Peter, Kartellvertrag und gentlement's agreement, WuW 1962, 3

Väth, Andreas, Die Wettbewerbskonzeption des Europäischen Gerichtshofs, Bayreuth, 1987
Veelken, Winfried, Anmerkungen zum Grünbuch der Kommission zur EG-Wettbewerbspolitik gegenüber vertikalen Wettbewerbsbeschränkungen, ZVglRWiss 97 (1998), S. 241
Vogel, Till, Welche Bedeutung hat die Veränderung des Kartellbegriffs, insbesondere im Hinblick auf den gemeinsamen Zweck?, Gießen, 2002
Vogelaar, Floris O.W., Towards an improved integration of EC Environmental Policy and EC Competition Policy: An interim Report, 1994 Fordham Corporate Law Institution, S. 529
Vollmer, Lothar, Wirtschaftsverfassung und Wirtschaftspolitik nach „Maastricht", DB 1993, 25

Walz, Karl, Systemfragen im europäischen Kartellrecht, Heidelberg, 1972
Wartenberg, Ludolf von, Industriepolitik im Widerstreit zur Wettbewerbspolitik, in: Industriepolitik im Widerstreit mit der Wettbewerbspolitik, Hrsg. Peter Oberender, Berlin, 1994, S. 55
Wassermeyer, Franz, Auswirkungen der neueren Entscheidungen des Großen Senats zum Bilanzsteuerrecht, DB 2001, 1053

Wassermeyer, Franz, Die Verpflichtung der obersten Bundesgerichte zur Vorlage von Bilanzierungsfragen an den EuGH, in: Festschrift für Marcus Lutter, Köln, 2000, S. 1633

Weber-Grellet, Heinrich, Europäisiertes Steuerrecht? Stand und Entwicklung, StuW 1995, 336

Weber-Grellet, Heinrich, Bilanzrecht im Lichte, Bilanzsteuerrecht im Schatten des EuGH, DB 1996, 2089

Weerth, Jan de, Bilanzrecht und Europarecht, RIW 1996, 763

Weitbrecht, Andreas, Das neue EG-Kartellverfahrensrecht, EuZW 2003, 69

Weiß, Wolfgang, Zur Wirkung von Richtlinien vor Ablauf der Umsetzungsfrist, DVBl 1998, 568

Wellenhofer-Klein, Marina, Das neue Kartellverbot und seine Abgrenzung zu den Vertikalvereinbarungen, WuW 1999, 557

Wesseling, Rein, The Commission White Paper on Modernisation of E.C. Antitrust Law: Unspoken Consequences and Incomplete Treatment of Alternative Options, E.C.L.R. 1999, 420

Weyer, Hartmut, Nach der Reform: Gestaltung der Wettbewerbspolitik durch die Kommission?, ZHR 164 (2000), S. 611

Weyer, Hartmut, Gemeinschaftsrechtliches Verbot und nationale Zivilrechtsfolgen -Eine Untersuchung am Beispiel der Artikel 81, 82 EG-Vertrag, ZEuP 1999, 424

Wiedemann, Gerhard, Handbuch des Kartellrechts, München, 1999 (zitiert: Bearbeiter in Wiedemann, Handbuch des Kartellrechts)

Wiedemann, Gerhard, Kommentar zu den Gruppenfreistellungsverordnungen des EWG-Kartellrechts, Köln, 1990

Wilhelm, Jan, Der gemeinsame Zweck als Merkmal des Kartellverbots wie der daran anknüpfenden Verbote, ZHR 150 (1986), S. 320

Wißmann, Tim, Decentralised Enforcement of EC Competition Law and the New Policy on Cartels, World Competition 2000/2, S. 123

Whish, Richard, Competition Law, 4. Edition, London, 2001

Whish, Richard, Regulation 2790/99: The Commission's „New Style" Block Exemption for Vertical Agreements, CMLR 2000, 887

Whish, Richard/ Sufrin, Brenda, Article 85 and the Rule of Reason, Yearbook of European Law 7 (1987), S. 1

Wolf, Dieter, Erlaß einer Gruppenfreistellungsverordnung für vertikale Wettbewerbsbeschränkungen, EuZW 1999, 641

Zippelius, Reinhold, Juristische Methodenlehre, 8. Auflage, München, 2003

Peter Lang · Europäischer Verlag der Wissenschaften

Daniela Seeliger

Geltungsbereich der Zusammenschlusskontrolle und Grundsätze für die Beurteilung von Zusammenschlüssen nach der 6. Novelle des Gesetzes gegen Wettbewerbsbeschränkungen

Ausgewählte Anwendungsprobleme aus der Praxis zu §§ 35 und 36 GWB

Frankfurt am Main, Berlin, Bern, Bruxelles, New York, Oxford, Wien, 2003.
X, 168 S.
Deutsches und Europäisches Wirtschaftsrecht. Herausgegeben von Jürgen F. Baur.
Bd. 7
ISBN 3-631-51705-X · br. € 39.–*

Die Arbeit untersucht praktische Anwendungsprobleme der Neuerungen der 6. GWB-Novelle in der Fusionskontrolle, insbesondere §§ 35 und 36 GWB, und zeigt Lösungsmöglichkeiten auf. Schwerpunkt sind die Anwendung der Inlandsumsatzschwelle und ihr Verhältnis zu § 130 Abs. 2 GWB, die Bagatellklausel, die Bagatellmarktklausel sowie die räumliche Marktabgrenzung und die Marktbeherrschungsvermutungen.

Aus dem Inhalt: §§ 35 und 36 GWB · Schwellenwerte · Bagatellklausel · Bagatellmarktklausel · Marktbeherrschung

FSC
www.fsc.org
MIX
Papier | Fördert
gute Waldnutzung
FSC® C083411

Kolibri 360 GmbH
Ferdinand-Jühlke-Straße 7
99095 Erfurt, Deutschland
produktsicherheit@kolibri360.de

Druck:
CPI Druckdienstleistungen GmbH
im Auftrag der
Kolibri 360 GmbH
Ferdinand-Jühlke-Str. 7
99095 Erfurt